GISELA WALTER

Die schönsten SPIELE für drinnen und draußen

Inhalt

1 Los geht's – spielen und feiern

Spielen leicht gemacht 10
Kleine und große Kinder spielen mit 10
Checkliste: Märchen oder
Spukgeschichten 11
Spielen und Lernen 12
Die Spielauswahl 13
Das Spielmaterial 13
Traumhaft feiern 14
Die Einladung 14
Die Dekoration 15
Essen und Trinken 15
Der Spielraum 16
Das Fest geht los! 16
Spiele zum Kennenlernen 17
Spieler auswählen 17
Checkliste: Der Notfallkoffer 17
Checkliste: Rundum gut vorbereitet 18
Pfandspiele 19
Überraschungsgeschenke 19
Siegerpreise 20
Der Abschluss 20
Abzählreime und -verse 21

2 Die schönsten Spiele für draußen

Werfen, zielen, treffen 24
Ballspiele 24
Murmelspiele 29
Wurfspiele 31
Eins, zwei, drei, ich bin frei! 35
Versteckspiele 35
Was tun, wenn: Von kleinen Tyrannen
und empfindlichen Prinzessinnen 37
Fangspiele 38
Kreis- und Hüpfspiele unter
freiem Himmel 42
Kreisspiele 42
Hüpfspiele 45
Auf die Plätze, fertig, los! 48
Laufspiele 48
Staffeln 51
Spiel, Sport und Spaß mit den
olympischen Kinderspielen 56

3 Die Erlebniswelt Natur entdecken und erforschen

Die Natur – eine Schatzkammer
voller Spielsachen 62
Im Wald 62
Am Strand 66
Was tun, wenn: Von untröstlichen
Heulsusen und wilden Raufbolden 69
Geländespiele 70

Spiele für jede Jahreszeit 73
Wiesenspiele im Frühling 73
Wasserspiele im Sommer 75
Regenwetterspiele im Herbst 77
Schneespiele im Winter 78
**Das große Waldfest im Reich
der Zwerge** 80

4 Die schönsten Spiele für Zuhause

Jetzt bist du an der Reihe! 86
Brettspiele 86
Tischspiele 88
Kartenspiele 92
Wie die Würfel fallen 94
Würfelspiele 94
Was tun, wenn: Von wütenden Verlierern und aufgeregten Zapplern 99
**Papier und Stift, mehr brauchst
du nicht!** 100
Malspiele 100
Schreibspiele 103
Achtung, fertig, aufgepasst! 106
Kreisspiele 106
Bewegungsspiele 111
Pustespiele 115
Wurfspiele 116
**Das Wohnzimmer-Piratenfest für
regnerische Tage** 118

5 Lust zu knobeln? Sprech-, Denk- und Ratespiele

Wer hat's als Erster raus? 124
Rätsel und Scherzfragen 124
Zungenbrecher 126
Knobelspiele 127
Über das Raten ins Reden kommen 129
Wortspiele und Geschichten 129
**Was tun, wenn: Von ehrgeizigen
Streithähnen und sturen Böcken** 137
**Ratespiele und Quizfragen für
Schlaumeier** 138
Rate- und Quizspiele 138
Kniffelaufgaben für kluge Köpfe 144
Kniffelaufgaben 144
**Einstein lässt grüßen – Partyspaß
für Schulkinder** 148

3

6 Zauber, Theater, Tanz – Spiele voller Fantasie

So ein Theater! 154
Rollen- und Stegreifspiele 154
Pantomimen 156
Schattentheater 158
Figurentheater 160
Lasst uns alle tanzen und singen 162
Musik- und Singspiele 162
Tanz- und Singspiele 164
Was tun, wenn: Von aufgedrehten Kasperln und selbstbewussten Bestimmerinnen 167
Freche Tricks und Budenzauber 168
Scherzspiele 168
Zauberspiele 170
Von Fröschen und Prinzessinnen – ein zauberhaftes Märchenfest 172

7 Spielen mit allen fünf Sinnen

Gewusst wie – Geschicklichkeitsspiele 178
Ich sehe was, was du nicht siehst! 182
Sehspiele 182
Hörspiele 184
Schmeck- und Tastspiele 186
Was tun, wenn: Von scheuen Angsthasen und vorlauten Draufgängern 189
Kuddel-Muddel und Kribbel-Krabbel............................. 191
Spiele zur Körperwahrnehmung 191
Von Nachtgespenstern und Monsteraugen – das schaurig-schöne Gruselfest 196

8 Quickfinder

Die 10 besten Spiele
... damit sich die Kinder kennen lernen 202
... wenn Sie Spiele für Wartezeiten suchen 203
... wenn Sie Spiele für ein Kind suchen 204
... wenn Sie Spiele suchen für Drei- bis Vierjährige 205
... wenn die Kinder überdreht sind 206
... wenn Sie die Fähigkeiten Ihrer Kinder
   fördern möchten 207
... wenn die Kinder einen großen Altersunterschied
   haben 208
... wenn Oma und Opa zu Besuch kommen 209
... wenn es ganz schnell gehen muss 210
... wenn das Wetter plötzlich schlecht wird 211
... wenn Sie eine große Anzahl Kinder beschäftigen
   wollen 212
... wenn Sie Ihr krankes Kind aufheitern möchten 213

Service

Lösungen und Antworten 214
Adressen, die weiterhelfen 215
Bücher, die weiterhelfen 215
Biografien 216
Sachregister 217
Spieleregister 217
Impressum 224

Spielen
ist ein Abenteuer im
Wunderland

Spielen mit Kindern ist etwas Besonderes. Das begeisterte Lachen der Kleinen ist ansteckend und die fantasievollen Ideen der Großen versetzen in Staunen. Im Spiel erleben die Eltern ihre Kinder aufgeweckt und glücklich, und die Kinder sehen ihre Eltern vergnügt und unbekümmert. Wenn Kinder mit ihren Freunden spielen, dann sind das unvergessliche Stunden, wie ein Abenteuer im Wunderland. Haben Sie jetzt auch Lust bekommen, mit Ihrem Kind zu spielen? Vielleicht draußen im Garten dem Plumpsack hinterherzuflitzen? Oder drinnen am Tisch um die Wette zu würfeln? Sie können auch den Sonntagsspaziergang in ein aufregendes Waldspiel verwandeln. Oder möchten Sie vielleicht lieber zu Hause miteinander rätseln und knifflige Aufgaben lösen? Kinder würden jetzt am liebsten gleich loslegen und alles auf einmal machen! Das geht fast mit diesem Buch – eben nur der Reihe nach! Und wie Sie für Ihre Kinder einen fantasievollen Spielnachmittag herbeizaubern, das finden Sie hier auch. Ich wünsche Ihnen viele Abenteuer im Kinder-Spiel-Land!

Ihre Gisela Walter

1 Los geht's – spielen und feiern

»Spielt doch etwas mit uns!«, rufen die Kinder und schauen erwartungsvoll ihre Eltern an. Wer kann da den strahlenden Kinderaugen widerstehen? Also, Stühle beiseite rücken und los geht's. Doch wie beginnen und welche Spiele sind die besten? Es kommt darauf an, wer mitspielt, wie alt die Kinder sind und wie viel Zeit alle zum Spielen haben. Lieber etwas Ruhiges oder hat die ganze Familie Lust, herumzutoben oder Faxen zu machen? In diesem Kapitel gibt es dazu erprobte Tipps für Eltern, damit allen das Spielen großen Spaß macht, egal ob es ein Familienspielnachmittag ist oder eine Kinderparty mit der ganzen großen Rasselbande.

SPIELEN UND FEIERN

Spielen
leicht gemacht

Keine Scheu vor der Organisation eines Spielnachmittags oder Kindergeburtstags: Ob Ihr Kind nun vier Jahre ist oder zehn – mit den Spielen in diesem Buch und den Tipps in diesem Kapitel können Sie ihm auf jeden Fall einen unvergesslichen Tag bescheren.

Kleine und große Kinder spielen mit

Jedes Kind hat sein eigenes Spielverhalten. Auch das Alter spielt dabei eine Rolle. Darüber hinaus haben kleine Kinder andere Interessen als Kinder im Schulalter und zeigen auch ein anderes Verhalten bei Gruppenspielen.
Wenn Sie das bei der Planung und Auswahl der Kinderspiele bedenken, sind Sie auf dem richtigen Weg und werden Familiennachmittage und Kinderfeste in schönste Spielstunden verwandeln. Mit den Tipps auf unseren »Was tun, wenn«-Seiten schärfen Sie Ihren Blick und erkennen so schnell, ob die Kinder beim Spielen gut miteinander zurechtkommen oder ob ein Kind empfindlich oder sogar aggressiv reagiert und dadurch die Mitspieler eventuell stört.
Aber keine Panik: Praktische Hilfen, was Sie in solchen Situationen tun können, um alle Kinder wieder in Spiellaune zu bringen, finden Sie auch auf den »Was tun, wenn«-Seiten.

Mit anderen spielen

In den Kurzinfos der Spiele finden Sie immer eine Altersangabe. Sie zeigt Ihnen gleich, ob das Spiel für Ihren Spielnachmittag geeignet ist, oder ob es die Kinder überfordern oder langweilen würde.
➤ Drei- bis Vierjährige freuen sich sehr, wenn sie mit anderen Kindern zusammen sind. Gefällt ihnen ein Spiel, wollen sie es oft wiederholen, es wird ihnen dabei nicht langweilig. Die Kleinen können Gruppenspiele mit besonderen Spielregeln noch nicht verstehen. Sind viele Kinder da, schauen sie lieber den anderen beim Spielen zu. Sie fühlen sich auch sicherer, wenn eine vertraute Person dabei ist. Vielleicht können die anderen Mütter Sie bei einem Spielnachmittag unterstützen? So ist die Mama nie weit weg, die Kinder sind beruhigt, fühlen sich sicher und können sich den anderen Kindern zuwenden.
➤ Vier- bis Sechsjährige halten es länger aus, ohne ihre Mutter mit anderen Kindern zu spielen. Sie können auch Spielregeln schon besser verstehen.
➤ Sechs- bis Zehnjährige hingegen begreifen schon komplizierte Spielregeln schnell und halten sich auch

daran. Am wohlsten fühlen sie sich, wenn sie mit ihren Freunden spielen können und zu einer »Bande« gehören. Dann stecken sie die Köpfe zusammen und genießen es, große und kleine Geheimnisse miteinander auszutauschen.

Lachen und Weinen gehören dazu

Wenn Sie ein kleines Kind haben, wird Sie der erste Kindergeburtstag bestimmt in helle Aufregung versetzen: Die Kleinen rennen durcheinander, streiten sich und schreien laut, wenn ihnen etwas nicht passt! Was sollen Sie nur tun, um alle wieder zu beruhigen? So erstaunlich es klingt: Am besten machen Sie erst einmal gar nichts! Denn die Gefühlsausbrüche kleiner Kinder sind zwar heftig, aber sie halten nicht lange an. Gefühle zeigen Kinder in diesem Alter einfach deutlicher: Ihre Freude entlädt sich in aufgeregtem Zappeln. Sie lachen laut und unbekümmert, wenn andere lachen, wenn Kasperle auftritt oder jemand Grimassen schneidet. Wenn kleine Kinder wütend sind, weinen sie lautstark, stampfen mit den Füßen und der Zorn blitzt ihnen aus den Augen. Doch im Nu lassen sie sich wieder ablenken. Und die Wut ist auch schnell vergessen, sobald etwas anderes ihre Aufmerksamkeit auf sich zieht.

Wenn Sie merken, dass ein Streit, ein Kummer oder ein Wutausbruch eines Kindes nicht von allein verfliegt, können Sie mit neuen Spielen für ein wenig Ablenkung sorgen.

Ganz anders sieht es mit den Gefühlen bei den »Großen« aus. Die nahende Pubertät macht sich bemerkbar: Sie sind sehr sensibel gegenüber Zustimmung und Ablehnung ihrer Mitspieler. Sie sind schnell gekränkt, wenn man sie vor anderen kritisiert. Ihre Tränen halten sie jedoch zurück, weil es ihnen unangenehm ist, vor anderen Schwäche zu zeigen. Die Großen streiten auch seltener als die Kleinen. Wenn aber mal ein Streit ausbricht, ist er heftig. Dann sollten Sie als Eltern und Spielleiter beherzt eingreifen (siehe »Was tun, wenn«, Seite 69). Auch nach der Schlichtung wird es noch eine Weile dauern, bis sich die Gemüter wieder beruhigen.

Faires Spiel

Der Altersunterschied der Kinder macht sich auch bei einem Aspekt des Spielens bemerkbar, der für Erwachsene völlig selbstverständlich ist: Spiele haben Regeln und an die muss man sich halten.

Jüngeren Kindern fällt es sehr schwer, sich an Spielregeln zu halten und abzuwarten, bis sie wieder an der Reihe sind. Ob bei einem Spiel etwas richtig oder falsch ist, können sie oft nicht erkennen. Erst im Schulalter ist bei Kindern der Sinn für Regeln, für das »Reihum-Prinzip« und für das »faire Spiel« entwickelt. Nehmen Sie daher auch nicht jeden Mogelversuch der Kleinen krumm, sondern drücken Sie häufig mal beide Augen zu.

Die »Großen«, also Kinder ab ungefähr sieben Jahren, akzeptieren Spielregeln und bemühen sich, diese korrekt einzuhalten. Deshalb ärgern sie sich sehr, wenn Mitspieler sich unfair verhalten.

Wenn Sie ein jüngeres Kind und ein Schulkind zu Hause haben, werden Sie daher häufiger zwischen den beiden vermitteln müssen, wenn es um Fragen der »Fairness« oder um Regeln geht. Doch es finden

---

✓ **CHECKLISTE**

Märchen oder Spukgeschichten

Wenn Sie für einen Kindergeburtstag nach einem besonderen Thema suchen, sollte das Motto zum Alter der Kinder und ihren Interessen passen. Denn was für Vierjährige sehr spannend ist, lockt Achtjährige nur schwer hinter dem Ofen hervor.

✓ Dreijährige hören gerne Geschichten von Menschen aus der ihnen bekannten Umgebung.
✓ Vierjährige lieben vor allem Tiergeschichten.
✓ Fünfjährige hingegen interessieren sich für Cowboys und Ritter.
✓ Kinder ab sieben Jahren sind begeistert von Abenteuergeschichten, Naturerlebnissen, Spukgeschichten, Erfindungen und Sport. Sie lehnen Märchengeschichten ab, das ist für sie »Baby-Kram«.

sich in diesem Buch auch viele Spiele, die sowohl den Fünf- bis Sechsjährigen als auch den Sieben- bis Zehnjährigen Spaß machen und die sie gut zusammen spielen können.

Ausdauer und Konzentration

Beachten Sie bei der Spielauswahl auch diese Aspekte: Geht das Spiel zu schnell oder dauert es zu lang, sind Kinder unter sechs überfordert. Kommt ein Spiel zu langsam voran und wird zu oft wiederholt, fühlen sich die Großen gelangweilt.
Als Faustregel für die Konzentration können Sie sich an folgende Angaben halten:
Vierjährige können sich höchstens 5 Minuten auf eine Sache konzentrieren. Anstatt wenige lange Spiele für einen Spielnachmittag auszusuchen, wäre es besser, etliche kürzere Spiele zu wählen. Sie müssen den Nachmittag aber nicht in »Fünf-Minuten-Spielehappen« einteilen! Kleinen Kindern gefällt es nämlich gut, ein Spiel oft und direkt hintereinander zu wiederholen, weil sie es dann mit jedem Mal besser beherrschen.
Fünfjährige können sich bereits 15 bis 20 Minuten auf ein Spiel konzentrieren; Schulkinder schon 20 bis 30 Minuten. Doch spätestens nach einer halben Stunde brauchen auch die Großen eine Abwechslung im Spiel! Und das heißt nicht nur ein neues Spiel, sondern auch ein neues »Tempo«. Je nachdem, was sie vorher gespielt haben, ob es wild oder eher ruhig zuging, sollte das nächste Spiel zum Herumtoben oder zum Stillsitzen einladen.

 Für jeden etwas
Wenn Ihre Kinder einen größeren Altersunterschied haben, spielen Sie neben den Spielen, die allen Spaß machen (siehe »Quickfinder«, Seite 208), auch immer wieder welche für das entsprechende Alter. Wenn Sie dann zwischendurch ein Spiel nur mit den Kleinen spielen, können die Großen sich in der Zeit mit etwas anderem beschäftigen. Sie könnten zum Beispiel ihr nächstes (eigenes) Spiel vorbereiten. Spielen Sie dann im Anschluss ein Spiel nur mit den »Großen«. Die Kleinen schauen gerne dabei zu oder holen sich einfach etwas aus der Spielkiste (siehe Seite 16).

Gewinnen und Verlieren

Wenn kleine Kinder gewinnen, fühlen sie sich großartig, und die Welt ist in Ordnung. Doch wenn sie verlieren, nehmen sie dies persönlich, fühlen sich nicht mehr geliebt. Sie können ihre Tränen kaum zurückhalten, sind untröstlich und wollen nicht mehr mitmachen (siehe auch die »Was tun, wenn«-Seiten auf Seite 69 und Seite 99). Da hilft manchmal ein »Mut-Bonbon« aus dem Notfallkoffer.
Ältere Kinder haben gelernt, was es heißt, ein »guter Verlierer« zu sein. Sie bemühen sich, sich ihre Enttäuschung nicht anmerken zu lassen, und halten diese Anspannung aus. Sie lassen auch einmal einen »Unglücksraben«, der immer verliert, gewinnen. Und wenn ältere Kinder gewinnen, sind sie genauso stolz wie die Kleinen, auch wenn sie das vielleicht nicht so deutlich zeigen.

Spielen und Lernen

Genau genommen ist jedes Spiel auch ein Lernspiel, für die Großen und die Kleinen.
➤ Bei Würfelspielen und Hüpfspielen lernen die Kinder das Zählen und die Zahlenreihe.
➤ Bei Spielen mit Bildern und Buchstaben trainieren sie Konzentration und Gedächtnis.
➤ Bei den Sprech-, Rollen- und Theaterspielen üben sie sich verständlich auszudrücken und zuzuhören.
➤ Bei Denk- und Knobelspielen werden ihre Ausdauer und Konzentration geschult.
➤ Bei den Ballspielen und Wettläufen üben sie ihre körperliche Beweglichkeit und Geschicklichkeit.
➤ Bei Wahrnehmungsspielen werden ihre Sinne sensibilisiert, was die Voraussetzung für alles Lernen ist.
Doch die Spiele dürfen nicht zu pädagogischen Übungsstunden werden. Das merken die Kinder schnell und plötzlich bestimmen Ehrgeiz und Leistungsdenken den weiteren Spielverlauf. Dann wird das Spiel zum Kampf um die besten Plätze, und die Mitspieler werden zu Konkurrenten. Also, spielen Sie nicht den »Lehrer«, der die »Schüler« mit gut oder schlecht, richtig oder falsch zensiert. Bleiben Sie Eltern und (ganz wichtig!) Spielpartner, die einfach mit den Kindern spielen wollen und auch mal »Fünfe gerade sein lassen« können.

Spielen leicht gemacht

und malt neben diese einen Punkt. Die zehn Spiele mit den meisten Punkten sind die Super-Spiele und werden genommen.
Bleiben Sie während des Spielens flexibel, auch wenn Sie die Spiele mit Bedacht ausgewählt haben. Kinder wollen immer mal wieder etwas anderes spielen als vorher besprochen. Brechen Sie dann ein vorbereitetes Spiel ab und lassen Sie der Rasselbande freie Auswahl.

Die Reihenfolge der Spiele

Bei der Reihenfolge der Spiele heißt das Zauberwort Abwechslung. Das heißt, länger dauernde Spiele wechseln mit kürzeren ab, wilde Sportspiele wechseln mit beruhigenden Spielen zur Erholung ab. So wird es keinem Kind langweilig und die Gefahr für ein ausgeflipptes Chaos ist gebannt. Die notwendigen Informationen (anregend/beruhigend; Spieldauer) finden Sie in den mit einem »i« gekennzeichneten Kurzinformationen über jedem Spiel. Sollten Sie nun feststellen, dass in Ihrer Spiele-Hitliste die ruhigen Spiele fehlen oder zu wenig Bewegungsspiele dabei sind, schauen Sie doch auf den Listen ab Seite 200 nach.
Tipp: Bei vielen Spielen wird auch ein Spielleiter oder eine Spielleiterin gebraucht. Damit sind Sie gemeint! Diese Rolle kann aber manchmal auch ein älteres Kind übernehmen.

Die Spielauswahl

Wenn Sie für einen Spielnachmittag ein Spielprogramm entwerfen wollen, gehen Sie am besten so vor: Setzen Sie sich mit Ihren Kindern gemütlich zusammen und stellen Sie aus dem Buch eine »Hitliste« von Spielen auf. Dabei können Ihnen die Top-Ten-Listen des »Quickfinders« (ab Seite 200) eine erste Anregung sein.
Jeder sagt, welche Spiele ihm am besten gefallen. Auch die Erwachsenen kommen dabei zu Wort. Erinnern Sie sich noch an Ihre eigenen Kinderspiele von früher? Für welche Spiele haben Sie sich damals besonders begeistert? Viele davon sind auch für Ihre Kinder heute noch spannend und witzig.
Alle genannten Spiele schreiben Sie auf eine Liste. Dann sagt jeder, welche Spiele davon ihm überhaupt nicht gefallen. Diese werden von der Liste gestrichen. Und jetzt sucht jeder zehn Spiele auf der Liste aus

Das Spielmaterial

Kennen Sie das: Sie suchen aufgeregt nach der verschwundenen Schere oder den verlorenen Stiften. Alle Kinder warten gespannt, das Spiel kann nicht beginnen. Sie werden nervös – und die Kinder auch. Doch es geht auch anders: Haben Sie die Spiele ausgesucht, dann schreiben Sie für jedes Spiel auf einen extra Zettel die benötigten Materialien. Und der bewährte Tipp dazu ist: Legen Sie für jedes Spiel das vorbereitete »Zubehör« in einen extra Behälter, beispielsweise in Schuhkartons oder Einkaufstüten, die Sie beschriften. Und wenn dann der Spielnachmittag beginnt, brauchen Sie nur noch eine Schachtel nach der anderen zu nehmen. Alles ist vorbereitet – und Sie müssen nicht hektisch nach etwas suchen, das Sie für die Spiele benötigen.

SPIELEN UND FEIERN

Traumhaft feiern

Ein Kinderfest steht an. Da gibt es einiges zu organisieren. Welche Spiele sind richtig? Und was ist mit Preisen, Essen und Überraschungsgeschenken? Hier gibt es erprobte Tipps für Eltern, damit der Spielnachmittag ein unvergessliches Erlebnis für die Kinder wird.

»Schön, dass du gekommen bist!« Etwas scheu, doch mit strahlenden Augen stehen die eingeladenen Kinder an der Tür. Doch bis es soweit ist, sind noch ein paar Vorbereitungen zu treffen …

Die Einladung

Die Einladung ist so etwas wie eine Eintrittskarte ins Spieleland. Je origineller die Einladung, desto viel versprechender erscheint die Kinder-Party den Gästen. Doch einen Einladungstext zu schreiben ist für viele Geburtstagskinder eine anstrengende Sache. Machen Sie doch aus dieser Arbeit ein Vergnügen!

Ein ansprechender Text
Entwerfen Sie miteinander einen lustigen Text, lassen Sie sich ein Fest-Thema einfallen, dann können Sie unter diesem Motto den Einladungstext fantasievoll formulieren. Anregungen finden Sie in den Themenfesten in jedem der Spielekapitel.
Den Text braucht man nur einmal schön zu schreiben und dann geht es ab in den Kopier-Laden. Wenn Sie die Einladung auf dem PC schreiben, ist das genauso gut. Beim Drucken haben Sie in einem Zug gleich so viele Einladungen zur Hand, dass es für alle reicht, und noch ein paar Ersatzeinladungen dazu, falls Kinder absagen. Die Einladungen werden auf buntem Papier gedruckt. Damit das Ganze persönlicher wirkt, tragen die Kinder die Anrede und Unterschrift von Hand ein.

Eine schöne Verpackung
Etwas ganz Besonderes wird die Einladung zum Fest natürlich durch eine spannende Verpackung. Besprechen Sie mit Ihren Kindern unsere folgende Liste mit besonderen Verpackungsideen. Vielleicht fällt ihnen etwas noch Tolleres ein?
➤ als Brief in einen ganz bunt beklebten Umschlag stecken
➤ als Papierrolle mit Samtband umwickeln
➤ als Flaschenpost in einer kleinen Plastikflasche verschicken
➤ aufgerollt in einem Filmdöschen verstecken

Traumhaft feiern

- als Puzzle zerschneiden und in einer kleinen Schachtel verpacken
- klein zusammengefaltet in eine rote Clownnase stecken

Auch in der kunterbuntesten Einladung sollten sich folgende Informationen finden und auch zu entziffern sein:

- Name, Adresse und Telefonnummer des Gastgeberkindes
- Anlass des Festes (Geburtstag, Faschingsfest, Spielnachmittag)
- Thema des Festes (Ritter, Zirkus, Zauberer, Indianer, Cowboys, Dinosaurier, Bären, Mäuse)
- Ort, Straße und Hausnummer (falls das Fest nicht bei dem Gastgeberkind stattfindet)
- Uhrzeit (Beginn und Schluss des Festes)
- Was soll mitgebracht werden? (Verkleidung, Badehose, warme Jacke, Sportschuhe, Regensachen)
- Zusatztext an die Eltern (bis wann die Zusage erfolgen soll, ob die Eltern ihr Kind mit dem Auto bringen ...)

Die Dekoration

Erst die passende Dekoration macht ein Kinderfest so richtig stimmungsvoll. Keine Angst vor dem Basteln! Sie haben doch fähige Helfer zu Hand: ihre ganze Familie.
Setzen Sie sich einfach an einem Sonntagnachmittag zusammen und basteln Sie, was das Zeug hält. Die Freunde Ihrer Kinder können Sie sicher auch ganz leicht für einen solchen Bastelnachmittag gewinnen und zum Mitmachen animieren. Oder Sie schließen sich mit ein paar anderen Familien zusammen und basteln an einem geselligen Abend gemeinsam die Dekorationen, die dann alle Familien bei ihren künftigen Festen ausleihen.
Schöne Dekorationen für Kindergeburtstage und Spielnachmittage sind:

- Wandbilder, gemalt auf große Papierbögen oder Tapetenrollen
- Wandbehänge aus alten Laken als Kulissen, mit Plakafarben bunt angemalt, oder bunte Krepp-Papierbahnen, Dekostoffe, alles verziert mit bunten Bändern, Kordeln

 Liebe Paulina,
ich lade dich zu meinem Geburtstag ein. Achtung, wenn du kommst, werden bei mir zu Hause lauter Gespenster herumgeistern. Hab keine Bange, auch für dich liegt ein Gespensterkostüm bei mir bereit.
Alle Gespenster treffen sich am Samstag um 14 Uhr im Keller, Hauptstraße 13.
Mit dem Glockenschlag 18 Uhr ist der ganze Spuk vorbei.
Ich freue mich, wenn du kommst.
Dein Julius

Liebe Eltern, bitte rufen Sie bis Mittwoch an, ob Paulina kommt und ob Sie als »Eltern-Taxi« noch andere Kinder mit dem Auto mitnehmen können. Unsere Telefon-Nummer lautet: 0987-123456. Wenn Sie noch Fragen haben, melden Sie sich einfach.

- Girlanden, Fähnchen oder Streifen aus Buntpapier oder Stoffresten zugeschnitten und an lange Schnüre geklebt

Weitere Ideen finden Sie auch in den Themenfesten in jedem Kapitel des Spielebuchs.

Essen und Trinken

Die Auswahl ist groß, entscheiden Sie mit Ihren Kindern, was bei diesem Fest oder Spielnachmittag dabei sein soll:
Auf das Getränke-Büfett gehören Mineralwasser, Limonaden, Obstsäfte, Kakao, Früchtetees und viele, viele Gläser.
Für eine Näscherei zwischendurch werden Nüsse, Rosinen, Obststückchen, Trockenobst, Kekse, Süßigkeiten oder Salzgebäck in kleinen Schüsseln und auf Tellerchen angeboten.
Die »Kinder-Tafel« wird mit Papiertischtüchern und Papierservietten ausgestattet, dazu Becher und Teller, die nicht kaputtgehen oder um die es nicht schade ist. Beim Kindergeburtstag mögen Kinder besonders gerne Kuchen, Rosinenbrötchen, Brezeln, Waffeln, Pfannkuchen, Pudding und Eis.
Die Eltern schenken Getränke ein, bieten Kuchen und Eis an und kümmern sich um die kleinen Gäste, die noch nicht selbstständig essen können.

SPIELEN UND FEIERN

Der Spielraum

Wo wollen Sie mit den Kindern feiern und spielen? Danach richtet sich die Anzahl der Kinder, die Sie einladen. Denn wenn es den Kindern zu eng wird, werden sie nervös, und manch einer sorgt mit Schubsen und Rangeln für mehr Platz.
In einem kleinen Kinderzimmer können vier bis fünf Kinder miteinander spielen, in einem großen Wohnzimmer sechs bis acht Kinder. Wollen Sie mehr als acht Kinder einladen, dann ist ein großer Kellerraum oder ein Garten besser als Spielort geeignet.

Extra-Plätze
Wenn Sie es vom Platz her möglich machen können, ist es eine schöne Idee, eine »Hüpf-Ecke« mit einer Matratze auf dem Boden in einer Ecke einzurichten. Hier können sich aufgeregte Kinder austoben.
Im Gegensatz dazu können Sie für Kinder, die sich vom Trubel und Gruppen-Stress ein Weilchen zurückziehen wollen, eine stille Nische einrichten. Diese Nische ist mit Kissen eingerichtet und mit einem Vorhang oder Tuch vom Zimmer etwas abgeschirmt.

Die Spielkiste
In dieser Kiste sind Bilderbücher und einfache Spielsachen, die für Kleinkinder bis zum Schulalter geeignet sind, zu finden. Die Kiste kommt immer dann zum Einsatz, wenn die Kleinen bei einem wilden Spiel der Großen aussetzen wollen. Auch wenn Ihr Kind schon zur Schule geht, bietet sich eine Spielkiste an. Denn häufig kommt ein kleines Geschwisterchen mit, das Sie dann beschäftigen können.

Sicherheit geht vor
Sehen Sie sich vor dem Kinderfest in den Räumen um, die Sie als Schauplatz ausgewählt haben.

Im Haus
Verräumen Sie alles, das umfallen, kaputtgehen oder den Kindern gefährlich werden könnte, in den Keller. Dazu gehören zum Beispiel die teure Stereoanlage, Stehlampen, große Topfblumen, Bodenvasen oder auch kleine Möbel mit scharfen Kanten.

Im Garten
Wenn Sie ein Gartenfest planen, sehen Sie sich auch dort nach möglichen Gefahren um, wie Leitern, spitzen Gartengeräten oder einem Gartenteich. Spannen Sie rund um den Teich ein Seil als Grenze oder verwenden Sie eine Schwimmbadsicherung.

Und was ist sonst noch wichtig?
Klären Sie mit allen Familien ab, wie die Kinder zum Fest und wieder nach Hause kommen. Werden sie mit dem Auto gebracht? Kommt ein Kind allein zu Fuß? Wer wird abgeholt? Wer kann von anderen mitgenommen werden? Notieren Sie das und pinnen Sie den Zettel an die Wand neben das Telefon.

Das Fest geht los!

Begrüßen Sie als Gastgeber-Mutter und -Vater jedes Kind extra und reden Sie mit dem kleinen Gast ein paar Worte. Das hilft den Kindern, ihre Unsicherheit und Anspannung loszuwerden.
Für gute Stimmung bei den Kindern sorgt auch, wenn es gleich mit Spielen oder Aufgaben losgeht. Denn die Kinder wollen nicht lange herumstehen und warten und sich verlegen angrinsen. Ideal als »Warm-up« ist zum Beispiel gemeinsames Malen und Basteln an der Dekoration. Dafür liegen die Bastel- und Malsachen schon vor dem Eintreffen der Kinder bereit.
Die Kinder können Ihnen auch helfen bei den Vorbereitungen wie Tisch decken, Wände dekorieren oder Girlanden aufhängen. So etwas machen sie gern.

Verkleiden und Schminken
Damit die Kinder sich passend zum Thema des Festes verkleiden und schminken können, benötigen sie geeignete Räumlichkeiten. Sie können ein Zimmer, vielleicht ein Schlafzimmer, als »Garderobe« umfunktionieren, wo ein großer Korb mit Verkleidungen (siehe Verkleidungskiste, Seite 156) bereit steht. Das Badezimmer wird so ausgeräumt, dass sich mehrere Kinder bequem gegenseitig schminken können. Stellen Sie auf Augenhöhe der Kinder Spiegel an die Wand. Achten Sie darauf, dass diese sicher stehen und nicht umfallen können!

Spiele zum Kennenlernen

Die Kinder brauchen ein Weilchen, bis sie sich in der neuen Umgebung sicher fühlen, sich aneinander gewöhnt haben und als Gruppe miteinander spielen können. Manche Kinder kennen sich vielleicht noch gar nicht. Eine schöne Möglichkeit, das Kennenlernen zu fördern, ist beispielsweise das Spiel »Hast du einen Platz frei?« (Seite 108), die Spiele im Quickfinder auf Seite 202 oder auch die folgenden Spiele.

Spiel: Wer ist wer?
Haben Sie eine Digitalkamera und die Möglichkeit, die Fotos auszudrucken oder auf einem Bildschirm als Bilder-Show abzuspielen?
Alle Kinder, die da sind, werden fotografiert. Der Fotograf nimmt aber nicht wie gewohnt die Person auf, sondern zoomt sich heran an Hosenbein und Schuh, Arm und Hand, Nase und Augen. Dann werden die Fotos ausgedruckt oder am Bildschirm angeschaut, und das kleine Ratespiel beginnt: Wer ist wer? Da können auch die Kinder mitmachen, die später gekommen sind.

Spiel: Das Kinder-Quiz
Als Spielleiter fragen Sie jeden kleinen Gast nach Lieblingsessen, Hobbys, was das Kind gut kann, was es gar nicht mag, nach Haustieren, Urlaubsplänen, Lieblingsbüchern, Musikinstrumenten, die jemand spielt oder Sportvereinen, bei denen es mitmacht. Von jedem Kind notieren Sie dann zwei oder drei Aussagen.
Sind alle Kinder interviewt, geht das Spiel weiter: Sie erzählen von einem Kind, ohne den Namen zu nennen. Die Zuhörer raten, vom wem die Rede ist. Haben sie es herausbekommen, gibt es für das Kind einen Begrüßungs-Applaus. Da steigt die Stimmung! So stellen Sie ein Kind nach dem anderen vor.

Spieler auswählen

Wer darf beim Spiel beginnen? Diese Entscheidung trifft der Spielleiter, oder der Jüngste, der Älteste oder das Geburtstagskind. Die Auswahl der Spieler kann auch Glückssache sein, dazu ein paar Spielideen.

✓ CHECKLISTE

Der Notfallkoffer

Hoffentlich brauchen Sie ihn nicht, den Koffer für alle Fälle. Aber hier steht, was Sie alles hineinpacken, damit Sie für jeden Kindergeburtstagsnotfall gerüstet sind. Als Behältnis können Sie tatsächlich einen kleinen Koffer verwenden oder aber eine große Schachtel.
- ✓ Buntes (Kinder-)Pflaster
- ✓ Verbandszeug
- ✓ Brandsalbe für kleine Brandwunden (aber niemals Medizin verabreichen!)
- ✓ ein Tuch für kühle Umschläge
- ✓ »Mut-Bonbons« für Kinder, die eine besondere Zuwendung brauchen
- ✓ Schmusetuch oder Schmusetier für Kinder, die ein Weilchen Trost brauchen
- ✓ Ersatz-Kleidung wie Kinderhosen und T-Shirts, falls sich ein Kind vollkleckert oder pudelnass wird
- ✓ Ersatz-Unterhose für Kindergartenkinder und Ersatzwindeln für die Kleinsten, falls vor Aufregung etwas in die Hose geht
- ✓ Notfall-Nummern:
  - nächster Arzt
  - Notfallarzt
  - Krankenhaus
  - Taxi
  - Adressen und Telefonnummern der Familien der eingeladenen Kinder
- ✓ Telefonnummer von einem Nachbarn oder von Eltern, die in dieser Zeit erreichbar sind. Bei einem Notfall können diese mit dem Kind zum Arzt gehen oder bei den Kindern bleiben, während Sie mit einem Kind ins Krankenhaus fahren.

Kleben Sie den Zettel mit den Telefonnummern an den Deckel des Notfallkoffers, damit Sie ihn gleich beim Aufklappen im Blick haben und nicht suchen müssen.

SPIELEN UND FEIERN

✓ CHECKLISTE

Rundum gut vorbereitet

3 WOCHEN VORHER ABSPRECHEN
- ✓ Anzahl der Kinder festlegen, die eingeladen werden
- ✓ Thema für das Fest aussuchen (siehe Seite 11)

2 WOCHEN VORHER ERLEDIGEN
- ✓ Einladungen schreiben und schön gestalten (siehe Seite 14)
- ✓ Spiele auswählen (siehe Seite 13)
- ✓ Materiallisten aufschreiben (siehe Seite 13)
- ✓ Material besorgen und zusammenstellen
- ✓ Gastgeschenke einkaufen oder vorbereiten und einpacken (siehe Seite 19)

1 WOCHE VORHER
- ✓ Spielräume begutachten (siehe »Sicherheit«, Seite 16)
- ✓ Essen und Trinken planen und einkaufen
- ✓ telefonisch nachfragen, ob die Kinder alles essen oder ein Kind eine Lebensmittelallergie hat
- ✓ Musikanlage überprüfen, CDs auswählen
- ✓ Zimmerschmuck herstellen (siehe Seite 15)
- ✓ Notfallkoffer richten (siehe Seite 17)

1 TAG VORHER
- ✓ Party-Zimmer ausräumen (siehe Seite 16)
- ✓ Zimmerschmuck aufhängen
- ✓ Spieleschachteln bereitstellen (siehe Seite 13)

EIN PAAR STUNDEN VOR DEM FEST
- ✓ Tisch decken oder Büfett aufbauen
- ✓ Geschirr und Besteck bereitstellen
- ✓ Getränke kühl stellen
- ✓ Essen richten

Du bist dran!
Der Spielleiter oder ein Mitspieler sagt einen Abzählvers auf (siehe Seite 21) und tippt reihum bei jedem Wort auf einen Spieler. Derjenige, auf den mit dem letzten Wort gezeigt wird, ist dran und beginnt das Spiel.

Du bist raus!
Wieder wird ein Abzählvers (siehe Seite 21) aufgesagt und bei jedem Wort auf ein Kind gezeigt. Doch diesmal scheidet derjenige aus, auf den das letzte Wort fällt. Das Auszählen geht weiter, bis nur noch ein Kind übrig bleibt. Dieses beginnt das Spiel.

Reihenfolge verlosen
Für alle Kinder werden Nummernzettel geschrieben und zusammengefaltet. Jedes Kind zieht ein Los und die Nummern geben die Reihenfolge im Spiel an.

Der »Zeiger«
Der Sieger des letzten Spiels schließt die Augen und wird vom Spielleiter einmal um sich selbst gedreht. Dann zeigt er in eine Richtung. Und wer von den Mitspielern dort steht, ist beim neuen Spiel der Erste.

Zweiergruppen bilden

Mit den zwei folgenden Spielen können sich die Kinder schnell und per Zufall zu Pärchen zusammenfinden. Damit vermeiden Sie Eifersuchtsszenen oder dass ein Kind erst sehr spät einen Spielpartner findet.

Spiel mit Memory-Karten
Wie viel Zweiergruppen kommen zusammen? So viele Kartenpaare werden gebraucht.
Die Karten werden verdeckt gemischt, jeder nimmt sich eine Karte und sucht seinen Spielpartner mit der gleichen Karte.

Spiel mit den Wollfäden
Für jede Zweiergruppe braucht man einen etwa 1 Meter langen Wollfaden. Die Wollfäden werden alle nebeneinander gelegt. Der Spielleiter hält das Wollfadenbündel in der Mitte hoch. Jeder Mitspieler fasst ein Faden-Ende. Dann lässt der Spielleiter los. Die beiden Kinder, die am selben Faden ziehen, bilden ein Paar.

Traumhaft feiern

Zwei Spielgruppen bilden
Wenn die Kinderschar in zwei Spielgruppen zu teilen ist, können Sie dies mit folgendem Spiel tun:

Spiel: Das Orakel
Die Kinder stehen im Halbkreis. Mit dem Rücken zu ihnen steht ein Kind und hält sich die Augen zu. Es wird als »Orakel« die Aufteilung der Mitspieler festlegen. Der Spielleiter deutet auf ein Kind und fragt: »Eins, zwei, drei, wohin mit ihm?«
Das »Orakel« antwortet mit »eins« oder »zwei«. So wird nach und nach die ganze Kindergruppe in zwei Gruppen aufgeteilt. Auch das »Orakel« ist mit dabei, denn der Spielleiter zeigt einmal auch auf diesen Mitspieler.

Pfandspiele

Bei vielen Spielen muss derjenige, der nicht aufpasst oder einen Fehler macht, ein Pfand abgeben, beispielsweise seine Armbanduhr oder Halskette, etwas aus der Hosentasche oder dem Rucksack. Und manche geben sogar ihren Schuh oder ihr T-Shirt ab. Findet sich so gar kein Pfand, kann der Spieler auch einen Zettel mit seinem Namen abgeben.

Spiel: Ein Pfand einlösen
Sind genügend Pfänder zusammengekommen, beginnt das folgende Spiel: Der Spielleiter versteckt das erste Pfand hinter seinem Rücken und fragt die Kinder:
»Was soll das Pfand in meiner Hand,
was soll derjenige tun?«
Die Kinder überlegen sich eine lustige Aufgabe. Dann holt der Spielleiter das Pfand hinter seinem Rücken hervor. Derjenige, dem es gehört, muss die Aufgabe ausführen und bekommt dann sein Pfand zurück.
Hier ein paar Ideen für Aufgaben bei den Pfandspielen, die garantiert Spaß machen:
➤ Suche dir einen Mitspieler aus, der mit dir ein Lied singt.
➤ Male das Gesicht eines Mitspielers.
➤ Erzähle einen Witz.
➤ Bringe jedem etwas zu trinken.
➤ Hole von draußen einen Stein.
➤ Zähle ohne zu lachen bis 20. Wenn du trotzdem lachst, musst du mit dem Zählen wieder von vorne beginnen.
➤ Öffne das Fenster und rufe dreimal laut »Hallo!« hinaus.
➤ Spiele eine Pantomimeszene vor. Die anderen raten, was es ist.
➤ Suche dir einen Mitspieler aus, den du huckepack durchs Zimmer trägst.
➤ Die Mitspieler sagen dir drei Worte und du machst daraus einen Satz.
➤ Sage jedem Mitspieler etwa Angenehmes.
➤ Schneide so lange Grimassen, bis jemand lacht.

Überraschungsgeschenke

Es ist bei vielen Kinderfesten üblich, die Gäste mit kleinen Geschenken zu überraschen. Es sollte auch tatsächlich bei einer »Kleinigkeit« bleiben und kein Wetteifern zwischen den Familien werden, wer die schönsten, größten und teuersten Geschenke verteilt. Im Folgenden finden Sie und Ihre Kinder einige Ideen für kleine Geschenke. Entscheiden Sie zusammen, ob alle Gäste das gleiche Geschenk erhalten oder ob es unterschiedliche Geschenke gibt, und ob die Kinder untereinander tauschen dürfen.

Kleine Geschenke für die Kinderparty
➤ ein knallbunter Bleistift, ein lustiger Radiergummi und ein schöner Computerausdruck oder eine Kopie von einem der Schreibspiele in diesem Buch
➤ ein Säckchen mit Murmeln und die Kopie/den Ausdruck von einem Murmelspiel aus diesem Buch
➤ sechs Würfel und die Kopie eines Würfelspiels aus diesem Buch
➤ eine Clown-Nase oder Schminkstifte und die Kopie eines Pantomimespiels aus diesem Buch
➤ Farbstifte oder Malkreiden und die Kopie eines Malspiels aus diesem Buch
Sie müssen die Spiele erst am Computer erfassen, bevor Sie für jedes Kind einen Ausdruck machen können. Aber das lohnt sich, denn dann lässt sich die Schrift schön gestalten und Ihre Kinder können jeden Ausdruck mit paar Bildern, passend zum Thema des Spiels, verschönern.

SPIELEN UND FEIERN

Gutschein-Geschenke

Anstatt der Geschenke können Sie auch Gutscheine vergeben. Wenn diese eine besondere Idee oder Aktivität versprechen, sind sie bei den kleinen Gästen sehr willkommen. Wie wäre es mit besonderen Gutscheinen wie einem Besuch im Zoo oder für den nächsten Zirkusbesuch?
Die Gutscheine können Sie genauso einfallsreich wie die Einladungen verpacken.

Geschenke austeilen

Überlegen Sie auch, wie Sie die Geschenke an die Kinder verteilen wollen. Mit einem Spiel ist das spannend und lustig. Selbst Zehnjährige spielen noch mit Feuereifer »Die heiße Spur« (siehe unten) oder auch Topfschlagen. Sie können auch das Spiel »Schleichkatzen« von Seite 185 abwandeln und in den Futternapf statt Gummibärchen ein Gastgeschenk legen.

Spiel: Die heiße Spur
Ein Kind wird ausgezählt und geht aus dem Zimmer. In der Zwischenzeit verstecken die anderen das Päckchen mit dem Gastgeschenk. Das Kind wird wieder ins Zimmer gerufen und beginnt mit seiner Suche. Die Mitspieler verraten ihm die »heiße Spur«: Sie rufen »heiß« oder «kalt«, je nachdem, ob sich der Suchende nah oder fern vom Versteck aufhält. Auf diese Weise steuern die Kinder die Schritte des Suchers, bis er das Versteck gefunden hat.

Siegerpreise

Viele Kinder erwarten, dass sie als Sieger eines Spieles auch einen Gewinn einheimsen können. Im folgenden Absatz finden Sie eine nette Idee für einen ungewöhnlichen Siegerpreis.

Basteln: Gold-Medaillen

Die Siegermedaillen können Ihre Kinder auch selber basteln. Die Medaille besteht aus einem Bierdeckel. Wer keine hat, schneidet Kreise in der gleichen Größe aus einem Pappkarton. Die Kinder bekleben die Pappscheiben mit Goldfolie oder Glitzerpapier, bohren mit einer spitzen Schere am Rand jeweils ein Loch hinein und ziehen einen bunten Wollfaden durch dieses Loch, den sie zu einer großen Schlaufe zusammenknüpfen.
Feierlich und unter Applaus der anderen bekommt ein Sieger seine Medaille überreicht.

Spiele, um Sieger zu ehren

Sieger wollen ihre Medaille natürlich nicht nur überreicht bekommen. Viel schöner ist es, wenn die Siegerehrung in ein lustiges Spiel verpackt wird.

Spiel: Presse-Fotos
Der Sieger verkleidet sich mit Fundstücken aus der Verkleidungskiste (siehe Seite 156). Die Mitspieler helfen ihm dabei. Dann stellt er sich in einer übertriebenen Siegerpose auf und wird fotografiert. Wer eine Digitalkamera hat, kann gleich das Foto ausdrucken. Andernfalls bekommen die Sieger ihre »Presse-Fotos« ein paar Tage später überreicht.

Spiel: Der Sieger ist König
Der Sieger klettert auf einen Stuhl, setzt eine aus Goldfolie gebastelte Krone auf und legt sich als »Königsmantel« ein großes Tuch um. Dann ruft er seine »Sänger« und wünscht sich ein Lied. Die ganze Kinderschar tritt als Sängergruppe auf und singt dem König sein Wunschlied.

Der Abschluss

Ein Kinderfest braucht einen besonderen Abschluss als Zeichen dafür, dass das Fest jetzt zu Ende ist. Das kann ein Fackellauf oder Laternenumzug sein, ein Kasperltheater für die Kleinen, bei dem sich der Kasperl verabschiedet, eine Abschieds-Polonaise oder das Fotografieren eines Gruppenbildes.
Danach wird das Ende des Festes verkündet.
Auf keinen Fall werden nun weitere Spiele gespielt! Sonst finden manche Kinder kein Ende, werden müde, und aus dem schönen Abschluss wird ein überdrehtes Herumkaspern. Ein stimmungsvoller Ausklang ist es, wenn jedes Kind, das jetzt geht oder abgeholt wird, einzeln verabschiedet wird. Die Kinder, die noch dableiben, helfen einfach beim Aufräumen. Ihre Kinder wird es freuen, denn das geht mit so vielen Helfern doch gleich viel schneller!

Abzählreime und -verse

... und du bist dran

Abzählverse liebt jedes Kind. Und hier sind einige der schönsten versammelt. Von frech bis urkomisch, von klassisch bis modern.

Schnicke – Schnacke – Schnecke,
kriechst langsam um die Ecke.
Schnick – Schnack – Schneck,
und du bist weg!

Eins, zwei, drei, vier, fünf, sechs, sieben,
komm, wir wollen Fußball spielen.
Du bist Torwart, ich bin Bäck',
eins, zwei, drei, und du musst weg!

Im Garten steht ein Vogelhaus,
drunter sitzt 'ne Haselmaus.
Streckt dir lang die Zunge raus.
Streck zurück! Und du bist raus!

Auf einem Gummi-Gummi-Berg,
da wohnt ein Gummi-Gummi-Zwerg.
Der Gummi-Gummi-Zwerg
hat eine Gummi-Gummi-Frau.
Die Gummi-Gummi-Frau
hat ein Gummi-Gummi-Kind.
Das Gummi-Gummi-Kind
hat ein Gummi-Gummi-Kleid.
Das Gummi-Gummi-Kleid
hat ein Gummi-Gummi-Loch.
Und du bist es doch!

Eins, zwei, drei, vier, fünf,
strick mir ein paar Strümpf,
nicht zu groß und nicht zu klein,
sonst musst du der
Haschmann sein.

Ich bin ein armer Rabe
und alles, was ich habe,
ist eine dicke Laus,
und du bist raus.

Der kleine Vampir
kommt gleich zu dir.
O Schreck! O Graus!
Du musst jetzt raus!

Ich und du, Müllers Kuh,
Müllers Esel, das bist du.

Eins, zwei, drei, vier,
fünf, sechs, sieben,
wo ist denn mein Schatz geblieben?
Ist nicht hier, ist nicht da,
ist wohl in Amerika.

Eins, zwei, drei, vier,
fünf, sechs, sieben,
meine Mutter, die kocht Rüben,
meine Mutter, die kocht Speck,
und du bist weg.

Eins, zwei, drei, vier.
Die Maus sitzt am Klavier,
am Klavier sitzt eine Maus,
und du bist raus.

Bille, balle, malle,
Maus sitzt in der Falle,
Falle geht entzwei,
und du bist frei!

Eins, zwei, drei,
wir alle sind dabei.
Vier, fünf, sechs,
die Birn' ist ein Gewächs.
Sieben, acht, neun,
du musst's sein!

Eine kleine Piepmaus
lief ums Rathaus,
wollte sich was kaufen,
hatte sich verlaufen.
Schillewipp, schillewapp,
und du bist ab!

Eins, zwei, drei,
bicke, backe, bei,
bicke, backe, Birnenstiel,
sitzt ein Männlein auf der Mühl,
hat ein rotes Hütchen auf,
rechts und links' ne Feder drauf.
Die linke, die muss – ab.

Schimme, Schamme, Scheibenkleister,
wer von euch ist Hexenmeister?
Zaubert einen Düsenjäger
oder einen Hosenträger
oder eine Laus,
und du bist raus!

Eins, zwei, drei,
Butter in den Brei,
Salz auf den Speck,
und du bist weg.

2 Die schönsten Spiele für draußen

Sobald ein Kind seine ersten Schritte macht, möchte es auch schon hüpfen und rennen. Und am liebsten macht es sich auf und davon und schaut mit schelmischem Blick zurück, ob die Eltern nicht bald kommen und es wieder einfangen. Viele Spiele erhalten diese Freude an der Bewegung, am Jagen und Toben, am Werfen und Fangen. Kleinere Kinder brauchen die eher spielerische Anregung mit Katze und Maus oder Hase und Jäger. Größere Kinder wetteifern untereinander, wer als Erster ins Ziel kommt, wer in die Mitte trifft oder am längsten den Ball prellen kann. Also auf: Freunde anrufen, Treffpunkt ausmachen, und los geht's mit spannenden Spielen!

DIE SCHÖNSTEN SPIELE FÜR DRAUSSEN

Werfen, zielen treffen

Ball und Murmel sind das liebste Spielzeug kleiner Kinder – weil sie ein bisschen lebendig sind, wegrollen und sich dann einfangen lassen. Ältere Kinder sind hingegen stolz, wenn sie ihre Kunststücke mit dem Ball vorführen können, ihn werfen, fangen, prellen und kicken.

Ball rollen

Dieses Spiel ist als allererstes Ballspiel schon für die ganz Kleinen geeignet.

> ab 3 Jahren • 2 Kinder
> 2 bis 3 Minuten • anregend • drinnen oder draußen

MATERIAL: 1 kleiner weicher Ball

So geht's
Die beiden Kinder sitzen einander gegenüber auf dem Boden. Sie grätschen ihre Beine und rücken so weit zusammen, dass sich ihre Fußsohlen berühren. Dann rollen sie den Ball hin und her. Gelingt das Einfangen gut, rücken beide ein wenig zurück. Jetzt ist der Abstand zwischen beiden größer und das Fangen etwas schwieriger. Doch bald gelingt auch das, und die Kinder rutschen wieder ein Stückchen auseinander. So geht es immer weiter, bis die Konzentration nachlässt. Ganz kleine Kinder können Sie mit einem kleinen Reim zum Spiel animieren. Sicher kennen Sie ihn auch noch von früher:
»Rolle, rolle hin und her,
Rollen, das ist gar nicht schwer.«
Verwenden Sie unbedingt einen sehr weichen Ball.

Schweinchen in der Mitte

Zwei Spieler werfen sich den Ball zu. Der dritte Spieler, das »Schweinchen in der Mitte«, versucht ihn abzufangen.

> ab 6 Jahren • 3 Kinder
> 5 bis 10 Minuten • anregend • draußen

MATERIAL: 1 Ball

So geht's
Zwei Spieler stellen sich mindestens zehn Schritte voneinander entfernt auf und werfen sich den Ball zu. Zwischen ihnen steht der Ballfänger beziehungsweise das Schweinchen und versucht, den Ball abzufangen oder zu schnappen, wenn er auf den Boden

fällt. Gelingt das, muss der Spieler, der den Ball zuletzt geworfen hat, in die Mitte.
Das Spiel ist zu Ende, wenn den Spielern die Puste ausgeht. Die Kinder können auch vorher verabreden, wie oft jeder in die Mitte kommt.

Prellball

Wer seinen Namen hört, muss den Ball auffangen und einen Mitspieler abwerfen. Doch die anderen rennen schnell davon.

> ab 6 Jahren • mindestens 4 Kinder
> 10 bis 15 Minuten • anregend • draußen

MATERIAL: 1 Ball

So geht's
Ein Spieler wird ausgezählt und ist der Rufer. Er wirft den Ball hoch in die Luft, ruft den Namen eines Mitspielers und rennt schnell weg. Auch die anderen Mitspieler machen sich auf und davon. Gleichzeitig beeilt der gerufene Spieler sich, den Ball zu fangen. Hat er den Ball, ruft er laut »Halt!«, und alle müssen stehen bleiben. Nun versucht der Ballspieler einen anderen Mitspieler abzuwerfen. Der getroffene Spieler ist der neue Rufer. Wird keiner getroffen, bleibt alles beim Alten und das Spiel beginnt von vorn. Nach etwa 15 Minuten haben die meisten Kinder genug von dem lebhaften Spiel.

Bocksprünge

Wie ein kleiner Ziegenbock auf den Feldern und Wiesen macht bei diesem Spiel der Bock seine Luftsprünge. Ob die Jäger ihn mit dem Ball treffen?

> ab 4 Jahren • mindestens 4 Kinder
> 5 bis 10 Minuten • anregend • draußen

MATERIAL: 1 Ball

So geht's
Die Kinder bilden einen Kreis. Ein Kind steht als »Bock« in der Kreismitte. Die anderen sind »Jäger« und rollen sich den Ball zu. Dabei versuchen sie, die Füße des Bocks zu treffen. Doch der passt auf und springt rechtzeitig in die Höhe. Wird er jedoch getroffen, tauscht er mit dem Kind, das ihn erwischt hat, den Platz.

Ballschule

Übung macht den Meister – oder die Meisterin. In der Ballschule können die Kinder zeigen, welche Ballkünste sie schon beherrschen.

> ab 6 Jahren • 1 Kind oder mehr
> 5 Minuten • anregend • draußen

MATERIAL: 1 Ball, der gut springt

So geht's
Dieses Spiel heißt auch »Ballprobe« oder »Ball an die Wand«. Wer an der Reihe ist, wirft auf zehn verschiedene Arten den Ball an die Wand. Passiert ein Fehler, wiederholt man den Wurf so lange, bis es klappt. Spielen mehrere Kinder miteinander, wechseln sie sich bei einem Fehler ab. Und jeder fängt wieder bei der Aufgabe an, bei der er aufgehört hat.

Die zehn Aufgaben der Ballschule:
➤ Den Ball mit beiden Händen an die Wand werfen und fangen.
➤ Den Ball mit einer Hand an die Wand werfen und mit einer Hand fangen.
➤ Den Ball mit einer Hand an die Wand werfen und mit der anderen Hand fangen.
➤ Den Ball mit einer Hand an die Wand werfen, auf dem Boden aufprellen lassen und mit einer Hand fangen.
➤ Den Ball an die Wand werfen, auf dem Boden aufprellen lassen, beide Hände mit der Handfläche nach oben zu einer Schale formen und damit den Ball auffangen.
➤ Den Ball an die Wand werfen, in die Hände klatschen, danach den Ball fangen.
➤ Den Ball mit beiden Händen hinter dem Rücken halten, dann über den Kopf an die Wand werfen und fangen.
➤ Den Ball an die Wand werfen, sich schnell einmal im Kreis drehen und ihn dann auffangen.

DIE SCHÖNSTEN SPIELE FÜR DRAUSSEN

➤ Mit dem Rücken zur Wand stehen, durch die gegrätschten Beine den Ball an die Wand werfen, sich aufrichten, umdrehen und den Ball fangen.
➤ Den Ball so heftig auf den Boden prellen, dass er danach zur Wand springt und dort abprellt, dann den Ball fangen.

Immer neue Ballkünste

Beim Spielen fallen den Kindern immer neue Spielaufgaben für die Ballschule ein, zum Beispiel:
➤ Den Ball mit der Faust noch einmal auf den Boden prellen.
➤ Den Ball mit der Brust, dem Kopf, der Schulter oder der Armbeuge an die Wand prellen.
➤ Den Ball so heftig an die Wand werfen, dass er beim Aufprall an der Wand in hohem Bogen zurückfliegt und der Spieler ihm nachrennen muss, um ihn zu fangen.
➤ Besonders schwierig: zwei Bälle. Der Spieler wirft den ersten Ball und, während er an der Wand abprallt, den zweiten Ball gleich hinterher. Dann versucht er die beiden Bälle abwechselnd zu fangen und gleich wieder zu werfen.

Blumenballspiel

Die »Blumenkinder« warten darauf, dass der »Gärtner« sie beim Namen ruft.

i ab 6 Jahren • mindestens 4 Kinder
5 bis 10 Minuten • anregend
draußen • Spielleiter

MATERIAL: 1 Ball

So geht's

Es wird ein Spielleiter bestimmt, der während des Spiels die Zeit stoppt. Die Kinder geben sich Blumennamen. Dabei darf jede Blumenart nur einmal vorkommen. Dann bestimmen sie den Gärtner mit einem Abzählvers (siehe Seite 21) und stellen sich in einem weiten Kreis auf. Der Gärtner nimmt den Ball und geht in die Kreismitte. Er wirft den Ball hoch und ruft dabei einen Blumennamen. Schnell rennt das genannte Blumenkind los, um den Ball zu fangen, bevor dieser auf den Boden fällt. Wenn das gelingt, ist es der neue Gärtner. Geht es schief, kehrt es als Blume in den Kreis zurück.

Der Spielleiter beendet das Spiel nach ungefähr 10 Minuten. Wer bis dahin noch nie Gärtner war, darf es jetzt ausprobieren.

Der Ball des Königs

Welcher König hat die schnellsten Diener? Dieses Ballspiel ist ein guter Teamtest für den Herrscher und seine Untertanen.

> ab 6 Jahren • mindestens 8 Kinder
> 5 Minuten • anregend
> draußen • Spielleiter

MATERIAL: 2 Bälle

So geht's

Die Spieler teilen sich in zwei gleich große Gruppen auf und stellen sich hintereinander in eine Reihe. Ein Spieler aus jeder Gruppe stellt sich als König vor seine Diener-Reihe. Der Spielleiter gibt das Startzeichen, und die beiden »Könige« werfen den Ball ihrem ersten »Diener« zu. Dieser fängt den Ball und wirft ihn zurück. Nach getaner Arbeit setzt er sich schnell auf den Boden. Jetzt wirft der König den Ball dem zweiten Diener zu. So geht das Spiel immer weiter, bis alle Diener auf dem Boden sitzen und der König den Ball wieder in der Hand hat. Gewonnen hat das Team, das am schnellsten fertig ist.

Ballorakel

Wer kann den Ball prellen, gleichzeitig einen Vers aufsagen und bis 10 oder 20 oder noch weiter zählen?

> ab 5 Jahren • 1 Kind oder mehr
> 3 bis 5 Minuten • anregend • draußen

MATERIAL: 1 Ball

So geht's

Lieber Ball,
sag mir doch,
wie viel Jahre
leb ich noch?
eins, zwei, drei, vier ...

Das Kind sagt den Vers und prellt im Vers-Rhythmus seinen Ball mit einer Hand oder mit zwei Händen auf den Boden. Dann prellt es den Ball weiter und zählt die Prellbälle mit, bis es den Ball nicht mehr erwischen kann und er weghüpft.
Das Spiel ist zu Ende, wenn alle Kinder an der Reihe waren. Sieger ist, wer am längsten »lebt«, also am längsten seinen Ball prellen konnte.

Hasenjagd

Die »Hasenkinder« tummeln sich im abgegrenzten Hasen-Spielfeld. Der »Jäger« muss sie mit dem Ball treffen.

> ab 7 Jahren • mindestens 5 Kinder
> 10 bis 15 Minuten • anregend • draußen

MATERIAL: 1 Ball, Kreide oder Stöckchen

Gut vorbereitet

Die Kinder messen ein großes Spielfeld ab, mindestens 10 mal 10 Meter sollte es sein, besser noch größer. Sie markieren dieses Spielfeld entweder mit Straßenkreide auf Asphalt und Steinboden oder ritzen die Grenzlinien mit einem Stöckchen in die Erde.

So geht's

Der Jäger wird mit einem Abzählvers ausgezählt. Die anderen sind die Hasen und tummeln sich innerhalb des Spielfeldes, während der Jäger versucht, von der Grenzlinie aus die Hasen mit dem Ball zu treffen. Wer getroffen wird, verlässt das Hasenfeld und hilft dem Jäger den Ball zu holen. Aber nur der Jäger darf die Hasen mit dem Ball abwerfen.
Das Spiel ist zu Ende, wenn nur mehr ein Hase übrig ist. Er ist dann der neue Jäger.

INFO — Das Ballhaus

Im Mittelalter war das Ballspielen so beliebt, dass man extra Ballhäuser baute mit großen, hohen Hallen. Solche Räume waren sehr ungewöhnlich und viele Leute wunderten sich, dass die Räume keine Treppen, Etagen oder sonstige Einrichtungen hatten.

DIE SCHÖNSTEN SPIELE FÜR DRAUSSEN

Müde, matt und mausetot

Die Kinder werfen sich den Ball zu, wer zum dritten Mal den Ball nicht fängt, ist nach den Regeln des Spiels »mausetot«.

> ab 4 Jahren • mindestens 4 Kinder
> 5 bis 10 Minuten • anregend • draußen

MATERIAL: 1 (weicher) Ball

> **INFO Ball ist nicht gleich Ball**
>
> Der richtige Ball bringt doppelten Spaß. Die Grundregel lautet: Kleine Kinder – große und weiche Bälle, große Kinder – kleine und feste Bälle. Für kleine Kinder sind Schaumstoffbälle am besten. Sie sind griffig, leicht und deshalb gut zu fangen. Sie springen nicht so hoch und hüpfen beim Prellen nicht davon. Ältere Kinder hingegen wollen einen prall aufgepumpten Ball. Denn nur der springt und fliegt so richtig gut und mit ihm kann man besser treffen. Alle Bälle mit Luftventil, die man immer wieder aufpumpen kann, sind gut. Weichere Gummi- oder Plastikbälle sind besser als harte Lederbälle.

So geht's

Die Kinder stehen im Kreis und werfen sich kreuz und quer den Ball zu. Wer den Ball zum ersten Mal nicht fängt, ist »müde«, beim zweiten Mal »matt«, beim dritten Mal »mausetot« und muss sich setzen. Sieger ist, wer als Letzter noch steht. Er macht die mausetoten Mitspieler wieder munter, indem er ihnen leicht auf die Stirn tippt. Die Kinder halten bestimmt noch eine weitere Spielrunde durch.

Ball über die Schnur

Ein Klassiker für etwas ältere Kinder, der sich fast überall spielen lässt.

> ab 6 Jahren • mindestens 6 Kinder
> 10 bis 20 Minuten • anregend
> draußen • Spielleiter

MATERIAL: 1 Ball, dicke Schnur oder Wascheseil, 2 ca. anderthalb Meter lange Stäbe und eventuell 2 Sonnenschirmständer

Gut vorbereitet

Die Kinder rammen die Stäbe in den Boden oder befestigen sie in den Sonnenschirmständern. Noch besser wären zwei Bäume in einem Abstand von ungefähr 5 Metern. Zwischen die Stäbe oder Bäume spannen die Kinder die Schnur.

So geht's

Die Kinder teilen sich in zwei Mannschaften auf und gehen in ihre Spielfelder beiderseits der Schnur. Der Spielleiter wirft mit dem Rücken zum Seil den Ball hoch. Die Mannschaft, in deren Feld der Ball fällt, beginnt das Spiel. Die Spieler versuchen, den Ball über die Schnur auf das gegnerische Spielfeld zu werfen. Fällt dort der Ball zu Boden, bekommen sie 1 Punkt. Nach 20 Minuten beendet der Spielleiter das Spiel. Sieger ist die Mannschaft mit den meisten Punkten.

Klatsch-Ball

Wer den Ball fängt, muss zuerst in die Hände klatschen. Zu leicht? Nein, denn der Spielleiter hat sich einen Trick ausgedacht.

> ab 5 Jahren • mindestens 4 Kinder
> 5 bis 10 Minuten • anregend
> draußen • Spielleiter

MATERIAL: 1 Ball

So geht's

Die Kinder bilden einen weiten Halbkreis oder Kreis. In der Mitte steht der Spielleiter und wirft einem Kind den Ball zu. Dieses klatscht schnell in die Hände, bevor es den Ball fängt. Wer vor Eifer das Klatschen vergisst oder den Ball nicht fängt, muss sich auf den Boden setzen. Für alle heißt es aufgepasst, denn der Spielleiter kann die Kinder in die Irre führen. Wer voreilig in die Hände klatscht und den Ball gar nicht zugeworfen bekommt, muss sich auch set-

zen. Das Sitzen und Warten ist jedoch nicht langweilig, weil es Spaß macht, den Täuschungsmanövern des Spielleiters zuzuschauen.
Sieger ist, wer als Letzter stehen bleibt.

In der Schule

Das Spielfeld wird in Schulklassen eingeteilt. Der »Lehrer« wirft den »Schülern« Bälle zu. Passen sie auf, kommen sie in die nächste Klasse.

> ab 6 Jahren • mindestens 4 Kinder
> 5 bis 10 Minuten • anregend
> draußen • Spielleiter

MATERIAL: 1 Ball, Straßenkreide oder Stab

Gut vorbereitet

Die Kinder malen acht Reihen auf den Boden, etwa 4 Meter lang und im Abstand von etwa 1 Meter. Diese Linien werden auf Steinboden mit Kreide aufgemalt oder mit einem Stab in den Erdboden eingeritzt. Die Reihen sind die Schulklassen. Alle Kinder sind anfangs Erstklässler und stellen sich in der ersten Reihe auf. Der Spielleiter steht als »Lehrer« 3 bis 4 Meter von der ersten Reihe entfernt.

So geht's

Der Lehrer wirft einem Schüler den Ball zu und nennt ein Schulfach, wie Rechnen, Musik, Schreiben, Englisch oder Werken. Der Schüler fängt den Ball, wirft ihn sofort wieder zurück und darf jetzt in die zweite Klasse wechseln. Das bedeutet für ihn, er geht in die zweite Reihe. Fängt er den Ball nicht, bleibt er leider in seiner Schulklasse, also auch in seiner Reihe. Wenn der Lehrer jedoch »Pause« oder »Ferien« ruft, darf der Schüler den Ball nicht berühren. Fängt er den Ball versehentlich doch, bleibt er vorerst auch in seiner Schulklasse.
Wer zuerst alle acht Klassen durchlaufen hat, ist in diesem Spiel Sieger.

> 💡 Spielen Sie statt dieses Ballspiels lieber ein anderes, falls bei einem der mitspielenden Kinder die Versetzung bedroht ist.

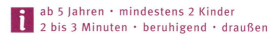

Wer zielt ins Murmel-Loch?

Es lohnt sich zu üben; denn wer zuerst ins Loch trifft, bekommt alle Murmeln auf dem Spielfeld.

> ab 5 Jahren • mindestens 2 Kinder
> 2 bis 3 Minuten • beruhigend • draußen

MATERIAL: 1 Stab oder spitzer Stein, für jedes Kind mindestens 3 Murmeln

Gut vorbereitet

Für dieses Spiel ist ein ebener, glatter Erd- oder Sandboden am besten geeignet. Die Kinder graben und schaben mit dem Stab oder Stein eine kleine Mulde aus, das Murmel-Loch. Die Startlinie ritzen sie 2 bis 3 Meter davon entfernt in den Boden.

So geht's

Die Kinder zählen aus, wer zuerst beginnt. Der Erste schnippt seine Murmel von der Startlinie aus in Richtung Murmel-Loch. Die Murmel bleibt liegen, wohin sie rollt. Dann ist das nächste Kind an der Reihe. In jeder Spielrunde wird die Murmel einen Stoß weiter Richtung Ziel gestupst.
Wer seine Murmel zuerst im Loch hat, ist Sieger. Das Spiel ist zu Ende, wenn alle Murmeln im Murmel-Loch angekommen sind. Der Gewinner bekommt von jedem Mitspieler eine Murmel als »Siegerbeute«.

Eine Murmel ist das Ziel

Ein Kind schnippt seine Murmel ein Stück weit fort – die Richtung kann es selbst bestimmen. Wer diese »Zielmurmel« trifft, darf sie behalten.

> ab 5 Jahren • mindestens 3 Kinder
> 2 bis 3 Minuten • beruhigend • draußen

MATERIAL: mindestens 10 Murmeln pro Kind

So geht's

Die Kinder stellen sich nebeneinander in einer Reihe auf. Ein Kind wird ausgezählt und schnippt seine Murmel auf einem geeigneten ebenen Platz. Der Reihe nach versuchen die anderen Kinder mit ihrer Murmel diese Zielmurmel zu treffen. Man darf seine

DIE SCHÖNSTEN SPIELE FÜR DRAUSSEN

Murmel nur einmal anstoßen. Wer die Zielmurmel trifft, behält sie als Beute und setzt die neue Zielmurmel für die nächste Runde. Wenn keiner die Zielmurmel trifft, darf derjenige, dem sie gehört, die anderen Murmeln im Spielfeld einsammeln und behalten. Dann lässt er für die nächste Runde eine neue Zielmurmel ins Spielfeld rollen.

Das Spiel ist zu Ende, wenn ein Kind die Zielmurmel getroffen hat oder alle Kinder ihre Murmeln »verschossen« haben. Sieger ist, wer die meisten Murmeln besitzt.

Schatzkammern

Fünf Löcher sind wie Schatzkammern mit Murmeln gefüllt. Wer in eines der Löcher trifft, darf den Schatz behalten.

> ab 5 Jahren • mindestens 2 Kinder
> 3 bis 5 Minuten • beruhigend • draußen

MATERIAL: 10 Murmeln pro Kind, Kreide oder Stab

Gut vorbereitet
Die Kinder malen oder ritzen in den Boden ein etwa 50 mal 50 Zentimeter großes Spielfeld. In jede Ecke und in die Mitte graben sie kleine Löcher, die Schatzkammern. Vier bis fünf Schritte vom Spielfeld entfernt markieren sie die Startlinie.

So geht's
Jedes Kind legt zuerst in jedes Loch eine Murmel, in das Mittelloch sogar zwei. Jetzt hat jeder noch vier Murmeln übrig. Der Reihe nach schnippen die Kinder von der Linie aus jeweils eine Murmel in das Spielfeld. Es gilt, mit seiner Murmel in eines der Löcher zu schnippen. Wem das zuerst gelingt, der darf den Schatz heben und alle Murmeln einsammeln, die in diesem Loch liegen. Murmeln, die auf der Strecke bleiben, müssen liegen bleiben.
Kullert eine Murmel in ein bereits ausgeplündertes Loch, bleibt sie dort liegen. Erst der nächste Spieler, dessen Murmel in dieses Loch rollt, darf den Schatz heben und diese Murmel behalten.
Haben alle Kinder ihre vier Murmeln ausgespielt, geht das Spiel mit den Murmeln, die auf dem Spielfeld liegen, weiter. Auch jetzt darf jedes Kind seine Murmeln immer nur einmal schnippen.
Das Spiel ist zu Ende, wenn alle Murmeln verspielt sind. Sieger ist, wer die meisten Murmeln erbeutet.

Murmelschlösschen

Für dieses Traditionsspiel wird ein Schlösschen in Pyramidenform gebaut. Wer es trifft, darf die Schloss-Murmeln einheimsen.

> ab 5 Jahren • mindestens 3 Kinder
> 2 bis 3 Minuten • beruhigend • draußen

MATERIAL: Murmeln, Kreide oder Stab

Gut vorbereitet
So wird das Murmelschlösschen gebaut: Drei Murmeln eng zusammenschieben und die vierte Murmel oben drauflegen.
Die Ziellinie liegt 2 bis 3 Meter entfernt. Je nach Beschaffenheit des Bodens ziehen die Kinder diese Linie mit Kreide oder Stab.

Murmelspiele

So geht's
Der oder die Älteste beginnt und baut das Schlösschen. Von der Wurflinie aus versuchen die anderen Kinder das Schloss zu treffen. Gespielt wird der Reihe nach. Wer getroffen hat, bekommt alle vier Schloss-Murmeln und darf das neue Schlösschen aufbauen. Die anderen Mitspieler müssen dem Erbauer des vorigen Schlösschens eine Murmel abgeben.
Eine Runde ist zu Ende, wenn das Schloss getroffen wurde. Wer nach mehreren Spielen die meisten Murmeln besitzt, ist Sieger.

Die Murmelmulde

Murmeln können nicht nur sanft rollen, sondern auch mit ganzer Wucht aufprallen und dadurch einen Schatz aus der Murmelmulde »kicken«.

 ab 5 Jahren • mindestens 3 Kinder
2 bis 3 Minuten • beruhigend • draußen

MATERIAL: flacher Stein oder Schüppe, je Kind mindestens 10 Murmeln

Gut vorbereitet
Mit der Hand, einer Schüppe oder einem Stein heben die Kinder eine flache Mulde mit ungefähr 5 Zentimetern Durchmesser aus.

So geht's
Jeder Mitspieler legt drei Murmeln in die Mulde. Nun stellen sich alle mit ihren restlichen Murmeln in der linken Hand (Linkshänder: in der rechten Hand) um die Mulde.
Nacheinander lassen die Kinder nun jeweils eine Murmel in die Mulde fallen. Aber nicht irgendwie: Sie nehmen eine Murmel in die rechte Hand, strecken den Arm waagerecht über die Mulde und lassen die Murmel dann fallen. Treibt die Murmel andere aus der Mulde heraus, so darf der Mitspieler diese behalten.
Gespielt wird nacheinander so lange, bis dem ersten Mitspieler die Murmeln ausgehen. Die in der Mulde verbliebenen Murmeln werden nun gerecht unter den Mitspielern verteilt.

Tore schießen

Der Spieler entscheidet immer wieder neu, welche zwei Murmeln das Tor sind, durch das er die dritte Murmel schnippt.

 ab 6 Jahren • 2 Kinder
3 bis 5 Minuten • anregend • draußen

MATERIAL: 3 Murmeln

So geht's
Der erste Spieler platziert zwei Murmeln im Abstand von ungefähr 30 Zentimetern auf dem Boden. Diese bilden das »Murmeltor«. Dann geht er drei Schritte zurück und versucht, mit der dritten Murmel ein Tor zu schießen. Das heißt, er schnippt seine Murmel mit einem Schuss zwischen den beiden Murmeln hindurch. Nun bleiben alle Murmeln an Ort und Stelle liegen.
Hat der erste Spieler auf diese Weise ein Tor geschossen, spielt er weiter. Jetzt entscheidet er neu, welche zwei Murmeln das Tor bilden und mit welcher Murmel er ein Tor schießen möchte. Alle Tore werden gezählt. So geht das Spiel immer weiter, bis der Spieler eine Murmel daneben schießt.
Nun übernimmt der zweite Spieler das Spiel, entscheidet, welche zwei Murmeln das Tor sind, und spielt weiter.
Sieger ist, wer nach zweimaligem Wechsel die meisten Tore geschossen hat.

Flaschenkegelspiel

Hier wird der Garten zur Kegelbahn! Die Kegel sind Getränkeflaschen und gekegelt wird mit einem Ball. Unterschiedliche Arten der Aufstellung sorgen für Abwechslung.

 ab 6 Jahren • mindestens 2 Kinder
5 bis 10 Minuten • anregend • draußen

MATERIAL: 9 leere Mineralwasserflaschen (am besten aus Plastik, um Glasbruch zu vermeiden), 1 Ball

DIE SCHÖNSTEN SPIELE FÜR DRAUSSEN

Gut vorbereitet
Die Kinder stellen die Flaschen auf, zum Beispiel in einer Linie nebeneinander, im Kreis, in einer Linie diagonal, wie ein Kreuz, in drei Dreiergruppen, in der Aufstellung des echten Kegelspiels.

So geht's
Der erste Spieler nimmt den Ball, geht zehn Schritte zurück und zielt mit dem Ball auf die Flaschenkegel. Er darf dreimal hintereinander werfen. Die umgefallenen Kegel werden gezählt. Für den nächsten Spieler stellen die Kinder alle Kegel wieder auf. Sieger ist, wer die meisten Flaschenkegel umgeworfen hat.
Beim nächsten Spiel stellen die Kinder die Flaschen natürlich in einem anderen Muster auf.

 Die Flaschen stehen besser, wenn Sie sie zur Hälfte mit Wasser, Sand oder kleinen Steinchen füllen. Verwenden Sie am besten Plastikflaschen, damit kein Glas zu Bruch gehen kann.

Münzen werfen

Als Ziel dient eine Wand, aber berühren darf die Münze sie nicht.

i ab 5 Jahren • mindestens 2 Kinder
2 bis 3 Minuten • anregend • draußen

MATERIAL: 3 kleine Münzen für jedes Kind

So geht's
Die Kinder suchen sich eine Wand. Dann gehen sie 2 bis 3 Meter zurück, markieren dort die Startlinie und stellen sich dahinter nebeneinander auf. Der Reihe nach wirft jedes Kind seine drei Münzen möglichst nahe an die Wand, ohne die Wand selbst jedoch zu treffen!
Das Spiel ist zu Ende, wenn alle Kinder ihre Münzen geworfen haben.
Wer seine Münzen am dichtesten vor die Wand geworfen hat, hat gewonnen. Die Kinder müssen sich vorher darüber einigen, ob der Sieger die Münzen der Mitspieler bekommt.

Wurfkreise

Gar nicht so leicht, in den Mittelkreis zu treffen; denn da bekommt man die meisten Punkte.

 ab 5 Jahren • mindestens 2 Kinder
3 bis 5 Minuten • anregend • draußen

MATERIAL: kleine Steine oder Muscheln, Kreide oder Stab, eventuell Block und Stift um Punkte zu notieren.

Gut vorbereitet
Die Kinder malen mit Kreide oder ritzen mit dem Stab auf den Boden drei ineinander liegende Kreise ähnlich einer Zielscheibe. Der Innenkreis hat einen Durchmesser von 50 Zentimetern, der Mittelkreis von circa 1 Meter, der Außenkreis von etwa anderthalb Metern. Dann gehen die Kinder fünf Schritte zurück und ziehen eine Wurflinie. Nun sucht sich jedes Kind drei Steine oder Muscheln.

So geht's
Der Reihe nach wirft jedes Kind seine drei Steine in die Kreise. Danach werden die erreichten Punkte zusammengezählt.
Das Spiel ist zu Ende, wenn alle Kinder an der Reihe waren. Sieger ist, wer die meisten Punkte hat.

Wurfspiele

Büchsen werfen

Dieser Klassiker ist genau das richtige Spiel zum Abreagieren.

 ab 5 Jahren • mindestens 2 Kinder
2 bis 3 Minuten • anregend • draußen

MATERIAL: Gartentisch oder Getränkekiste und Brett, 10 gleich große, leere Blechdosen, Tennisball (für kleinere Kinder ein größerer Ball)

Gut vorbereitet
Die Kinder holen den Tisch oder bauen die Kiste mit einem Brett darauf auf. Beginnend mit einer Reihe aus vier Büchsen türmen sie darauf die Blechdosen zu einer Pyramide auf.

So geht's
Wer an der Reihe ist, geht zuerst fünf große Schritte von der Büchsen-Pyramide zurück. Jeder wirft so viele Male, bis alle Büchsen auf dem Boden liegen. Die Mitspieler zählen die Würfe und bauen die Pyramide auch wieder auf. Sieger ist, wer am wenigsten Würfe braucht. Das Spiel ist zu Ende, wenn alle einmal an der Reihe waren.

Zahlenfelder

Wer auf die höchsten Zahlen trifft, bekommt die meisten Punkte.

 ab 7 Jahren • mindestens 2 Kinder
2 bis 3 Minuten • beruhigend • draußen

MATERIAL: 3 Steine pro Spieler, Kreide oder Stab

Gut vorbereitet
Die Spieler malen oder ritzen ein quadratisches Spielfeld. Dieses unterteilen sie in neun gleich große Quadrate. Dann schreiben sie in jedes Kästchen eine Zahl, und zwar der Reihe nach die Zahlen von 1 bis 9.

So geht's
Die Spieler stellen sich 2 bis 3 Meter vom Spielfeld entfernt auf. Von dort aus zielen sie der Reihe nach

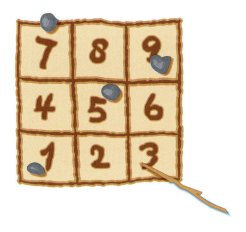

mit ihren drei Kieselsteinen auf das Zahlenfeld. Zum Schluss zählt jeder die Zahlen aus den Feldern mit seinen Steinen zusammen. Das Spiel ist zu Ende, wenn alle Spieler ihre Steine geworfen haben.

Rechenspiel mit dem Zahlenfeld

Jetzt heißt es rechnen und zielen zugleich! Denn es geht um eine bestimmte Summe, die mit Steinwürfen erreicht werden soll.

 ab 7 Jahren • mindestens 2 Kinder
2 bis 3 Minuten • beruhigend • draußen

MATERIAL: 3 Kieselsteine pro Spieler, Kreide oder Stab

Gut vorbereitet
Die Spieler ritzen oder malen ein 9er-Zahlenfeld wie im Spiel »Zahlenfelder« beschrieben (siehe oben).

So geht's
Die Spieler machen eine Zahl aus, die sie mit ihren drei Würfen als Summe erreichen wollen. Zum Beispiel: Vereinbart ist die Zahl 15, sie kann mit den Würfen auf den Zahlenfeldern 3 und 5 und 7 erreicht werden, oder mit 4 und 5 und 6, oder mit 2 und 4 und 9. Bei jeder neuen Spielrunde vereinbaren die Spieler eine neue Summenzahl. Sieger ist, wer am häufigsten die Summenzahl erreicht hat.

DIE SCHÖNSTEN SPIELE FÜR DRAUSSEN

Blinder Wurf

Ganz schön schwierig: Die Steine werden über ein Hindernis hinweg ins Ziel geworfen, das man aber nicht sehen kann.

ab 5 Jahren • mindestens 2 Kinder
3 bis 5 Minuten • anregend • draußen

MATERIAL: Wanne oder Eimer, Stuhl und Handtuch oder Gartentisch; zum Werfen mindestens 10 Kieselsteine, Kastanien oder Wäscheklammern

Gut vorbereitet

Die Kinder stellen eine Sichtblende auf. Das kann ein Stuhl sein, über dessen Lehne sie ein Tuch hängen, oder ein umgekippter Gartentisch. Dahinter nimmt der »Werfer« Platz, so dass er den Behälter nicht sieht. Auch die Kieselsteine liegen dort bereit.

So geht's

Ein Kind kauert sich hinter die Sichtblende, und wirft einen Kieselstein nach dem anderen in den Eimer. Ob es getroffen hat, kann es am Klappern hören. Die anderen Kinder zählen mit, wie viele Steine im Eimer gelandet sind. Das Ergebnis wird notiert und der nächste Spieler ist mit zehn Kieselsteinen an der Reihe.
Das Spiel ist zu Ende, wenn alle Kinder an der Reihe waren. Sieger ist, wer die meisten Steine in den Eimer geworfen hat.

Wasserballon werfen

Mal sehen, wer das schafft: schwabbelige Wasserballons mit den Füßen in einen Eimer werfen.

ab 5 Jahren • mindestens 2 Kinder
2 bis 3 Minuten • anregend • draußen

MATERIAL: 10 Luftballons, Eimer, Handtuch

Gut vorbereitet

Die Kinder füllen die Luftballons mit Wasser. Dazu ziehen sie die Öffnung des Ballons über den Wasserhahn und füllen etwa einen Viertelliter Wasser ein. Vielleicht müssen Erwachsene beim Zuknoten helfen. Dann stellen die Kinder einen Eimer auf und markieren eine Wurflinie. Direkt dahinter liegen die gefüllten Wasserballons.

So geht's

Alle Spieler ziehen Schuhe und Socken aus. Dann stellen sie sich nebeneinander mit den Fußspitzen an die Wurflinie. Der Reihe nach nimmt jeder mit den Zehen einen Wasserballon nach dem anderen auf und zielt auf den Eimer. Gezählt werden die Wasserballons, die tatsächlich im Eimer landen. Wenn ein Ballon danebenfällt, ist der nächste Spieler mit dem Werfen an der Reihe. Sieger ist, wer die meisten Luftballons in den Eimer geworfen hat.

Versteckspiele

Eins, zwei, drei, ich bin frei!

In diesem Ruf kommt die ganze Spannung zwischen frei sein und gefangen werden zum Ausdruck. Aufregung, Ungewissheit, Triumph – zwischen diesen Gefühlen spielen sich die nun folgenden Fang- und Versteckspiele ab. Diese Klassiker und einfallsreichen Varianten halten alle auf Trab.

Verstecken mit Fangen

Bei diesem Versteckspiel herrscht Spannung pur: Die Kinder können aus ihrem Versteck flitzen und sich am Freimal freischlagen – aber wehe, der Sucher ist zuerst dort …

 ab 8 Jahren • mindestens 3 Kinder
5 bis 10 Minuten • anregend • draußen

So geht's

Ein Kind wird als Sucher ausgezählt. Es dreht sich um und zählt bis 50. Die anderen verstecken sich. Hat der Sucher zu Ende gezählt, ruft er laut: »Ich komme!«
Dann dreht er sich um und macht sich auf die Suche. Hat er jemanden entdeckt, rennt er zurück, schlägt am Freimal an und ruft »Eins, zwei, drei für …. !« und nennt den Namen des Mitspielers. Doch dieser rennt auch los und versucht, als Erster am Freimal zu sein und sich freizuschlagen mit dem Ruf: »Eins, zwei, drei, ich bin frei!« Wenn er will, darf er sich dann noch einmal verstecken.

Das Spiel ist zu Ende, wenn alle versteckten Mitspieler gefunden und »gefangen« sind.
Wer als Erster gefangen wurde, ist der neue Sucher.

Das einfache Versteckspiel

Fast ein Urinstinkt: Schon kleine Kinder spielen begeistert Verstecken. Ab fünf Jahren kann man folgende klassische Version mit ihnen spielen.

 ab 5 Jahren • mindestens 3 Kinder
5 bis 10 Minuten • anregend • draußen

So geht's

Die Kinder wählen eine Wand, einen Baum oder Pfosten als Freimal aus. In anderen Gegenden sagt man dazu auch »Bot« oder »Botte« oder »Klippo«. Es ist die Stelle, an der angeschlagen wird. Anschlagen heißt, mit der Hand das Freimal richtig berühren. Sobald der Sucher irgendwo einen Mitspieler entdeckt, schlägt er ihn am Freimal an und ruft auch laut dessen Namen.

Damit ist dieser Mitspieler gefangen. Er kommt aus seinem Versteck, stellt sich neben das Freimal und wartet, bis das Spiel zu Ende ist.

*Eins, zwei, drei, vier, Eckstein,
alles muss versteckt sein.
Hinter mir da gilt es nicht
und auch an den Seiten nicht!
Eins, zwei, drei, vier,
fünf, sechs, sieben,
acht, neun, zehn – ich komme!*

Zu Beginn des Spiels stellt sich der Sucher mit dem Gesicht zum Freimal, verdeckt seine Augen und zählt laut bis 20, 50 oder 100. Während dieser Zeit verstecken sich die anderen Mitspieler. Dann verkündet der Sucher mit einem lauten »Ich komme!«, dass es losgeht. Er dreht sich um und beginnt zu suchen. Kann er irgendwo einen Schuh oder Jackenzipfel oder einen Haarschopf erkennen? Hat er jemanden entdeckt, ruft er: »Eins, zwei, drei für ... (Name des Mitspielers)!« und schlägt mit der Hand an das Freimal. Nur wenn der Sucher das Versteck beschreiben kann, weiß der Gefundene, dass er wirklich gesehen wurde, und kommt aus seinem Versteck.

Wo ist die Katze?

Die »große Katze« (ein Erwachsener) miaut, wenn sie sich versteckt hat, und die »kleinen Kätzchen« machen sich dann auf die Suche.

i ab 4 Jahren • mindestens 2 Kinder
3 bis 5 Minuten • anregend • draußen

MATERIAL: rosa und schwarzer Schminkstift

Gut vorbereitet
Der Erwachsene malt sich mit dem Schminkstift einen Katzen-Schnurrbart auf die Wangen und einen rosa Katzennasen-Punkt auf die Nase.

So geht's
Die Kinder drehen sich um und halten sich die Augen zu. Die »große Katze«, das ist Mama oder Papa, schleicht sich auf leisen Katzenpfoten davon und versteckt sich. Mit einem »Miau« ruft sie die »kleinen Kätzchen«. Diese machen sich auf den Weg, die große Katze zu suchen. Wer sie gefunden hat, bekommt auch einen Katzen-Schnurrbart und einen Katzennasen-Punkt auf die Nase gemalt. Da kleine Kinder ein Spiel, das ihnen gefällt, immer wieder spielen wollen, muss die Katzen-Suche bestimmt oft wiederholt werden. Die Kinder sagen selbst, wann sie genug vom Katzen-Suchen haben. Doch das kann dauern!

 Trillerpfeife
Beim Versteckspiel gibt es Kinder, die sich so gut verstecken, dass keiner sie findet. Dauert ein Spiel länger als 10 Minuten und die Mitspieler verlieren sichtbar die Geduld, wird das Spiel abgebrochen. Mit einem Pfiff aus der Trillerpfeife signalisiert ein Erwachsener oder ein ausgewähltes Kind das Ende des Spiels. Nach diesem Zeichen müssen die Mitspieler aus ihren Verstecken hervorkommen. Sie können sich als Sieger fühlen.

Drei Holzscheite

Der Sucher hat es schwer. Er muss auch noch auf die Holzscheite aufpassen. Fallen diese um, sind seine »Gefangenen« befreit.

i ab 6 Jahren • mindestens 4 Kinder
5 bis 10 Minuten • anregend • draußen

MATERIAL: 3 Holzscheite

So geht's
Die Suche funktioniert nach den Regeln des Versteckspiels. Doch mit dem Freimal hat es etwas Besonderes auf sich: Der Sucher muss die Holzscheite wie ein kleines Zelt aufbauen. Wenn er einen Mitspieler an diesem Freimal anschlägt, dürfen dabei die Holzscheite nicht umfallen. Denn das hieße, dass alle »Gefangenen« wieder frei sind und sich erneut verstecken können, während der Sucher die Scheite wieder aufstellt und laut bis 50 zählt. Wird ein Mitspieler entdeckt und erreicht vor dem Sucher das Freimal,

»Was tun, wenn …«

Von kleinen Tyrannen und empfindlichen Prinzessinnen

Manche Kinder wollen besonders im Mittelpunkt stehen und reagieren auf Unsicherheit oder Langeweile, indem sie die anderen im Spiel stören.

Was tun, wenn ein Kind immer wieder stört und damit leider den Spielenachmittag sabotiert?
Manche Kinder fallen immer wieder dadurch auf, dass sie etwas umwerfen, kaputt machen oder das Spiel boykottieren. Andere sind tollpatschig, fallen oft hin, verletzen sich auch und wollen dann bemitleidet werden. All dies sind Strategien, um auf keinen Fall mehr mitspielen zu müssen.

Woher kommt das Verhalten und wohin führt es?
So reagieren Kinder, wenn sie das Gefühl haben, einer Situation nicht gewachsen zu sein. Wenn ein Kind stört, kann das verschiedene Gründe haben. Vielleicht ist es unsportlich oder kann nicht so schnell reagieren wie die anderen. Vielleicht braucht es auch mehr Zeit, bis es eine Spielregel versteht. Dadurch wird es zwangsläufig zum Schlusslicht. Und das bedeutet, von den anderen nicht ernst genommen, vielleicht sogar gehänselt und abgelehnt zu werden.

Das können Sie tun: Nehmen Sie schon bei der Begrüßung alle Kinder gleich wichtig und ernst. Spielen Sie zu Anfang ein paar Kennenlernspiele (siehe Seite 17), damit alle Kinder einmal im Mittelpunkt stehen. Gestalten Sie das Spieleprogramm abwechslungsreich. So hat jedes Kind die Chance, den anderen zu zeigen, was es kann.

Was tun, wenn ein Kind überempfindlich ist?
Überempfindliche Kinder erschrecken vor dem lauten Geschrei der anderen, halten sich bei dröhnenden Lautsprechern die Ohren zu oder zucken zusammen, wenn die Trillerpfeife zu laut schrillt. Sie spüren deutlich, wenn schlechte Stimmung herrscht, sind betroffen, wenn andere streiten, und haben Tränen in den Augen, wenn andere weinen.

Woher kommt das Verhalten und wohin führt es?
Eigentlich ist die Überempfindlichkeit dieser Kinder eine besondere Begabung: Sie nehmen ihre Umwelt deutlicher wahr als andere. Doch das Verhalten dieser Kinder ist für die anderen manchmal nicht nachvollziehbar. Sie finden es komisch, lachen das Kind aus, necken und erschrecken es. Dabei kann die Stimmung der Gruppe im ungünstigsten Fall in Aggressivität umkippen.

Das können Sie tun: Stärken Sie dem sensiblen Kind den Rücken, in dem Sie sich in problematischen Situationen neben das Kind stellen. Lassen Sie das Kind spüren, dass Sie Verständnis für sein sensibles Verhalten haben. Sagen Sie etwa: »Ich kann verstehen, dass du vor dem Knall des Luftballons Angst hast. Ich kenne Leute, denen es genauso geht. Halt einfach deine Ohren zu!« Dadurch fühlen sich die empfindlichen »Prinzessinnen« oder »Prinzen« verstanden. Vor allem wenn sie hören, dass Sie noch andere Menschen kennen, die so reagieren, und dass Sie ihr Verhalten völlig normal finden. Wenn die anderen Kinder das mitbekommen, ist der Anreiz für üble Streiche vorbei.
Übrigens sind hochsensible Kinder sehr fantasie- und sprachbegabt. Wählen Sie Spiele aus Kapitel 6 (siehe Seite 152) und 7 (siehe Seite 176), bei denen diese Kinder den anderen ihre Begabung zeigen können. Es gibt auch eine andere Form von »Prinzessin«, die nicht hochempfindlich ist, sondern gelernt hat, dass man mit Weinen schnell im Mittelpunkt steht. Wie Sie mit diesen Kindern umgehen, erfahren Sie auf Seite 69.

wird er die Holzscheite natürlich umwerfen, um die Gefangenen zu befreien. Diese verstecken sich wieder, während der Sucher damit beschäftigt ist, erneut die Holzscheite aufzustellen und bis 50 zu zählen.

Der Blinde und der Fänger

Der »Blinde« bestimmt den »Fänger« und das Ziel, ansonsten ist alles, wie bei einem traditionellen Versteckspiel.

> ab 7 Jahren • mindestens 4 Kinder
> 5 bis 10 Minuten • anregend • draußen

Gut vorbereitet

Mit einem Vorspiel ermitteln die Kinder den »Fänger«. Dabei stehen die Spieler im Kreis, einer geht als »Blinder« in die Mitte. Er schaut sich noch kurz um und sucht sich ein Ziel für den »Fänger« aus, beispielsweise einen Baum, das Gartentor, die Schaukel auf dem Spielplatz.
Dann setzt er sich in die Hocke und hält sich die Augen zu. Ein Mitspieler klopft ihm jetzt auf den Rücken. Der Blinde muss erraten, wer es ist. Hat er richtig geraten, ist der andere der Fänger. Hat er falsch geraten, wird das Spiel fortgesetzt.
Ist schließlich ein Fänger bestimmt, fragen die Mitspieler den Blinden: »Wohin soll der Fänger laufen?« Dieser nennt nun das ausgesuchte Ziel. Danach rufen die Mitspieler dem Fänger zu: »Dann lauf los!«

So geht's

Jetzt läuft der Fänger zu dem genannten Ziel. Er darf sich dabei nicht umschauen. Denn alle anderen Mitspieler rennen ebenfalls los und suchen sich ein Versteck. Hat der Fänger seinen genannten Zielort erreicht, beginnt er mit der Suche. Entdeckt er einen Mitspieler, ruft er dessen Namen und schlägt ihn an dem Zielort an. Der andere muss als Gefangener zum Zielort kommen. Wenn es einem Mitspielern gelingt, heimlich und ungesehen zum Zielort zu schleichen und sich mit einem »Ich bin frei!« dort freizuschlagen, kann er nicht mehr gefangen werden.
Das Spiel ist zu Ende, wenn alle Spieler – gefangen oder frei – am Zielort stehen. Beim nächsten Versteckspiel ist derjenige, der als Erster gefangen wurde, der neue »Blinde«.

Blinde Kuh

Die »Blinde Kuh« darf fangen und festhalten, sich schnell drehen und die anderen erschrecken. Das macht besonders älteren Kindern großen Spaß.

> ab 7 Jahren • mindestens 5 Kinder
> 5 bis 10 Minuten • anregend
> draußen • Spielleiter

MATERIAL: Augenbinde

Fangspiele

Gut vorbereitet
Ein Kind wird ausgezählt und bekommt als »Blinde Kuh« die Augen verbunden.

So geht's
Die anderen Kinder halten sich in der Nähe der Blinden Kuh auf, rufen und necken sie. Die Blinde Kuh tastet sich mit ausgestreckten Armen vor, dreht sich manchmal auch blitzschnell um und sorgt bei den anderen für Aufregung. So kann sie sicher sein, dass sie bald einen vorwitzigen Mitspieler erwischt und festhält. Wer eingefangen wird, ist im nächsten Spiel die Blinde Kuh.
Wen der Spielleiter jedoch dabei ertappt, dass er sich ständig zu weit von der Blinden Kuh entfernt aufhält, der muss selbst Blinde Kuh sein.

> **INFO** **Die Regeln beim Fangen**
>
> Für alle Fangspiele gilt: Die Kinder wählen mit einem Abzählvers aus, wer als Erster Fänger ist. Sobald dies feststeht, rennen die anderen Kinder davon. Der Fänger saust hinterher und versucht, einen Mitspieler abzuschlagen. Das heißt, er gibt ihm einen sanften Schlag mit der flachen Hand. Das tut nicht weh und ist trotzdem zu spüren. Meist ruft der Fänger dann »Gefangen!«, damit es die anderen Kinder hören. Das »Frei«, die Rettung vor dem Fänger, ist in den einzelnen Fangspielen unterschiedlich geregelt.

Fangzauber

Der »Fänger« ist ein Zauberer und bringt die Mitspieler dazu, krumm, schief und verknäuelt auszuharren, bis das Spiel zu Ende ist.

 ab 7 Jahren • mindestens 5 Kinder
5 bis 10 Minuten • anregend • draußen

So geht's
Mit einem Abzählvers wird der Fänger bestimmt. Er hat Zauberkräfte, die sich auf den Verlauf des Spiels auswirken. Denn es kommt darauf an, wo er einen Mitspieler abschlägt. Klopft er ihm etwa auf die Schulter, muss der Gefangene eine Hand an diese Stelle legen und darf sich nur noch in dieser Haltung weiterbewegen. Schwieriger ist es, wenn ein Mitspieler am Knie oder an der Ferse erwischt wird und sich dort festhalten muss. Der Fänger kann einen Mitspieler auch ein zweites Mal abschlagen, so dass dieser mit der anderen Hand die zweite Stelle berühren muss. So verknäuelt bleibt ein Spieler dann am besten stehen und wartet, bis der Zauberspuk vorbei ist.
Das Spiel ist zu Ende, wenn der Fänger alle Mitspieler gefangen hat. Er kann sich allerdings einen Spaß daraus machen und erst zum Schluss, wenn er alle anderen zweimal »verzaubert« hat, den letzten Mitspieler abschlagen.
Der Letzte ist dann bei der nächsten Spielrunde der neue »Zauber-Fänger«.

Fuchs und Hase

Bei diesem Spiel heißt es: Vorsicht, Hasenkinder! Der Fuchs ist auf der Jagd.

 ab 4 Jahren • mindestens 4 Kinder
5 bis 10 Minuten • anregend • draußen

So geht's
Ein Kind ist der Fuchs. Die anderen sind die Hasen und rennen ihm schleunigst davon. Der Fuchs jagt hinterher. Kann er einen Hasen abschlagen, obwohl die Hasen ihm durch Hakenschlagen zu entkommen versuchen, hat er ihn gefangen. Dann wird der gefangene Hase der neue Fuchs und macht sich sogleich auf Hasenjagd.

Hocke-Fangen

Wer beim Fangen rechtzeitig in die Hocke geht, ist gerettet und kann vom Fänger nicht mehr abgeschlagen werden.

 ab 5 Jahren • mindestens 4 Kinder
5 bis 10 Minuten • anregend • draußen

DIE SCHÖNSTEN SPIELE FÜR DRAUSSEN

So geht's
Ein Abzählreim bestimmt den Fänger. Die anderen Kinder flitzen los, der Fänger hinterher. Hat er ein Kind erwischt, ist dies der neue Fänger.
Jeder kann sich vor dem Gefangenwerden retten, indem er in die Hocke geht. In dieser Haltung ist er sicher. Doch beim Fangenspiel ist nicht das Sitzen, sondern das Davonrennen und Gefangenwerden aufregend.

Blumen fangen

Ein Zauberwort macht frei. Wer einen Blumennamen nennt und stehen bleibt, darf nicht gefangen werden.

 ab 6 Jahren • mindestens 4 Kinder
5 bis 10 Minuten • anregend • draußen

So geht's
Die Kinder überlegen, ob sie als »Zauberworte« Blumen, Tiere, Städte oder Länder nennen wollen. Dann wird ein Kind als Fänger ausgezählt. Die anderen Kinder laufen auf und davon. Wird ein Kind abgeschlagen, ist es der neue Fänger. Aber man kann sich vor dem Fänger retten, indem man einen Blumennamen ruft und stehen bleibt. Jetzt ist das Kind verzaubert und kann sich ausruhen. Erst wenn ein Mitspieler die Blume antippt, ist sie erlöst und darf weiterrennen. So kann es passieren, dass alle Kinder in Blumen verwandelt sind und kein Retter mehr unterwegs ist. Dann muss ein neuer Fänger ausgezählt werden, bevor das Spiel weitergeht.

 Abzählreim
Eine Fliege wollt nach Wien,
fiel jedoch in den Kamin,
brach sich alle Knochen,
lag im Bett acht Wochen,
dann flog sie wieder aus –
und du bist raus.

Weitere lustige Abzählreime finden Sie in Kapitel 1 (siehe Seite 21).

Schuster, die Milch kocht über!

Dies ist ein altes Fangspiel, bei dem gemalt und gefangen wird.

 ab 5 Jahren • mindestens 3 Kinder
3 bis 5 Minuten • anregend • draußen

MATERIAL: Straßenkreide

Gut vorbereitet
Ein Kind malt eine große Schneckenlinie auf den Boden mit einem Durchmesser von mindestens 4 Metern und breit genug, dass die Kinder zwischen den Linien gehen können.
Dieses Spiel stammt aus einer Zeit, als den Kindern noch ein Schuster bekannt war. Wissen es die Kinder heute? Wenn nicht, sollten Sie ihnen vor dem Spiel etwas über den Beruf des Schusters erzählen.

So geht's
Der »Schuster« steht in der Mitte der Schnecke, in seiner »Werkstatt«. Ein Kind geht auf dem Weg der Schneckenlinien zu ihm. Beim Schuster angekom-

Fangspiele

men ruft es »Klingeling!«. Der Schuster bittet das Kind in seine Werkstatt. Das Kind erklärt, dass es Schuhe kaufen will. Der Schuster malt mit Kreide die Umrisse der Schuhe des Kindes auf den Boden. Dann nennt er einen Preis für seine Schuhe und streckt die Hand aus, um das Geld zu erhalten. Da ruft das Kind: »Schuster, die Milch kocht über!«, und rennt den Schneckenlinien-Weg zurück. Der Schuster saust hinterher, um das Kind zu fangen, bevor es aus der Schnecke hinausgerannt ist. Gelingt ihm das, ist das Kind der nächste Schuster. Gelingt ihm das nicht, muss er wieder in seine Werkstatt zurückkehren und auf einen weiteren Kunden warten.
Das Spiel ist zu Ende, wenn die Werkstatt des Schusters mit Schuhen vollgemalt ist.

Bänder fangen

Mit Bänder-Schwänzen wird das Fangen leichter, weil die Bänder beim Rennen nach hinten fliegen.

- ab 5 Jahren • mindestens 4 Kinder
- 3 bis 5 Minuten • anregend • draußen

MATERIAL: lange, bunte Bänder aus Stoff oder Krepp-Papier, Schere

Gut vorbereitet
Jedes Kind schneidet sich ein etwa 1 Meter langes Band ab und steckt es wie einen langen Schwanz in seinen Rock- oder Hosenbund.

So geht's
Der erste Fänger wird abgezählt. Er will die Bänder-Schwänze der anderen erjagen. Doch die Kinder rennen ihm mit flatternden Bändern davon. Zum Glück sind die langen Bänder leicht zu erwischen. So sammelt der Fänger ein Band nach dem anderen ein und steckt sie sich an.
Das Spiel ist aus, wenn nur noch ein Kind seinen Bänder-Schwanz besitzt. Es ist der Fänger für die nächste Runde und verteilt die Bänder neu.

Schatten fangen

Ist es sonnig draußen? Dann aber aufgepasst! Hier werden nicht die Kinder, sondern ihre Schatten gefangen.

- ab 6 Jahren • mindestens 4 Kinder
- 10 bis 15 Minuten • anregend • draußen

Gut vorbereitet
Wenn die Sonne scheint, kann das Schattenfangen losgehen. Alle Kinder schauen zuerst einmal nach ihrem Schatten. Ist er groß oder klein? In welche Richtung fällt er auf den Boden? Probeweise bewegen sich die Kinder hin und her und beobachten, wie sich dabei ihr Schattenbild verändert.

So geht's
Ein Kind ist der Schattenfänger. Tritt er mit dem Fuß auf den Schatten eines anderen Kindes, ruft er: »Halt!« Das Kind ist gefangen und muss stehen bleiben. Doch die Kinder können schnell in die Höhe springen, sich ducken und beugen. So hat es der »Schattenfänger« nicht leicht, den Schatten eines Kindes wirklich zu treffen. Zusätzlich kann ein Kind seinen Schatten verschwinden lassen, wenn es sich in einen größeren Schatten stellt, wie den Hausschatten. Das Spiel ist zu Ende, wenn alle Kinder gefangen sind. Wer als Letzter gefangen wurde, ist der neue Schattenfänger, und das Spiel beginnt von vorne.

DIE SCHÖNSTEN SPIELE FÜR DRAUSSEN

Kreis- und Hüpfspiele unter freiem Himmel

Kreis- und Hüpfspiele bieten eine große Bandbreite an Möglichkeiten – und das mit meist nur ganz wenig Materialien. Im Kreis fühlen sich gerade kleine Kinder in der Mitte ihrer Mitspieler geborgen. Ältere Kinder hingegen lieben die Herausforderung komplizierter Hüpfkästchen.

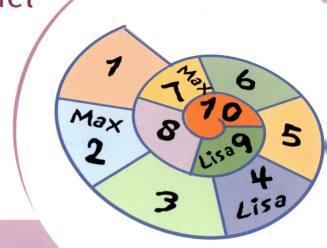

Der Plumpsack geht um

Die Spannung ist groß: Wo wird der Plumpsack fallen gelassen? Hat jemand den Plumpsack hinter sich entdeckt, rennt er los, um das Plumpsack-Kind einzuholen.

 **ab 4 Jahren • mindestens 8 Kinder
2 bis 10 Minuten • anregend • draußen**

MATERIAL: Als Plumpsack eignet sich ein Stofftaschentuch oder eine alte Stoffserviette, ersatzweise ein kleines, eher ungeliebtes Kuscheltier oder ein Stoffsäckchen, das mit Sand oder Reis gefüllt ist.

Gut vorbereitet
Ein Kind rollt das Taschentuch oder die Serviette zusammen und macht in der Mitte der Rolle einen Knoten. Fertig ist der Plumpsack.

So geht's
Ein Kind wird ausgezählt (Abzählreime siehe Seite 21) und bekommt den Plumpsack. Die anderen Kinder stehen oder sitzen im weiten Kreis und singen das »Plumpsacklied« (siehe unten). Um diesen Kreis herum geht das Kind mit dem Plumpsack. Diesen lässt es so unauffällig wie möglich hinter einem anderen Kind zu Boden fallen. Täuschen ist erlaubt. Wer hinter sich das Taschentuch entdeckt, nimmt es und versucht, das Plumpsack-Kind einzuholen und ihm mit dem Taschentuch auf den Rücken zu klopfen. Gleichzeitig versucht das Plumpsack-Kind aber, so schnell es kann auf den frei gewordenen Platz zu rennen. Wird das Plumpsack-Kind erwischt, bevor es dort ankommt, geht es mit dem Plumpsack weiter und versucht sein Glück bei einem anderen. Kommt das Plumpsack-Kind jedoch zuerst am freien Platz an, tauschen die beiden Läufer ihre Rollen.

Das Plumpsacklied
Dreht euch nicht um,
der Plumpsack geht rum.
Er geht um den Kreis,
dass niemand was weiß.
Wer sich umdreht oder lacht,
kriegt den Buckel voll gemacht.

Kreisspiele

Es kann passieren, dass ein Mitspieler im Kreis gar nicht merkt, dass das Taschentuch hinter ihm liegt. Kommt dann das Plumpsack-Kind unbemerkt wieder bei ihm an, rufen alle »Faules Ei!« Dann muss das »Faule Ei« den Plumpsack nehmen und sich auf den Weg machen. Das Spiel ist zu Ende, wenn sich die Kinder ausgetobt haben.

 Perfekte Kreisform
Wenn viele Kinder mitspielen, ist es für sie schwierig, aus dem Stand heraus eine Kreisform zu bilden. Einfacher geht es mit diesem Trick: Die Kinder halten sich an den Händen, gehen so weit wie möglich rückwärts und lassen dann ihre Hände wieder los. Dieser Kreis ist perfekt.

Komm mit, lauf weg

»Komm mit!« und »Lauf weg!« sind die beiden Kommandos des Läufers. Wenn ein Kind im Kreis mit einem der Kommandos angesprochen wird, fängt der Wettlauf an.

 ab 4 Jahren • mindestens 5 Kinder
2 bis 10 Minuten • anregend • draußen

So geht's
Die Kinder bilden einen weiten Kreis. Ein Kind wandert außen um den Kreis herum. Es tippt einem anderen Kind auf die Schulter und ruft »Komm mit!« oder »Lauf weg!«. Das gibt die Richtung vor, in die das andere Kind jetzt rennen muss. Beide rennen um die Wette. Wer von ihnen zuerst auf dem freien Platz wieder ankommt, ist Sieger. Der andere zieht weiter und sucht sich einen neuen Mitspieler für sein Wettrennen aus.

Stab fangen

Wer ist schnell genug, den fallenden Stab aufzufangen, bevor er am Boden liegt?

 ab 4 Jahren • mindestens 6 Kinder
2 bis 10 Minuten • anregend • draußen

MATERIAL: 1 Besenstiel oder Holzstab

So geht's
Alle Spieler stehen im weiten Kreis. Ein Spieler wird als »Rufer« ausgezählt, nimmt den Stab und geht in die Kreismitte. Dort stellt er den Stab senkrecht auf den Boden und hält ihn am oberen Ende fest. Dann ruft er einen Mitspieler und lässt gleichzeitig den Stab los. Der Mitspieler beeilt sich, den Stab aufzufangen, bevor dieser zu Boden fällt. Gelingt ihm das, ist er der nächste Rufer. Gelingt ihm das nicht, geht er zurück an seinen Platz. Das Spiel ist dann zu Ende, wenn alle Kinder einmal als Rufer an der Reihe waren.

DIE SCHÖNSTEN SPIELE FÜR DRAUSSEN

Katz und Maus

Ob die Katz die Maus bekommt, wird sich zeigen. Das bestimmen die Kinder im Kreis.

> ab 4 Jahren • mindestens 8 Kinder
> 2 bis 15 Minuten • anregend • draußen

So geht's
Wer Katze und wer Maus ist, wird ausgezählt (Abzählreime, siehe Seite 21). Die anderen Kinder bilden einen Kreis und fassen sich an den Händen. Außen herum versucht die Katze die Maus zu fangen. Wenn zwei Kinder aus dem Kreis ihre Arme zu einem Tor hochhalten, darf die Maus schnell durchschlüpfen. So kann sie jederzeit in den und aus dem Kreis rennen. Die Katze hat es schwerer. Sie muss miauend um Durchlass bitten. Die beiden Kinder, vor denen sie steht, entscheiden selbst, ob sie ihre Arme hochhalten und das Tor für die Katze öffnen – oder nicht. Wenn die Katze die Maus gefangen hat, ist eine Spielrunde zu Ende. Für ein neues Spiel werden andere Katz- und Maus-Spieler ausgezählt.

Wo ist der Ball?

Wo steckt denn nur der Ball? Im Kreis wird ein Tennisball herumgereicht und ein Kind muss raten, wo er gerade steckt.

> ab 4 Jahren • mindestens 5 Kinder
> 2 Minuten • anregend • draußen

MATERIAL: 1 Tennisball

Gut vorbereitet
Ein Kind wird ausgezählt. Die anderen Kinder stellen sich nah nebeneinander in Kreisform auf (siehe auch Tipp Seite 43). Das zuvor ausgezählte Kind stellt sich in ihre Mitte.
Die Kinder, die im Kreis stehen, geben hinter ihrem Rücken den Tennisball weiter. Mal links herum, mal rechts herum, aber immer möglichst unauffällig. Die Kinder tun manchmal auch nur so, als hätten sie den Ball in der Hand und würden ihn jetzt gerade weitergeben. Denn das in der Kreismitte stehende Kind muss herausfinden, wo der Ball tatsächlich gerade ist. Ist es sich sicher, ruft es schnell den Namen des Kindes. Hat es richtig geraten, werden die Plätze getauscht und das Spiel geht weiter – mit allen Tricks und Täuschungen und ganz bestimmt mit viel Kichern.

Plätze tauschen

Bei diesem Kreisspiel müssen alle Kinder, die bestimmte Merkmale haben, auf Kommando möglichst schnell die Plätze tauschen.

> ab 4 Jahren • mindestens 5 Kinder
> 2 Minuten • anregend
> draußen • Spielleiter

So geht's
Alle Kinder sitzen im Kreis auf dem Boden oder stehen im Kreis. Der Spielleiter ruft beispielsweise: »Alle, die etwas Blaues anhaben, wechseln die Plätze.« Die Kinder, die sich angesprochen fühlen, stehen rasch auf und suchen sich einen neuen Platz. Der Spielleiter könnte beispielsweise auch rufen:
➤ »Alle, die einen Bruder haben, ...«
➤ »Alle, die gerne Spaghetti essen, ...«
➤ »Alle, die braune Augen haben, ...«

Hüpfspiele

➤ »Alle, die Zöpfe haben, ...«
Wenn der Spielleiter merkt, dass die Aufmerksamkeit der Kinder nachlässt, sollte er das Spiel abbrechen.

Hinkekästchen Grundregel

Hinkekästchen, Hüpfkästchen, Hinkebock, Hickelhäuschen – so vielfältig wie der Name ist auch die Auswahl der Spiele. Da ist für Geübte und Anfänger etwas dabei.

MATERIAL: Kreide oder eine Tontopfscherbe, Holzstab (bei weichem Erd- oder Sandboden)

Gut vorbereitet

Das Spielfeld aus aneinandergereihten Kästchen malen die Kinder mit Kreide oder einer Tontopfscherbe auf den Steinboden oder Asphalt. Auf den weichen Erd- und Sandboden ritzen sie es mit einem Stab ein.

So geht's

Beim Spiel hüpfen die Kinder von einem Kästchen ins nächste. Springt ein Kind den Weg fehlerfrei durch alle Kästchen vor und wieder zurück, hat es einen Durchgang geschafft. Wenn man außerhalb eines Kästchens landet oder auf die Linie springt, muss man abbrechen und beim nächsten Mal wieder von vorn beginnen. Aber erst sind die anderen an der Reihe. Weil auch sie Fehler machen, bleibt lange unklar, wer gewinnt. Ein Spiel besteht meistens aus mehreren Durchgängen mit verschiedenen Sprüngen. Sieger ist, wer zuerst alle Durchgänge fehlerlos geschafft hat. Das Spiel ist zu Ende, wenn alle Spieler alle Durchgänge beendet haben.
Je nach Schwierigkeitsgrad lassen sich die Hüpfkästchen mit verschiedenen Sprüngen meistern.
➤ Schluss-Sprung: mit geschlossenen Beinen hüpfen
➤ Storchensprung: auf einem Bein hüpfen
➤ Scherspung: mit gekreuzten Beinen hüpfen
➤ Grätschsprung: breitbeinig in zwei Kästchen hüpfen
➤ Wendesprung: in die Höhe springen, dabei eine halbe Drehung machen und wieder in dem gleichen Kästchen landen.

Pilz

Dieses Hüpfkästchen ist die vereinfachte Version von »Himmel und Hölle« (siehe Seite 46) und für jüngere Kinder und Anfänger geeignet.

 ab 5 Jahren • 1 Kind oder mehr
2 bis 3 Minuten • anregend • draußen

MATERIAL: Straßenkreide

So geht's

Die Zahlen geben die Reihenfolge der Sprünge vor. In den beiden Kästchen 2 und 3 sowie 5 und 6 landen die Kinder mit einem Grätschsprung. In den Kästchen 5 und 6 geht es nach einem Wendesprung wieder zurück.
Es gibt zwei Durchgänge, einen mit Schluss-Sprung und einen mit Storchensprung.

Wochentage

Auf einem Bein hüpfen und das Steinchen aufheben – das wird ein richtiger Balanceakt!

 ab 5 Jahren • 1 Kind oder mehr
3 bis 5 Minuten • anregend • draußen

MATERIAL: Straßenkreide, kleiner Stein

So geht's

Das Kind wirft den Stein in das erste Kästchen, den Montag. Es hüpft auf einem Bein über den Montag hinweg in den Dienstag, dann in alle weiteren Wochentage und wieder zurück. Auf dem Rückweg hält das Kind vor dem Montagskästchen

an, bleibt auf einem Bein stehen und nimmt den Stein auf. Es überspringt den Montag und hüpft nach draußen.
Bei der nächsten Runde wirft das Kind den Stein in das Dienstagkästchen. So geht es immer weiter, bis alle Wochentage durchgespielt sind.
Besonderheit: In die Kästchen Donnerstag und Freitag springt man mit einem Grätschsprung und in das Sonntagskästchen mit beiden Beinen. Nach einer kurzen Pause beim Ruhetag geht's zurück zum Anfang.

Namenkästchen

Wer kann auf einem Bein hüpfen und gleichzeitig verschiedene Namen und Begriffe aufsagen? Dieses Spiel trainiert Kopf und Beine.

 ab 6 Jahren • 1 Kind oder mehr
2 bis 3 Minuten • anregend • draußen

MATERIAL: Straßenkreide

So geht's

Der Spieler hüpft auf einem Bein von Kästchen zu Kästchen. In die Kästchen 5 und 6 springt er mit einem Grätschsprung, danach macht er einen Wendesprung und hüpft zurück. Die Besonderheit dabei ist, dass der Springer bei jedem Sprung in ein Kästchen einen Namen oder Begriff sagt. Und nicht genug damit, denn auf dem Rückweg muss er die Namen bei den entsprechenden Kästchen wiederholen. Wer einen Fehler macht oder die Namen vergessen hat, muss aufhören und beginnt beim nächsten Mal von vorne.

In jeder Spielrunde zählt der Springer etwas anderes auf. Die Reihenfolge und Begriffe machen die Spieler miteinander aus, beispielsweise Namen, Tiere, Pflanzen, Spielzeug oder Farben.

Himmel und Hölle

Je nachdem, wie groß man die Hölle malt, kann es höllisch schwer sein, in den Himmel zu kommen.

 ab 6 Jahren • 1 Kind oder mehr
2 bis 3 Minuten • anregend • draußen

MATERIAL: Straßenkreide

So geht's

Die Spieler springen durch die Kästchen 1 bis 8. In den beiden nebeneinanderliegenden Kästchen halten sie mit einem Grätschsprung inne. Die Hölle wird übersprungen und im »Himmel« kann man sich ausruhen, bevor man den Rückweg antritt.
Es gibt vier Durchgänge mit diesen Aufgaben:
➤ im Schluss-Sprung hüpfen,
➤ im Storchensprung hüpfen,
➤ im Schersprung hüpfen,
➤ mit geschlossenen Augen hüpfen.

Zahlen springen

Die Zahlenreihe ist hier ganz durcheinander, doch gehüpft wird schön der Reihe nach.

 ab 6 Jahren • mindestens 2 Kinder
3 bis 5 Minuten • anregend • draußen

MATERIAL: Straßenkreide

Gut vorbereitet

Ein Spieler malt mit Straßenkreide in einem Quadrat vier mal vier Kästchen, also 16 insgesamt, auf den Boden. Die Zahlen verteilt er nach Belieben. Es können zwischen zwei aufeinanderfolgenden Zahlen ein bis zwei Kästchen liegen. In ein Kästchen wird ein

Hüpfspiele

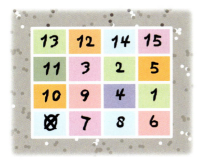

besonderes Zeichen gemalt, beispielsweise ein durchgestrichener Kreis. Dies ist das Ruhekästchen.

So geht's
Bei diesem Hüpf-Zähl-Spiel springen die Spieler kreuz und quer, um die Reihenfolge der Zahlen 1 bis 15 einzuhalten. In das Ruhekästchen darf man mehrmals springen, um eine kurze Pause zu machen und zu schauen, wohin man als Nächstes springen muss. Haben alle Spieler das Zahlenspringen fehlerlos geschafft, wischen sie die Zahlen aus und schreiben sie in einer neuen Reihenfolge auf.

Schnecke

Wer fehlerlos die Schneckenlinie entlangspringt, darf ein Kästchen besetzen. Spannend wird's, wenn fast keine Kästchen mehr da sind.

> ab 6 Jahren • 2 bis 3 Kinder
> 5 Minuten • anregend • draußen

MATERIAL: Straßenkreide

So geht's
Der Anfang ist leicht: Jeder Spieler hüpft auf einem Bein durch alle Kästchen von 1 bis 10 und wieder

zurück. Wer dies ohne Fehler schafft, schreibt in eines der Zahlenkästchen seinen Namen. Damit gehört es jetzt ihm, und nur er darf dort hineinspringen und sich ausruhen. Doch bevor er wieder an der Reihe ist, hüpfen die anderen durch die Schnecke. Sie müssen jetzt das besetzte Kästchen überspringen. Niemand darf zwei Kästchen nebeneinander besetzen. So werden im Verlauf des Spieles immer mehr Kästchen belegt und jede Runde wird schwieriger.

Das Spiel ist aus, wenn alle Kästchen belegt sind. Wer die meisten Kästchen besitzt, hat gewonnen.

Teddybär, dreh dich um

Ein Springseilspiel zu dritt: Zwei Kinder schwingen das Seil, das dritte springt in der Mitte die Figuren.

> ab 7 Jahren • mindestens 3 Kinder
> 5 bis 10 Minuten • anregend • draußen

MATERIAL: 5 Meter langes Schwungseil

So geht's
Zwei Spieler bringen das große Seil in Schwung. Dann hüpft der »Springer« in das schwingende Seil und sagt den Vers, während er weiterhüpft:

Teddybär, Teddybär, dreh dich um,
Teddybär, Teddybär, mach dich krumm,
Teddybär, Teddybär, zeig ein Bein,
Teddybär, Teddybär, mach dich klein,
Teddybär, Teddybär, das war fein,
Teddybär, Teddybär, bau ein Haus
Teddybär, Teddybär, du bist raus.
Teddybär, Teddybär, zeig dein' Schuh,
Teddybär, Teddybär, wie alt bist du?
1, 2, 3, 4, 5, 6, 7 ...

Gleichzeitig macht der »Teddybär-Springer« die Bewegungen, also dreht sich, krümmt den Rücken, streckt einen Fuß hoch und deutet mit den Händen über dem Kopf ein Hausdach an. Danach zählt er auf, wie alt er ist, und springt dann aus dem Seil. Das Spiel ist zu Ende, wenn alle Kinder als »Teddybär« an der Reihe waren. Die Kinder, die das große Seil schwingen, werden zwischendurch abgelöst.

47

DIE SCHÖNSTEN SPIELE FÜR DRAUSSEN

Auf die Plätze, fertig, los!

Laufen, rennen, jagen, herumtollen und balgen, das lieben alle Kinder. Ältere messen sich auch gerne mal im Wettkampf, während es den jüngeren einfach Spaß macht, ganz schnell zu rennen. Der Gipfel aller sportlichen Wettkämpfe kommt zum Schluss: die olympischen Kinderspiele.

Hin und Her

Die Ersten werden die Letzten sein? Bei diesem Wettrennen haben auch Laufmuffel eine Chance.

i ab 5 Jahren • mindestens 4 Kinder
3 Minuten • anregend
draußen • Spielleiter

MATERIAL: 2 Stäbe oder Stühle

Gut vorbereitet
Die Kinder bauen im Abstand von mindestens 20 Metern die Stäbe oder Stühle als Start- und Zielpunkte auf.

So geht's
Die Kinderschar stellt sich hinter dem Start auf. Auf das Startzeichen des Spielleiters rennt die ganze Gruppe los. Wer zuerst das Ziel erreicht, ruft laut »Angekommen!« und stellt sich hinter den Stab. Der Ruf ist für die anderen Kinder das Signal, sofort umzudrehen und wieder den Startpunkt anzusteuern. Wer dort zuerst ankommt, ruft ebenfalls »Angekommen!« und stellt sich hinter den Stab. Die Kinder, die jetzt noch unterwegs sind, machen wieder sofort kehrt und rennen dem Zielpunkt zu. So geht es hin und her, bis nur noch ein Läufer auf der Strecke ist.

Dieser letzte Läufer darf sich nun mitten auf die Laufstrecke legen und bekommt von den anderen Kindern Luft zugefächelt. Musste er doch am längsten rennen! Wenn er genug von dieser Fürsorge hat, ruft er »Ende!«

Sieger ist das Kind, das beim ersten Lauf zuerst am Stab angekommen ist. Es bekommt von den anderen einen extra Applaus.

Der Lehrer schreibt das Abc

Ein ganz leises Laufspiel: Wer kann sich möglichst sacht und schnell anpirschen?

i ab 5 Jahren • mindestens 5 Kinder
10 bis 15 Minuten • anregend • draußen

Laufspiele

So geht's

Ein Spieler ist Lehrer und stellt sich mit dem Gesicht zu einer Wand oder einem Baum. Die anderen stellen sich als Schüler mindestens 20 Meter entfernt in einer Reihe auf. Der Lehrer ruft mit lauter Stimme »Der Lehrer schreibt das Abc!« und dreht sich danach schnell um. Während der Lehrer mit dem Gesicht zur Wand steht, schleichen sich die Schüler so schnell sie können heran. Sobald sich der Lehrer umdreht, müssen die Schüler stehen bleiben und dürfen sich auch kein bisschen bewegen. Der Lehrer schaut genau, ob sich nicht doch jemand bewegt. Erwischt er einen Schüler, muss dieser zurück zur Startlinie. Hat der Lehrer sich umgeschaut, dreht er sich wieder zur Wand und das Spiel geht weiter. Der Schüler, der zuerst beim Lehrer ankommt, ist Sieger und tauscht mit dem Lehrer die Rollen. Alle Schüler gehen wieder zurück zum Start, das Spiel beginnt von vorne.
Nach etwa 15 Minuten ist das Spiel zu Ende.

Wettrennen

Wer ist der Schnellste? Das wollen Kinder immer wissen. Und der Stolz des Siegers ist groß.

 **ab 5 Jahren • mindestens 2 Kinder
3 Minuten • anregend
draußen • 2 Spielleiter**

Gut vorbereitet

Die beiden Spielleiter vereinbaren mit den Kindern die Rennstrecke. Am Start und am Ziel steht jeweils ein Spielleiter.

So geht's

Alle Läufer stellen sich nebeneinander am Start auf. Dort gibt der Spielleiter das Startzeichen und die Kinder rennen schnell los.
Sieger ist, wer zuerst am Ziel ankommt. Er wird als Siegerehrung huckepack von einem der Spielleiter eine kleine Runde getragen.

Luftballon-Raketen

Die dick und rund aufgeblasenen Luftballons schnurren mit Getöse davon. Kann ein Kind seinen Luftballon wieder einfangen?

**ab 5 Jahren • mindestens 2 Kinder
5 Minuten • anregend • draußen**

MATERIAL: Luftballons in unterschiedlichen Farben, Schminkstift oder Lippenstift

So geht's

Die Kinder nehmen einen Luftballon, jeder wählt eine andere Farbe. Sie blasen ihren Luftballon auf, verknoten aber die Öffnung nicht, sondern halten sie gut zu. Sind alle Kinder so weit, stellen sie sich in einer Reihe auf. Sie rufen miteinander »Eins, zwei, drei!« und lassen bei »drei« ihren Luftballon los. Wie eine Rakete saust dieser davon. Die Kinder rennen hinterher und versuchen, ihren Luftballon zu fangen, bevor er auf den Boden fällt. Das ist nicht einfach, denn die Luftballon-Raketen drehen wilde Kreise, Loopings und Schrauben.
Alle Kinder, die ihren Luftballon in der Luft aufgefangen haben, bekommen mit dem Schminkstift einen Siegerpunkt auf die Stirn gemalt.
Das Spiel ist nach fünf Ballon-Starts zu Ende. Sieger ist, wer die meisten Siegerpunkte auf seiner Stirn hat. Es kann natürlich auch mehrere Sieger geben. Sie dürfen einmal ganz alleine ihre Luftballon-Rakete starten lassen. Die anderen Kinder klatschen und johlen, solange die Luftballon-Rakete der Sieger durch die Luft saust.

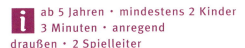

INFO **Die optimale Rennstrecke**

Start und Ziel sollten die Kinder deutlich markieren, z. B. Jacken auf den Boden legen, Zweige in die Erde stecken, Taschentücher an einen Busch knüpfen oder Stühle aufstellen. Die Rennstrecke ist der Gartenweg oder der Gehweg rund ums Haus, der Wanderweg im Wald oder eine abgemähte Wiese im Park. Je älter die Kinder sind, desto länger sollte die Rennstrecke sein. Dann können sich die Kinder richtig austoben.

Das große Geschicklichkeits-Rennen

Hier zeigen Zweiradfahrer mit Roller und Rad ihr Können im Schnell- und Langsamfahren, im Stehenbleiben, im Slalomfahren, ja sogar beim Umkreisen eines Tisches.

> ab 6 Jahren • mindestens 2 Kinder
> 5 bis 10 Minuten • anregend • draußen
> Spielleiter, eventuell Helfer

MATERIAL: Fahrräder oder Roller, Helme, Kreide oder Stab, Stoppuhr, 6 Plastikflaschen, ein großes, stabiles Brett (ca. 50 Zentimeter mal 2 Meter), Gartentisch, Plastikbecher, Trinkwasser

Gut vorbereitet

Die Rennstrecke sollte mindestens 50 Meter lang sein, besser noch länger. Das kann eine Strecke auf der Spielstraße sein, ein Feld- oder Wanderweg im Gelände, ein Gartenweg rund ums Haus. Je nach Beschaffenheit des Bodens markieren die Kinder die Start- und Ziellinie mit Kreide oder ritzen sie mit einem Stab in die Erde.
Die Kinder bauen ihre Rennstrecke selber auf. Dann kennen sie sich aus und wissen, auf was sie beim Fahren aufpassen müssen.

Die Rennstrecke

➤ **Slalom**
Fünf Flaschen werden im Abstand von etwa 2 Metern aufgestellt. Beim Slalom gibt es für jede Flasche, die stehen bleibt, einen Punkt.

➤ **Wellenweg**
Eine etwa 5 Meter lange Wellenlinie wird auf dem Boden mit einer höchstens 50 Zentimeter breiten Doppellinie markiert. Diesen »Weg« muss der Radfahrer genau nachfahren. Wer innerhalb der Randlinien bleibt, bekommt fünf Punkte.

➤ **Wippe**
Das Holzbrett wird über eine Flasche gelegt, so dass es wie eine Wippe von einer Seite auf die andere kippen kann. Man fährt von einer Seite auf das Brett, das in der Mitte kippt, so dass man auf der anderen Seite wieder hinunterfahren kann. Wer das schafft, bekommt fünf Punkte.

➤ **Stopp**
Quer über den Weg wird eine Linie gezogen. Dort hält der Radfahrer an und versucht, so lange wie möglich mit seinem Rad stehen zu bleiben. Er darf nicht absteigen, sondern muss durchstarten, wenn er im Stand die Balance nicht mehr halten kann. Die Haltezeit wird gestoppt, jede Sekunde ergibt einen Punkt. Wer beim Anhalten mit seinem Fuß den Boden berührt, bekommt keinen Punkt.

➤ **Einhandkunststück**
Hier geht die Strecke um einen runden Gartentisch. Auf dem Tisch steht ein Plastikbecher, der mit Wasser gefüllt ist. Der Radfahrer nimmt den Becher und trinkt ihn aus, während er weiter um den Tisch herum seine Runden dreht. Zum Schluss stellt er den Becher wieder auf den Tisch. Wer das schafft, bekommt fünf Punkte. Wer den Becher verliert oder vom Rad absteigt, bekommt keinen Punkt. Dieses Kunststück ist mit Roller allerdings sehr schwierig bis unmöglich.

➤ **Langsamstrecke**
Eine markierte Wegstrecke von mindestens 5 Metern ist die Langsamstrecke. Wer auf dieser Strecke so langsam ist, dass er länger als 10 Sekunden dafür braucht, bekommt fünf Punkte. Wer schneller ist, bekommt keinen Punkt.

➤ **Schnellstrecke**
Der Radfahrer spurtet eine markierte Wegstrecke von etwa 10 Metern entlang, so schnell er kann. Der Spielleiter stoppt die Zeit und notiert das Ergebnis. Der Schnellste bekommt fünf Punkte, der Zweite vier Punkte und der Dritte drei Punkte.

So geht's

Der Spielleiter zählt mit einem Abzählvers aus, wer als Erster an den Start geht. Auch die Reihenfolge der anderen Radfahrer wird vor jedem Rennen

Staffeln

ausgezählt. Weil bis zum Schluss keiner weiß, wann er an der Reihe ist, schauen alle aufmerksam zu.
Der Spielleiter gibt das Startsignal und begleitet den Fahrer auf der Strecke. Auch wartende Mitspieler können als Helfer und Schiedsrichter aktiv sein. Das Spiel ist zu Ende, wenn alle die Strecke abgefahren haben. Unter Roller- und Radfahrern wird je ein Sieger mit der höchsten Punktzahl ermittelt. Er bekommt unter dem Applaus der anderen eine Medaille.

Würfel-Wettlauf

Der Würfel-Wettlauf ist ein wildes Laufspiel auch für jüngere Kinder. Voraussetzung: Sie können schon die Würfelzahlen erkennen.

> 4 bis 8 Jahre • mindestens 4 Kinder
> 3 bis 5 Minuten • anregend • draußen

MATERIAL: 1 sehr großer Würfel, am besten aus Schaumgummi

Gut vorbereitet

Die Kinder suchen im Garten sechs Ziele für das Würfelspiel aus. Allen Zielen ordnen sie je eine Zahl von 1 bis 6 zu, zum Beispiel so:
1 = das Gartentor,   2 = der Sandkasten,
3 = die Schaukel,   4 = der Liegestuhl,
5 = die große Tanne, 6 = das Kräuterbeet.

So geht's

Alle Kinder treffen sich in der Mitte des Gartens. Ein Kind wird ausgezählt und darf als Erstes würfeln. Alle Kinder passen auf, welche Zahl gewürfelt wird, denn diese bestimmt das Ziel für den Wettlauf. Schnell rennen alle los. Wer als Erster am Zielpunkt angekommen ist, ruft laut »Ich!« und darf als Nächster würfeln. Alle Kinder machen Platz, damit der Würfel schön kullern kann. Sobald die neue Zahl zu erkennen ist, rennen alle Kinder zum neuen Zielpunkt.
Nach 5 Minuten sollte das Spiel beendet werden, denn dann brauchen die kleinen Läufer eine Verschnaufpause.

Kleiderstaffel

Staffel-Lauf in Verkleidung ist eines der beliebtesten Geburtstagsspiele. Die Zeit für das An- und Ausziehen wird natürlich mitgestoppt. Absolute Spaßgarantie!

> ab 6 Jahren • mindestens 8 Kinder
> 5 bis 10 Minuten • anregend • drinnen oder draußen • Spielleiter

MATERIAL: 1 Zweig, Stuhl oder Sonnenschirm, 2 Regenschirme, 2 Wassereimer; jeweils 2 Teile verschiedener Kleidungsstücke, z. B. 2 Röcke, Hosen, Pullis, Regencapes, Mützen, Schals, Handschuhe, Rucksäcke, Badekappen, übergroße T-Shirts, Schwimmflossen oder Taucherbrillen

Gut vorbereitet

Der Spielleiter geht mit den Kindern die Laufstrecke ab und markiert mit einem Zweig oder Stuhl oder Sonnenschirm die Startlinie und den Zielpunkt. Dann sortieren die Kinder die Kleidungsstücke in zwei Kleiderberge und legen diese links und rechts neben der Startlinie auf den Boden.
Die Kinder teilen sich in zwei Gruppen auf und stellen sich hinter die Startlinie.

So geht's

Der Spielleiter gibt das Startzeichen. Die Ersten aus jeder Gruppe ziehen schnell die Kleidungsstücke an, nehmen auch Schirm und Eimer in die Hand und rennen los. Die Läufer rennen zum Zielpunkt, schlagen diesen an und sausen wieder zurück.
Am Start ziehen sie schnell alle Sachen aus und klatschen dem nächsten Spieler in die Hand. Jetzt erst darf dieser loslegen. So geht das Spiel immer weiter, bis alle Spieler einer Gruppe unterwegs waren. Das Spiel ist zu Ende, wenn sämtliche Kleider wieder auf dem Boden liegen. Die schnellere Gruppe hat gewonnen.

Variante

Spielt man drinnen, kommt es mehr auf das Anziehen vieler Schichten als auf das Laufen an. Wassereimer und Regenschirm lässt man in diesem Fall besser weg.

DIE SCHÖNSTEN SPIELE FÜR DRAUSSEN

INFO — Staffel-Läufe

Staffel-Läufe heißen auch Stafetten. Es handelt sich um Wettkämpfe, bei denen zwei oder mehr Mannschaften gegeneinander antreten. Die Läufer lösen lustige Aufgaben oder überwinden ungewöhnliche Hindernisse. Deshalb macht auch das Zuschauen großen Spaß. Staffeln lassen sich vielfältig für drinnen und draußen variieren. Es gibt auch Stafetten zu bestimmten Jahreszeiten – beliebt ist zum Beispiel der »Eierlauf« (siehe Seite 74) zu Ostern. Vielleicht fällt Ihrer Familie auch eine weihnachtliche Staffel in der Wohnung ein? Das Schönste bei Staffel-Läufen ist, dass mehrere Kinder als Gruppe den Sieg feiern können. Und auch das Verlieren ist als Gruppe nur halb so schlimm.

Grundregeln für alle Staffel-Läufe

➤ Der Spielleiter und die Kinder kennzeichnen Start und Ziel deutlich sichtbar, z. B. mit einem Stuhl, Stab oder Kleidungsstück (siehe auch Seite 49).
➤ Diese Laufstrecke gehen die Kinder einmal zur Probe ab.
➤ Die Kinder teilen sich in zwei gleich große Gruppen auf, das geht am besten mit einem Spiel (siehe Seite 18).
➤ Jede Mannschaft stellt sich in einer Reihe hinter der Startlinie auf. Die beiden ersten Läufer jeder Gruppe stehen nebeneinander an der Startlinie.
➤ Beim Startsignal geht's los: einmal bis zum Ziel und zurück.
➤ Der zurückkommende Läufer klatscht den Nächsten in der Reihe ab, das heißt, er schlägt ihm auf die ausgestreckte Hand.
➤ Das Spiel ist erst zu Ende, wenn auch der letzte Mitspieler wieder über die Startlinie zurückgekommen ist.
➤ Die schnellste Mannschaft hat gewonnen.

Auf allen vieren

Auf allen vieren und mit Papas Stiefeln, das ist nicht nur anstrengend, sondern auch lustig anzusehen.

 ab 5 Jahren • mindestens 8 Kinder
5 bis 10 Minuten • anregend
draußen • Spielleiter

MATERIAL: 2 zusätzliche Paar Schuhe, Gummistiefel oder größere Schuhe von Papa, Stuhl oder Stab

Gut vorbereitet
Die Kinder vereinbaren Start- und Ziellinie und markieren sie mit einem Stuhl oder einem Stab. Dann teilen sich die Kinder in zwei Gruppen auf und stellen sich hinter der Startlinie auf. Dort stehen auch die zusätzlichen Paar Schuhe.

So geht's
Der Spielleiter gibt ein Startzeichen. Die beiden Ersten jeder Gruppe schlüpfen mit ihren Händen in die Schuhe. Dann krabbeln und rennen sie auf allen vieren über die Rennstrecke zur Ziellinie und wieder zurück. Dort übergeben sie dem Nächsten die Schuhe. Der schlüpft schnell hinein und macht sich auch auf allen vieren auf den Weg.
Das Spiel ist zu Ende, wenn der Letzte wieder hinter der Startlinie ist. Das schnellere Team hat gewonnen.

Ball-Stafette

Ein superschnelles Spiel. Der Ball rollt durch alle gegrätschten Beine der Kinderreihe. Das letzte Kind schnappt den Ball und rennt nach vorn an den Anfang der Reihe.

ab 4 Jahren • mindestens 8 Kinder
5 bis 10 Minuten • anregend
draußen • Spielleiter

MATERIAL: 2 Bälle

So geht's
Die Kinder stellen sich in zwei Reihen auf. Sie stehen dicht hintereinander und grätschen ihre Beine, so

Staffeln

dass ein Tunnel für den Ball entsteht. Das erste Kind jeder Reihe bekommt einen Ball. Wenn der Spielleiter das Startzeichen gibt, lässt es den Ball durch die gegrätschten Beine nach hinten rollen. Bleibt der Ball unterwegs stecken, helfen die anderen nach und rollen ihn weiter. Das letzte Kind fängt den Ball auf und rennt nach vorne. Dort stellt es sich als Erster der Reihe auf und rollt den Ball wieder durch die gegrätschten Beine nach hinten.

So geht das Spiel immer weiter, bis der Erste der Reihe wieder vorne steht. Sieger ist die Gruppe, die das zuerst geschafft hat.

Kettenlauf

Hand in Hand rennen die Kinder um die Wette. Die Kinderschlange wird immer länger und das Rennen immer schwieriger.

> **i** ab 6 Jahren • mindestens 8 Kinder
> 5 bis 10 Minuten • anregend
> draußen • Spielleiter

MATERIAL: 3 Jacken oder andere Dinge, um Start und Ziel zu markieren

Gut vorbereitet

Der Spielleiter und die Kinder suchen nach einer geeigneten Laufstrecke, die etwa 20 Meter lang und und extrem breit sein sollte (wegen der Läuferkette). Sie kennzeichnen mit Jacken oder Anoraks den Startpunkt und Wendepunkt. Dann teilen sich die Kinder in zwei Gruppen auf und stellen sich hintereinander am Start auf.

So geht's

Der Spielleiter gibt das Startzeichen. Der Erste jeder Gruppe rennt los, umrundet den Wendepunkt, saust zurück und schlägt den nächsten Spieler ab und nimmt ihn bei der Hand. Nun rennen beide Hand in Hand die Laufstrecke. Dann wird der dritte Spieler abgeschlagen und hält die freie Hand der zweiten Spielers fest. Jetzt rennen die Dreiergruppen los. So geht es immer weiter und die beiden Ketten werden immer länger. Reißt die Kette, müssen die Kinder »Halt!« rufen und die Kette wieder schließen, bevor es weitergeht.

Das Spiel ist zu Ende, wenn beide Ketten über die Startlinie hinausgerannt sind. Sieger ist die schnellere Gruppe.

Hindernislauf

Hier krabbeln, klettern, hüpfen, hangeln, rutschen, kriechen und watscheln die Kinder um die Wette.

> **i** ab 5 Jahren • mindestens 4 Kinder
> 5 bis 10 Minuten • anregend
> draußen • Spielleiter

MATERIAL: Stoppuhr, viele Hindernisse: Stühle, alte Autoreifen, 10 Plastiksprudelflaschen, dicke Wolle, Sitzbank, dickes Seil, große Pappschachtel, Wasserball

Gut vorbereitet

Die Kinder helfen beim Aufstellen der Hindernisse. Dann können sie vorab sehen und ausprobieren, wie sie diese am besten überwinden.

So geht's

➤ Durch einen Stuhl krabbeln.
➤ In alte Autoreifen mit beiden Beinen hinein- und hinausspringen.
➤ Zehn aufgestellte Sprudelflaschen umwerfen.
➤ Durch ein »Spinnennetz« schlüpfen, das aus dicker Wolle zwischen zwei Büschen gespannt ist.
➤ Auf eine Bank klettern, auf der Sitzfläche entlanggehen und auf der anderen Seite wieder herunterrutschen.
➤ An einem Seil zwischen zwei Bäumen entlanghangeln.
➤ Über eine Schachtel springen.
➤ Mit einem Wasserball zwischen die Beine geklemmt eine Teilstrecke gehen.

Wenn die Hindernisstrecke nicht zweimal aufgestellt

DIE SCHÖNSTEN SPIELE FÜR DRAUSSEN

ist, treten die Kinder einzeln an. Der Spielleiter gibt dem ersten Läufer das Startzeichen und stoppt die Zeit. Das Kind rennt los, überwindet alle Hindernisse und rennt zurück. Der Spielleiter stoppt und notiert die Zeit. Gegebenenfalls richtet er die Hindernisse wieder auf.

Das Spiel ist zu Ende, wenn alle Kinder an der Reihe waren. Sieger ist der Schnellste.

Die Wasserballon-Staffel

Dieser Staffellauf lässt sich besonders gut im Sommer spielen – denn die schwabbeligen Wasserballons scheinen sich dagegen zu wehren, ins Ziel getragen zu werden, und zerplatzen gerne.

> ab 5 Jahren • mindestens 4 Kinder
> 3 Minuten • anregend
> draußen • Spielleiter

MATERIAL: 20 Luftballons, Wasser, Stab oder Stuhl

Gut vorbereitet

Die Kinder füllen die Luftballons mit Wasser. Das geht am besten, wenn sie dabei die Öffnung des Ballons über den Wasserhahn ziehen und dann den Wasserhahn aufdrehen. Die gefüllten Ballons sollten mindestens einen Durchmesser von 20 Zentimetern haben. Je voller der Ballon ist, desto besser.

Die Kinder suchen sich eine mindestens 10 Meter lange Rennstrecke aus. Start und Ziel markieren sie mit einem Stab oder Stuhl. Hinter der Startlinie legen sie vorsichtig alle Ballons auf den Boden. Und schließlich teilen sich die Kinder in zwei gleich starke Gruppen und stellen sich hinter der Startlinie auf.

So geht's

Das erste Kind jeder Gruppe nimmt einen Ballon und rennt, so gut es geht und so schnell es kann, zum Ziel. Das ist gar nicht einfach, denn so ein schwabbeliger, dicker Wasserballon kann einem leicht aus der Hand glitschen und beim Aufprall auf den Boden platzen. Am Ziel legt das Kind den Ballon ab, rennt wieder zurück und schlägt den nächsten Spieler ab. Erst dann darf dieser einen neuen Ballon nehmen und damit losrennen. Ein Spielleiter zählt am Ziel die Ballons für jede Gruppe mit.

Das Spiel ist zu Ende, wenn alle Ballons am Zielpunkt liegen.

Sieger ist die Gruppe, die die meisten Ballons erfolgreich ins Ziel gebracht hat.

Wassertransport

Schnell losflitzen ist die eine Sache, wenig Wasser dabei verschütten die andere. So hat das Wettrennen zwei Sieger.

> ab 5 Jahren • mindestens 6 Kinder
> 5 bis 10 Minuten • anregend
> draußen • Spielleiter

MATERIAL: 4 Wassereimer, Wasser, 2 Becher, 1 Messbecher

Gut vorbereitet

Bei der Vorbereitung helfen die Kinder dem Spielleiter. Sie füllen zwei Eimer mit genau 5 Litern Wasser. Sie benützen dafür den Messbecher. Die Wassereimer stellen sie nebeneinander auf. Diese Stelle ist zugleich der Startpunkt. Etwa 10 Meter entfernt stellen die Kinder die beiden leeren Eimer als Zielpunkt auf. Zum Schluss teilen sie sich in zwei Gruppen und stellen sich hintereinander am Startpunkt neben ihrem Eimer auf.

So geht's

Der Spielleiter pfeift durch die Finger das Startsignal und los geht's: Der Erste jeder Gruppe nimmt den Becher, schöpft damit Wasser aus dem Eimer und transportiert dieses so schnell wie möglich zum leeren Wassereimer. Dort schüttet er den Becher aus,

rennt zurück und übergibt dem Nächsten aus seiner Gruppe den Becher.
So geht es immer weiter, bis die gefüllten Wassereimer geleert und die leeren Eimer gefüllt sind. Der »Kleine Sieger« ist die schnellere Gruppe. Doch das Spiel ist noch nicht zu Ende. Denn jetzt misst der Spielleiter mit dem Messbecher, in welchem Eimer am meisten Wasser ist, weil die Spieler dieser Gruppe unterwegs am wenigsten Wasser verschüttet haben.
Die Gruppe, deren Eimer am vollsten ist, ist der »Große Sieger«.

Tunnel-Stafette

Bei diesem Spiel kann es sein, dass die flinken Kleinen viel schneller durch den Tunnel kommen als die starken Großen. Aber allen macht dieses Spiel auf jeden Fall richtig Spaß.

> ab 5 Jahren • mindestens 8 Kinder
> 3 bis 5 Minuten • anregend
> draußen • Spielleiter

Gut vorbereitet
Die Kinder teilen sich in zwei Gruppen, die miteinander um den Sieg wetteifern. Jede Gruppe stellt sich in einer Reihe auf – und zwar hintereinander mit weit auseinandergegrätschten Beinen.

So geht's
Der Spielleiter gibt das Startzeichen. Die Letzten der beiden Reihen gehen in die Hocke und krabbeln, so schnell sie können, durch die gegrätschten Beine ihrer Gruppe nach vorne. Dort angekommen, stellen sie sich vor der Reihe auf und rufen »Fertig!« Das ist das Startsignal für den Nächsten, der jetzt hinten in der Reihe steht. Schnell kriecht er durch den Tunnel der Beine und stellt sich ebenfalls vorne an.
So geht es immer weiter, bis alle Spieler wieder an ihrem ursprünglichen Platz stehen. Sieger ist die schnellere Gruppe.

Sackhüpfen

Dieser Spielklassiker macht immer noch allen Kindern Spaß: schnell in den Rupfensack schlüpfen und wie ein Hase um die Wette hüpfen.

> ab 6 Jahren • mindestens 6 Kinder
> 3 bis 10 Minuten • anregend • drinnen oder draußen • Spielleiter

MATERIAL: 2 Säcke aus grobem Rupfen oder festem Leinen, Stäbe oder Straßenkreide

Gut vorbereitet
Für das Sackhüpfen sucht man eine Strecke von etwa 10 Metern aus und markiert mit Stäben oder Kreidestrichen die Startlinie und den Wendepunkt.
Die Kinder teilen sich in zwei Gruppen auf.

So geht's
Der Spielleiter gibt das Startzeichen. Die ersten Spieler in jeder Gruppe nehmen den Hüpfsack, steigen hinein und halten mit den Händen den Rand des Sackes fest. Mit beiden Beinen hüpfen sie wie Hasen die Laufstrecke entlang. Sie berühren den Wendepunkt und hüpfen wieder zurück. Dann heißt es schnell aus dem Sack schlüpfen und ihn dem Nächsten übergeben.
Das Spiel ist zu Ende, wenn auch der letzte Sackhüpfer wieder an der Startlinie angekommen und aus dem Sack geschlüpft ist.
Sieger ist die schnellere Gruppe.

💡 Die Rupfensäcke kann man in Baumärkten oder Gartenzentren finden. Rupfen und Leinen gibt es auch in Stoffläden zu kaufen. Wer nähen kann, schneidert die beiden Säcke selber in den Maßen von etwa 80 mal 120 Zentimetern. Achtung: Verwenden Sie keine Plastiksäcke! Sie sind gefährlich rutschig. Nach einem Sturz macht das Hüpfen keinen Spaß mehr.

DIE SCHÖNSTEN SPIELE FÜR DRAUSSEN

Spiel, Sport und Spaß mit den olympischen Kinderspielen

Sportliche Wettkämpfe selbst mitmachen und sie nicht nur einfach im Fernsehen verfolgen – das ist für Kinder Vergnügen und Herausforderung zugleich. Sie werden ungeduldig auf das Startsignal warten, mit Eifer bei jeder Disziplin dabei sein und versuchen, Spiel für Spiel ihr Bestes zu geben.

Ein Wort zuvor

Dieses sportliche Kinderfest ist gedacht für vier bis zwölf Kinder im Alter von sieben bis neun Jahren. Je mehr Teilnehmer diese Zulassungsqualifikationen erfüllen, desto mehr Betreuungspersonen werden Sie brauchen, mindestens aber einen, bei größeren Gruppen auch zwei sportliche Spielleiter.

Auch zusätzliches »Personal« kann bei einem Kinderfest nie schaden – große Geschwister oder andere Verwandte, Paten oder beliebte Babysitter kümmern sich um die Getränke, zeigen die Toilette, helfen bei schwierigen Spielen, trösten, wenn ein Kind sich weh getan hat … Diese Aufgaben können auch als entsprechende Rollen, wie Kellner, Sanitäter, Trainerin oder Schiedsrichterin (beziehungsweise Assistenz des Spielleiters) gespielt werden. Dann hat der Kellner ein weißes Schürzchen; der Sanitäter bedient sich im Doktorkoffer, bekommt Pflaster und Verband und weiß, womit er eine Prellung kühlen kann; die Schiedsrichterin zieht sich schwarz an und bekommt eventuell Stoppuhr und Notizblock, je nachdem, ob sie am Start oder am Ziel aushilft. Planen Sie etwa fünf bis zehn Spiele an einem Nachmittag. Beziehen Sie dabei die Lauf- und Staffelspiele ab Seite 48 mit ein.

> **EIN FÄHNCHEN ALS EINLADUNG**
>
> **Material:** mehrere Bogen Schreibpapier, pro Kind ein kleiner Holzstab, Klebstift
> Falten Sie das Schreibpapier quer und schneiden Sie es am Falz entlang durch. Nehmen Sie diese postkartengroßen Papiere wiederum quer und schreiben Sie den Text hinein. Lassen Sie dabei links vom Text zwei Zentimeter Kleberand frei. Weisen Sie auf sportliche Kleidung und feste Schuhe hin.
> Dann knicken Sie die Einladung am linken Rand um und legen diesen um den kleinen Stab, um ihn danach festzukleben. Ist der Kleber trocken, kann das Fähnchen am Stab aufgerollt und mit einer Schleife festgebunden oder aber gleich als Fahne überreicht werden.

Eintreffen der Sportler

Bis alle da sind, können die ankommenden Gäste ihre Startnummern gestalten und sich gegenseitig auf den Rücken kleben. Wer Spaß am Basteln hat, kann Fähnchen für eine Girlande machen, die aufgehängt wird, bevor es losgeht.

Eröffnungszeremonie

Die Spielleitung stellt die Sportler und Sportlerinnen einzeln vor. Diese werden von den anderen Kindern mit Applaus begrüßt. Beobachten Sie bei dieser Vorstellungsrunde aufmerksam, wie viel Beachtung ein Kind erträgt. Die einen genießen es, im Mittelpunkt zu stehen und fordern es sogar ein, während andere sich genieren und sich am liebsten in ein Mauseloch verkriechen würden. Entsprechend verlängern oder verkürzen Sie den Auftritt des Kindes.
Nun ist es an der Zeit, dass Sie in die Rolle des Spielleiters schlüpfen und diesen und seine Helfer ebenfalls vorstellen. Alle Teilnehmenden stellen sich für Ihre Ansagen im Kreis auf. Weisen Sie auf die sportliche Fairness hin und verhehlen Sie nicht, dass Sie auch disqualifizieren können, wenn sich jemand unfair benimmt. Jetzt erklären Sie, welche Sportarten bei den olympischen Kinderspielen zugelassen sind.

Die Spielregeln

Bei den olympischen Kinderspielen gilt es natürlich, viele verschiedene Disziplinen zu meistern: Weitwurf, Speer und Ring werfen, Weitsprung, Stein stoßen, Seil springen, ein Rennen mit Schubkarren oder auch huckepack reiten.
Alles soll ganz locker und unverkrampft vor sich gehen – manche Kinder sind im Werfen

DIE SCHÖNSTEN SPIELE FÜR DRAUSSEN

✓ EINKAUFSLISTE

FÜR DIE EINLADUNGEN:
- ✓ Schaschlikstäbchen
- ✓ 1 Block buntes Papier oder weißes Papier und Wachsmal-/Buntstifte
- ✓ Klebstoff für Holz und Papier
- ✓ Geschenkband
- ✓ Stift

FÜR DIE GIRLANDEN:
- ✓ mindestens 50 Meter Paketschnur
- ✓ buntes Schreibpapier
- ✓ Tacker
- ✓ Tesafilm

FÜR DIE STARTNUMMERN:
- ✓ weißer Stoff, z. B. altes Bettlaken, für jedes Kind etwa 20 x 20 Zentimeter
- ✓ doppelseitiges Klebeband
- ✓ dunkelfarbige Stoffmalkreiden oder -filzer

FÜR DIE GETRÄNKE:
- ✓ je 1 Packung verschiedenfarbige Säfte
- ✓ ausreichend Mineralwasser
- ✓ Strohhalme

FÜR DIE SPIELE SELBST:
- ✓ größere Lutscher am Stiel so viel wie Teilnehmer

FÜR DEN SPORTLERSCHMAUS DANACH:
- ✓ Würstchen und Brezeln (zum Aufbacken)
- ✓ eine Gartenfackel
- ✓ Feuerzeug oder Streichhölzer

---

besser, andere vielleicht beim Weitsprung. Und hier geht es einfach nur darum, mit Feuereifer bei der Sache zu sein – eine Siegerehrung erhalten am Ende des Spieltages alle Kinder.
Für die Wettkämpfe brauchen Sie als Material:
➤ zwei dünne Stäbe oder Zweige, um die Startlinie zu markieren, evtl. mit Fähnchen
➤ einen Stab, der als Zielpunkt in den Boden gesteckt wird
➤ ein Maßband zum Messen der Würfe und Sprünge
➤ eine Stoppuhr oder Uhr mit Sekundenzeiger
➤ eine Teilnehmerliste mit Tabelle für die Ergebnisse auf einem Klemmbrett mit Stift

Weitwurf
Material: alte Zeitungen
Die Sportler knäulen jeder ein Zeitungsblatt zu einem festen Ball zusammen. Von der Startlinie aus werfen sie nacheinander ihren Papierball. Die Entfernung wird gemessen.

Speer werfen
Material: ein 1 Meter langer Stab oder Besenstiel
Der Athlet hält den Besenstiel in der Mitte waagrecht in Schulterhöhe neben sich, geht zur Startlinie und wirft – ohne Anlauf – den Speer leicht nach oben. Die Entfernung wird von der vorderen Spitze aus gemessen.

Weitsprung
Der Sportler stellt sich an die Startlinie und springt aus dem Stand. Die Entfernung wird gemessen. Ältere Kinder können sich auch an einem »Dreier-Sprung« aus drei Schluss-Sprüngen versuchen.

Ring werfen
Material: ein selbst gemachter Ring aus Draht oder Peddigrohr oder ein gekaufter Kranzrohling. Der Spielleiter steckt 1 Meter von der Startlinie entfernt drei Lutscher in die Erde. Die Sportler versuchen den Ring von der Startlinie aus über einen der Lutscher zu werfen. Jeder hat dabei drei Versuche. Die Treffer werden gezählt, und die Kinder dürfen den getroffenen Lutscher natürlich behalten.

Schubkarrenrennen
Jeder Sportler sucht sich einen Partner. Der eine Mitspieler ist die Schubkarre und stützt sich mit den Händen auf dem Boden ab. Der andere nimmt die Beine der »Schubkarre« in Knöchelhöhe oder am Oberschenkel hoch und hält sie fest. Auf das Startzeichen hin sausen alle Schubkarren-Paare los. Das Paar, das als Erstes die Ziellinie erreicht, hat gewonnen.

Stein stoßen
Material: ein dicker Stein
Von der Startlinie aus stoßen die Athleten nacheinander einen dicken Stein, der schon bereitliegt. Es ist wichtig, den Stein vom Hals aus nach vorn zu stoßen, damit er nicht nach hinten auf die Füße des nächsten Kindes fällt – Sicherheitsabstand drei Schritte. Die Spielleitung

Bunte Erfrischungsgetränke
VERSCHIEDENFARBIGE SÄFTE
MINERALWASSER
STROHHALME

Richten Sie Eiswürfelschalen mit verschiedenfarbigen Säften her und frieren Sie sie mehrere Stunden vorher ein. Rechnen Sie mit ein bis zwei Eiswürfeln pro Glas. Achten Sie darauf, dass Sie auch eine säurearme Fruchtsorte für Allergiker anbieten.
Zur Trinkpause bringen Sie die bunten Eiswürfel in einer Glasschale an die Sportlerbar, wo schon Gläser und Strohhalme bereitliegen. Die Kinder nehmen ein oder zwei Eiswürfel, füllen diese in ihr Trinkglas und gießen sich Mineralwasser darüber.

notiert bei jedem die Entfernung zwischen der Startlinie und dem ersten Aufprall.

Huckepack reiten
Jeder Sportler sucht sich einen Partner. Hier kann es von Vorteil sein, wenn sich Kraftprotz und Fliegengewicht zusammentun. Die Kinder einigen sich, wer Pferd und wer Reiter sein darf, und trainieren zunächst. Nach dem Startzeichen springt der erste Reiter auf sein Pferd, galoppiert bis zum Zielstab, umrundet diesen und kommt schnell wieder zurück. Fällt der Reiter unterwegs vom Pferd, steigt er schnell wieder auf, und das Pferd galoppiert weiter. Die Zeit wird gemessen. Alle Paare sind nacheinander an der Reihe.

Seil springen
Material: ein Springseil (bei einer großen Kindergruppe mehrere Seile)
Das Kind springt mit beiden Beinen durch das Seil. Es dürfen auch Zwischenhüpfer eingelegt werden. Die anderen Kinder zählen mit, wie viele Sprünge das Kind schafft, bevor es sich im Seil verheddert.

Siegerehrung mit Jubelgeschrei
Während die Kinder sich an der Sportlerbar stärken, wertet die Spielleitung die Ergebnisse aus. Jeder Sieger einer Sportart bekommt einen Siegerpunkt. Die drei Sportler mit den meisten Siegerpunkten erhalten eine Sieger-Medaille, alle anderen eine Ehren-Medaille (Medaille selbst gemacht, siehe Seite 20).
Ein anderer Betreuer könnte übrigens den Sportlerschmaus im Garten aufhängen, während Sie die Punkte auszählen.
Alle, die an den olympischen Kinderspielen teilgenommen haben, treffen sich zu einem Kreis. Sie halten sich an den Händen, strecken sie in die Höhe und lärmen und brüllen, was das Zeug hält. Damit sind die Wettkämpfe beendet.

Sportlerschmaus: Würstchen- und Brezelschnappen
An einer langen Girlande hängen frisch gebackene Brezeln und leckere Würstchen. Passen Sie die Höhe der Girlande unbedingt der Größe der Kinder an. Zu einfach sollten Sie es ihnen aber auch nicht machen.
Denn auf Ihr Kommando können sich die Kinder (ohne die Hilfe der Hände!) über den Sportlerschmaus hermachen. Sie schnappen sich mit dem Mund eine Wurst oder eine Brezel und beißen hinein. Dann erst dürfen sie den Faden abreißen oder abschneiden, um weiterzuessen.

Abschied mit Fackel-Lauf
Ein Erwachsener entzündet eine Gartenfackel und reicht sie dem Gastgeberkind. Dieses läuft mit der Fackel eine kleine Ehrenrunde. Dann übergibt es die Fackel einem Gastkind. Auch dieses läuft eine Runde und gibt die Fackel dem Nächsten. Haben sich inzwischen ein paar Eltern eingefunden, weil sie ihre Kinder abholen wollen, dürfen auch sie eine Ehrenrunde drehen. Danach begleitet das Gastgeberkind mit der Fackel in der Hand jede Gastfamilie einzeln zum Gartentor und verabschiedet sich dort.

3 Die Erlebniswelt Natur entdecken und erforschen

Die Natur ist große Schatzkammer und zugleich eine Verwandlungskünstlerin. Was es da alles zu entdecken, zu hören und bestaunen gibt, lässt sich gar nicht aufzählen. Die Wahrnehmungsspiele öffnen Augen und Ohren und regen zu fantasievollem Gestalten an. Außerdem kleidet jede Jahreszeit die Natur neu ein. Derselbe Spielplatz bietet von ganz allein neue Spielmöglichkeiten durch Wind, Wärme, Schnee und Eis. So ist die Natur ein grenzenloser Raum zum Spielen, Toben und Wetteifern, zum Entspannen, Ausruhen, Verstecken und Suchen. Eröffnen Sie Ihren Kindern eine faszinierende Erlebniswelt mit den hier vorgestellten Spielen!

ERLEBNISWELT NATUR

Die Natur – eine Schatzkammer voller Spielsachen

Ausflüge ins Grüne oder Wanderungen in den Bergen werden für Kinder schnell langweilig. Packen Sie deshalb gezielt ein paar Spielideen mit ein; denn mit Wahrnehmungs-, Rate- und Geländespielen erobern Kinder die Natur auf ihre Art und lernen sie spielerisch kennen.

Mengen schätzen

Wie viele Tannenzapfen passen in einen Korb? Erst schätzen die Kinder, dann zählen sie nach.

> ab 5 Jahren • mindestens 3 Kinder
> 2 bis 3 Minuten • beruhigend • draußen

MATERIAL: viele Tannenzapfen, 1 Einkaufskorb

Bei einer großen Anzahl Kinder sind ein Spielleiter und Notizzettel mit Stift nötig.

Gut vorbereitet
Die Kinder sammeln möglichst viele Tannenzapfen und füllen gemeinsam den Korb.

So geht's
Jedes Kind schätzt, wie viele Tannenzapfen jetzt im Korb sind, und nennt eine Zahl. Der Spielleiter notiert den Namen des Kindes und die Zahl, die es geschätzt hat. Dann zählen alle Spieler die Tannenzapfen. Sieger ist, wer mit seiner geschätzten Zahl der richtigen Anzahl am nächsten kommt.

Spielvariante
Lassen Sie mehrere verschieden große Gefäße füllen.

Turm bauen

Wer kann mit Tannenzapfen, Zweigen, Rindenstückchen den höchsten Turm bauen?

> ab 4 Jahren • mindestens 2 Kinder
> 5 bis 10 Minuten • beruhigend • draußen

MATERIAL: gesammelte Naturmaterialien

Gut vorbereitet
Die Kinder sammeln zuerst vom Waldboden eine Menge Tannenzapfen, Zweige, Rindenstücke und andere Naturschätze auf. Jeder legt für sich ein »Material-Lager« an.

So geht's
Die Kinder bauen allein oder zu zweit aus den Naturmaterialien einen Turm, so hoch und stabil wie mög-

lich, vielleicht 50 Zentimeter hoch oder noch höher. Das Spiel ist nach 5 oder 10 Minuten zu Ende. Sieger ist, wer den höchsten Turm gebaut hat. Auf diesen Turm wird ein besonders großes Blatt als Siegerfahne gesteckt.

Spielvariante
Wenn die Kinder Spaß an diesem Spiel haben, bauen alle zusammen und ohne Zeitstress einen noch viel höheren Turm.

Waldboden-Ratespiel
Kaum zu glauben, was es auf einem kleinen Stück Waldboden alles zu entdecken gibt!

> ab 5 Jahren • 1 Kind oder mehr
> 5 Minuten • beruhigend
> draußen • Spielleiter

MATERIAL: 4 etwa 50 cm lange, dünne Zweige

Gut vorbereitet
Die Kinder suchen gemeinsam vier Zweige. Dann schauen sie sich nach einer Stelle um, wo viele »Waldschätze« am Boden zu finden sind. Dort legen die Kinder mit den Zweigen einen Bilderrahmen auf den Boden. Der Rahmen braucht nicht viereckig zu sein, er kann gebogen und krumm ausfallen, gerade so, wie die Zweige gewachsen sind.

So geht's
Die Kinder schauen jetzt ganz genau an, was in ihrem gelegten Bilderrahmen zu sehen ist. Krabbelt da nicht auch ein Käfer? Der gehört nicht zum Spiel, also einfach weiterkrabbeln lassen. Dann drehen sich die Kinder um, während der Spielleiter etwas im Waldboden-Bild verändert, zum Beispiel legt er einen Zapfen an eine andere Stelle, nimmt einen Stein weg oder schiebt die Tannennadeln enger zusammen. Mit dem Signalruf »Fertig!« dürfen die Kinder wieder hinschauen. Wer zuerst entdeckt, was verändert wurde, der bekommt einen Tannenzapfen. Nach etwa zehn Runden ist das Spiel zu Ende. Sieger ist, wer die meisten Tannenzapfen eingeheimst hat.

Waldgesichter
Alles, was auf dem Waldboden herumliegt, kann zum Gestalten eines Gesichts verwendet werden.

> ab 3 Jahren • 1 Kind oder mehr
> 5 bis 10 Minuten • beruhigend • draußen

MATERIAL: Naturmaterialien wie Steine, Zweige, Tannenzapfen, Grasbüschel, dicke Erdbrocken

So geht's
Ein Waldgesicht kann beispielsweise so aussehen: Zwei dicke Steine sind die Augen, ein gebogener Zweig ist der Mund, Tannenzapfen sind die Haare, Grasbüschel sind der Bart, die Nase ist ein dicker Erdbrocken. Aber lassen Sie den Kindern alle Freiheit, so zu gestalten, wie sie es wollen.
Die Kinder schauen sich um und sammeln ein, was sie für ihr Waldgesicht verwenden wollen. Dann legen sie ihr Fantasiegesicht auf den Erdboden. Je größer das Gesicht, desto beeindruckender.
Sind alle Kinder fertig, zeigen sie sich gegenseitig ihre Kunstwerke.

Variante für viele Kinder
Falls viele Kinder dabei sind, ist es schöner, wenn immer zwei Kinder zusammenarbeiten.

INFO — **Zur Sicherheit**

Oberstes Gesetz in der Natur: Die Kinder dürfen sich nur auf Sicht- und Hörweite entfernen!
Das üben Sie mit diesem Spiel: Sie bleiben stehen, die Kinder gehen weiter, schauen sich immer wieder um und bleiben schließlich an der Stelle stehen, von der sie glauben, dass es weit genug ist. Können Sie alle Kinder noch sehen? Jetzt rufen Sie die Kinder. Diese antworten und rennen auch gleich zu Ihnen zurück.

ERLEBNISWELT NATUR

Tannenzapfen werfen

Tannenzapfen mit den Füßen zu werfen ist gar nicht so einfach, weil die schuppigen Zapfen stachelig sind und kitzeln.

> ab 5 Jahren • mindestens 3 Kinder
> 2 bis 3 Minuten • beruhigend • draußen

MATERIAL: 5 Tannen- oder Kiefernzapfen pro Kind

Gut vorbereitet
Der Spielleiter ritzt mit einem Stock in den Waldboden eine Startlinie. Jedes Kind sucht sich fünf Zapfen. Dann ziehen sich alle die Schuhe und Strümpfe aus und stellen sich an der Startlinie auf.

So geht's
Das erste Kind greift mit den Zehen einen Zapfen und wirft ihn mit Schwung über die Startlinie. Wo der Zapfen hinfällt, muss er liegen bleiben. Dann kommt das nächste Kind an die Reihe.
So geht es reihum weiter, bis alle ihre Tannenzapfen geworfen haben. Wer am weitesten werfen konnte, hat gewonnen.

Spielvariante für Geschickte
Die Kinder werfen die Zapfen in einen Korb oder in einen Kreis, den man zuvor mit einem Stock in den Waldboden ritzt.

Waldboden-Tastspiel

Mit den nackten Füßen fühlen, was am Boden herumliegt, das ist etwas ganz Besonderes.

> ab 6 Jahren • 1 Kind oder mehr
> 3 bis 5 Minuten • beruhigend
> draußen

MATERIAL: Naturschätze, eventuell Augenbinde, ein Handtuch zum Füßeabwischen

Gut vorbereitet
Zuerst richten die Spieler ein Spielfeld ein. Dazu markieren sie mit Tannenzapfen oder Zweigen eine Fläche von höchstens 1 Quadratmeter. In das Spielfeld legen sie Naturmaterialien, die sich gut abtasten lassen, zum Beispiel Wurzeln, Zweige, Kastanien.

So geht's
Die Spieler machen untereinander aus, wer mit Tasten an der Reihe ist. Der Ausgezählte zieht Schuhe und Strümpfe aus und bekommt die Augen verbunden. Oder er schließt ganz fest seine Augen. Dann wird er von einem Mitspieler an das Spielfeld geführt und bekommt eine Suchaufgabe wie »Suche den Stein!« Jetzt tastet der Spieler barfuß das Spielfeld ab. Findet er den Stein? Dann darf er die Augen wieder öffnen und selber nachschauen.

Glückskind auf Schatzsuche

Mm, wie lecker! Das Glückskind darf so lange süße Schätze suchen, bis einer die nächste Sechs gewürfelt hat.

> ab 5 Jahren • mindestens 3 Kinder
> 3 bis 5 Minuten • anregend
> draußen • Spielleiter

MATERIAL: 20 oder mehr in Papier eingewickelte kleine Süßigkeiten, großer Schaumstoffwürfel

Im Wald

Gut vorbereitet
Die Kinder sitzen mit dem Rücken zum Spielleiter und halten sich die Augen zu. Der Spielleiter versteckt die kleinen Süßigkeiten-Päckchen in einem Umkreis von 10 bis 20 Metern. Dann setzen sich die Kinder in einen Kreis. Ein Kind wird ausgezählt und beginnt.

So geht's
Ein Kind würfelt. Hat es eine Sechs, geht es als Glückskind auf die Suche nach den versteckten Süßigkeiten. Was es findet, darf es behalten. Mittlerweile würfeln die anderen Kinder der Reihe nach weiter. Wer jetzt eine Sechs würfelt, rennt schnell hinterher und tippt dem ersten Glückskind auf die Schulter. Das bedeutet, dass dieses wieder in den Kreis zurück muss. Nun geht das neue Glückskind auf Schatzsuche.
Das Spiel ist zu Ende, wenn alle süßen Schätze gefunden wurden. Dieses Spiel hat zwar keine Sieger, aber sicherlich haben die Kinder schon während des Spiels ihre gefundenen Schätze ausgewickelt und vernascht. Das gehört auch zum Spiel.

Bildergalerie im Wald

Aus den Naturschätzen des Waldes lassen sich schöne Bilder legen.

> ab 3 Jahren • 1 Kind oder mehr
> 5 bis 10 Minuten • beruhigend • draußen

MATERIAL: Korb oder Tasche, gesammelte Naturschätze, Fotoapparat und Film

Gut vorbereitet
Die Kinder ziehen mit Körben oder Taschen los und sammeln viele Naturschätze auf. Dann sucht sich jeder eine kleine, ebene Fläche von etwa 50 mal 50 Zentimetern.

So geht's
Dort legt jedes Kind mit Gräsern, Zweigen oder Blättern einen Rahmen auf den Boden, nicht größer als 50 mal 50 Zentimeter. Dieser Rahmen kann rund oder oval, dreieckig oder sechseckig sein.

Jetzt beginnt die »künstlerische Arbeit«. Jedes Kind legt aus seinen gesammelten Waldschätzen ein Bild in den Rahmen, beispielsweise ein Zwergengesicht, einen Dinosaurier oder ein Mandala.

Sind alle Kinder fertig, zieht die ganze Kinderschar von Bild zu Bild und jeder Künstler beschreibt sein Kunstwerk. Machen Sie Fotos als Erinnerung, denn die Bilder selbst bleiben im Wald liegen. Ob Wanderer sie später entdecken werden?

Wald-Memory

Wo gibt es das Gleiche nochmal? Die Kinder machen sich paarweise auf die Suche.

 ab 5 Jahren • mindestens 4 Kinder, möglichst eine gerade Anzahl • 15 Minuten beruhigend • draußen • Spielleiter

MATERIAL: 1 Korb oder Schachtel, viele gesammelte Naturschätze

Gut vorbereitet
Während alle im Wald sind, sammelt der Spielleiter viele Waldschätze: beispielsweise Zapfen, Fichten-, Tannen- und Kiefernadeln, Gräser, Blätter und Rinden von Bäumen und Büschen, Blumen, Blütenblätter, Früchte und Samen wie Eicheln, Bucheckern, Ahornsamen, Kastanien.

So geht's
Die Kinder teilen sich in Zweiergruppen auf. Der Spielleiter verteilt seine gesammelten Schätze gleichmäßig auf alle Gruppen. Die Kinder ziehen los, um das Gleiche noch einmal zu suchen und mitzubringen (siehe Infokasten »Sicherheit« auf Seite 63). Hat eine Gruppe für alle Blätter, Früchte und so weiter ein Doppel gefunden, kommt sie zum Spielleiter zurück.
Das Spiel ist zu Ende, wenn alle Kinder wieder da sind. Die Gruppe, die zuerst mit ihrer Sammlung beim Spielleiter ankommt, hat gewonnen.

ERLEBNISWELT NATUR

Glückswurf

Dies ist ein uraltes Indianerspiel. Wer in den Kreis trifft, hat einen Wunsch frei.

 ab 6 Jahren • mindestens 2 Kinder
2 Minuten • beruhigend • draußen

MATERIAL: Kieselsteine oder Muscheln

Gut vorbereitet
Die Kinder zeichnen mit dem Finger einen Kreis mit einem Durchmesser von 50 bis 100 Zentimetern in den Sand. Jedes Kind sucht sich als Spielsteine drei Kieselsteine oder Muscheln.

So geht's
Die Kinder stehen 2 bis 3 Meter vom Kreis entfernt. Der erste Spieler dreht sich um und wirft rückwärts über die Schulter seine drei Spielsteine in den Kreis. Hat er getroffen? Das sagen ihm die zuschauenden Mitspieler. Für jeden Wurf in den Kreis darf man sich etwas wünschen. Doch nur wenn die Wünsche geheim bleiben, gehen sie in Erfüllung, sagen die Indianer.

Sandabdrücke

Erkennen die Kinder den Abdruck der Muschel, der Sonnenbrille oder Sonnencreme-Flasche? Das ist das Ratespiel.

 ab 4 Jahren • mindestens 2 Kinder
3 bis 5 Minuten • beruhigend • draußen

MATERIAL: gesammelte Strandschätze, z.B. Muscheln, angeschwemmtes Strandgut, Sandspielsachen, Sieb, Sonnenbrille oder Sonnencreme-Flasche.

Gut vorbereitet
Vor dem Spiel streichen die Kinder mit den Händen eine kleine Spielfläche im Sand glatt.

So geht's
Ein Kind schließt die Augen. Das andere Kind drückt einen Gegenstand in den Sand. Es hebt ihn vorsichtig wieder ab und versteckt ihn anschließend hinter seinem Rücken. Mit dem Ruf »Augen auf!« darf das erste Kind die Augen wieder öffnen und schaut sich den Sandabdruck genau an. Was ist es wohl? Hat es richtig geraten, darf es den Gegenstand sehen.

> **INFO** **Kostbares Strandgut**
>
> Wer macht das nicht gern? Muscheln und Steine am Strand sammeln. Nur so schön wie die Muscheln und Schneckenhäuser in den Touristengeschäften sind sie an mitteleuropäischen Küsten nie. Solche Schätze können die Kinder am Strand nicht finden. Warum? Sie wurden auf zerstörerische Weise vom Meeresgrund anderer Gegenden geplündert. Wenn Touristen diese Schätze nicht mehr kaufen, setzen sie ein Zeichen dafür, dass sie die Zerstörung der Unterwasserwelt nicht unterstützen. Ihre Kinder sollten darüber Bescheid wissen.
> Informieren Sie sich, welche Muschelsorten hier tatsächlich zu finden sind, welche häufig, welche selten vorkommen und ob man vielleicht sogar Bernstein und Feuerstein finden kann.

Danach tauschen die beiden Kinder die Rollen. Spielen mehrere Kinder mit, macht ein Kind den Abdruck im Sand, alle anderen schließen die Augen. Wer dann als Erster richtig geraten hat, macht den nächsten Abdruck.

Fische fangen

Kaum nennt der Fischer den Fisch, den er fangen will, rennen beide los. Nur ins Wasser kann der Fisch sich retten.

 ab 5 Jahren • mindestens 4 Kinder
5 Minuten • anregend • draußen

Gut vorbereitet
Badekleidung ist für dieses Spiel am besten. Es muss warm genug draußen sein, dass sich die Kinder zumindest mit den Füßen ins Wasser wagen und ruhig etwas nass werden dürfen.

Die Kinder geben sich Fischnamen, zum Beispiel Forelle, Flunder, Karpfen, Goldbarsch, Goldfisch, Moderlieschen, Lachs, Hai, Kugelfisch, Hecht, Makrele …. Jeder ist ein anderer Fisch.

So geht's
Alle Kinder stellen sich etwa 10 Meter vom Wasser entfernt nebeneinander auf. Ein Kind wird ausgezählt und ist der Fischer. Dieser stellt sich den Fischen gegenüber auf. Die Fische rufen im Chor: »Fischer, was willst du fangen?« Der Fischer antwortet und ruft beispielsweise: »Einen Karpfen!« Jetzt heißt es für den Karpfen nichts wie weg und ins Wasser rennen, wo er nicht gefangen werden kann. Denn der Fischer rennt sofort hinterher und versucht, den Karpfen zu fangen, bevor dieser das Wasser erreicht. Kann er ihn vorher erwischen, ist der Fisch gefangen und legt sich auf den Boden.
Das Spiel ist zu Ende, wenn nur noch ein einziger Fisch übrig ist. Dieser ist Sieger und in der nächsten Runde der neue Fischer.
Das Spiel sollte mindestens so lange dauern, bis alle einmal Fischer waren. Oder die Kinder einigen sich, wie oft jeder Fischer sein darf.

Sandmalerei

Mit nur ein paar Fingerstrichen entsteht im Sand ein großes Bild. Wer kann raten, was es ist?

 ab 4 Jahren • mindestens 2 Kinder
3 bis 5 Minuten • beruhigend • draußen

MATERIAL: eventuell ein Stöckchen

Gut vorbereitet
Zuerst streichen die Kinder mit den Händen den Sand für ihre Malkünste glatt.

So geht's
Ein Kind malt mit dem Finger oder ritzt mit einem Stöckchen ein Bild in den Sand, beispielsweise ein Segelboot, einen Fisch oder die Sonne. Die anderen Kinder schauen zu. Wer zuerst errät, was gemalt wird, ist der nächste Sandmaler.
Das Spiel dauert so lange, wie die Kinder Lust und Laune haben.
Beteiligen sich mehrere Kinder (gerade Anzahl) an dem Spiel, können sie auch paarweise malen beziehungsweise raten.

ERLEBNISWELT NATUR

Einbuddeln

Verstecken, einbuddeln, suchen, finden und wieder ausbuddeln, das macht kleinen und großen Kindern Spaß.

> ab 4 Jahren • 2 Kinder
> 2 Minuten • beruhigend • draußen

MATERIAL: 1 Spielzeug, z. B. ein kleiner Ball, eine Schwimmente oder ein Plastikauto

So geht's

Ein Kind hält sich die Augen zu oder dreht sich um. Das andere Kind verbuddelt ein Spielzeug im Sand. Dann ruft es »Fertig!« Jetzt öffnet das erste Kind die Augen und macht sich auf die Suche nach dem Spielzeug. Hat es das Spielzeug gefunden und ausgebuddelt, ist das Spiel zu Ende. Die Kinder tauschen ihre Rollen und spielen eine neue Spielrunde.
Das Spiel dauert so lange, wie es den Kindern gefällt. Auch die Hände oder Füße einzubuddeln, macht Kindern Spaß.

Vorwärts, rückwärts, seitwärts, steh'n

Diese lustig-komischen Schritte und Verschnaufspiele sind die besten Muntermacher für müde Wanderkinder.

> ab 5 Jahren • 1 Kind oder mehr
> 3 bis 5 Minuten • anregend
> draußen • Spielleiter

So geht's

Zwei oder mehr Kinder gehen eingehakt. Sie sagen den »Mein Hut, mein Stock, mein Regenschirm«-Vers ein ums andere Mal auf und gehen dazu im Takt. Schwierig wird's bei »vorwärts, rückwärts, seitwärts, steh'n«, zu denen man natürlich genau diese Bewegungen ausführen muss – hier gibt's immer viel zu kichern, bis alle Kinder auch rückwärts und seitwärts im Takt gehen können.

> Mein Hut, mein Stock, mein Regenschirm, vorwärts, rückwärts, seitwärts, steh'n. Und 1, 2, 3, 4, 5, 6, 7, 8, 9, 10.

Um es noch komplizierter zu machen, können die Kinder zu »Hut, Stock, Regenschirm« die passenden Bewegungen andeuten: Bei »mein Hut« fassen sie sich an den Kopf, bei »mein Stock« tun sie so, als hielten sie einen Spazierstock, und zu »mein Regenschirm« als hielten sie einen Schirm.

Variante: Rückwärts gehen

Einfach zwischendurch zehn Schritte rückwärts gehen. Dabei halten sich alle an den Händen und mit einem »Achtung, fertig, los!« geht's zurück. Die zehn Schritte werden laut mitgezählt.

Variante: Blindgänger

Wer kann zehn Schritte mit geschlossenen Augen gehen und dabei nicht vom Wanderweg abkommen? Das probieren alle aus. Wer es schafft, bekommt als Preis ein Gummibärchen oder eine andere Näscherei.
Dieses Spiel kann zwei- oder dreimal wiederholt werden und ist so etwas wie eine kurze Verschnaufpause.

»Was tun, wenn ...«

Von untröstlichen Heulsusen und wilden Raufbolden

Eine herzerweichend weinende Heulsuse kann das schönste Spiel unterbrechen, und bei einer Balgerei machen die anderen Kinder Platz und schauen zu. Wie können Sie angemessen reagieren?

Was tun, wenn ein Kind scheinbar ohne Grund immer gleich losweint?
Die Kinder spielen eifrig miteinander. Plötzlich ist ein lautstarkes Weinen zu hören. Die Aufregung ist groß. Alle sind betroffen. Mitten drin steht die kleine Heulsuse und schluchzt herzerweichend. Vergeblich versuchen die Kinder, die Heulsuse zu trösten. Sie ist untröstlich. Keiner hat Lust weiterzuspielen.

Wie kommt das und wozu führt das?
Das Weinen einer Heulsuse – es kann auch ein »Heul-Suserich« sein – hat oft Gründe, die Erwachsene nicht gleich erkennen. Vielleicht war der Platz neben der Freundin besetzt oder das Kind wurde versehentlich geschubst und keiner hat es bemerkt? Heulsusen haben gelernt, dass sie sich besser durchsetzen, wenn sie laut weinen. Daran können Sie an einem Spielnachmittag nicht viel ändern.

Das können Sie tun:
Vergewissern Sie sich, dass nichts »Lebensgefährliches« passiert ist. Nehmen Sie dann einfach das schluchzende Kind freundschaftlich an die Hand. Zeigen Sie ihm, dass Sie sein Weinen ernst nehmen. Erklären Sie den anderen Kindern, dass es immer einen Grund zum Weinen gibt, auch wenn man nicht gleich darüber reden kann. Erklären Sie der kleinen Heulsuse, dass sie weinen darf, so lange sie will, aber dass sie auch wieder mitspielen kann. Vielleicht möchte sie auch mit Ihnen einfach nur zuschauen? Besprechen Sie dann mit den anderen Kindern, wie und an welcher Stelle das Spiel jetzt fortgesetzt wird. Das hilft den Kindern, sich wieder dem Spiel zuzuwenden, und der Heulsuse, sich zu beruhigen, ohne ausgeschlossen zu werden.

Was tun, wenn Kinder eine Rauferei beginnen?
Plötzlich sind es nicht mehr die Spiele, sondern zwei raufende Jungen, die im Mittelpunkt stehen.

Wie kommt das?
Manchen Kindern fällt es schwer, immer nur brav abzuwarten, bis sie an der Reihe sind. Eine kleine Abwechslung kann da doch nichts schaden ... Also schubst einer den anderen, der boxt lieber mal gleich zurück. Und schon beginnt die Balgerei.

Das können Sie tun:
Achten Sie darauf, dass sich niemand ernsthaft weh tut! Ansonsten Ruhe bewahren und bloß keine Moralpredigt! Versuchen Sie auch nicht, die beiden Raufbolde auseinanderzuzerren. Es könnte passieren, dass Sie in das Gerangel verwickelt werden. Damit ist niemandem geholfen. Stellen Sie sich stattdessen neben die beiden Kampfhähne und verlangen Sie mit lauter, ruhiger Stimme hartnäckig das Ende des Kampfes. Hören die beiden nicht auf, gehen Sie mit den anderen Kindern weg. Das wirkt Wunder, denn nichts ist langweiliger als ein Kampf ohne Zuschauer!
Spielen Sie mit den anderen Kindern gleich ein paar Laufspiele, denn auch für drinnen gibt es wilde Spiele (siehe im Quickfinder Seite 211 und Kapitel 4 ab Seite 110), bei denen alle garantiert außer Puste kommen und sich dadurch beruhigen können. Wenn die beiden Kämpfer in der Zwischenzeit anrücken, laden Sie die beiden einfach zum Mitspielen ein. Stellen Sie keine weiteren Fragen. Was sollen die Raufbolde auch sagen? Dass es ihnen einfach langweilig geworden ist?

ERLEBNISWELT NATUR

Variante: Wie viele Schritte sind es?
Ist in der Ferne eine Wegabzweigung zu sehen oder sonst etwas Markantes? Jeder schätzt die Anzahl der Schritte bis zu dieser Stelle. Dann wandern alle im Gleichschritt weiter und zählen laut die Schritte. Wer am besten geschätzt hat, wird die letzten paar Schritte von den anderen getragen.

Variante: Wie viele Minuten sind es noch?
Zum Rastplatz oder Aussichtsturm ist es nicht mehr weit. Doch wie viele Minuten sind es genau? Jeder schätzt die Zeit. Wer eine Uhr mit Sekundenzeiger hat, gibt das Startzeichen. Alle wandern gemeinsam weiter. Keiner darf rennen oder stehen bleiben. Sieger ist, wer die Wanderzeit am besten eingeschätzt hat. Er bekommt als Erster etwas zu trinken.

 Motivationsspritze
Alle 15 Minuten eine kleine Abwechslung, das hält Kinder beim Wandern bei Laune: vielleicht ein Rätsel, ein Lied, eine Geschichte von früher, eine erfundene Fantasiegeschichte, eine sportliche Übung, ein Schluck Tee aus der Trinkflasche oder ein Lutscher, den Sie aus Ihrer Wanderhose hervorzaubern.

Hellseher

Welche Pflanzen werden wir wohl sehen? Zehn verschiedene auf jeden Fall – und hoffentlich die aus der selbst zusammengestellten Liste!

> ab 7 Jahren • 1 Kind oder mehr
> 30 bis 60 Minuten • beruhigend
> draußen • Spielleiter

MATERIAL: Papier und Stift für jedes Kind

Gut vorbereitet
Bevor die Wanderung beginnt, deutet der Spielleiter an, wohin die Wanderung geht. Dann bittet er alle Kinder, zehn Pflanzen aufzuschreiben, die sie vermutlich auf der Wanderung sehen werden. Jedes Kind liest seine Liste laut vor.

So geht's
Wenn die Kinder unterwegs eine Pflanze aus ihrer Liste gefunden haben, setzen sie ein Häkchen vor den Pflanzennamen. Das geschieht aber nicht still und leise, sondern wird laut und deutlich mitgeteilt. Haben zwei dieselbe Pflanze notiert, darf nur derjenige die Pflanze auf seiner Liste abhaken, der sie zuerst gesehen hat. Der andere muss die Suche fortsetzen, bis er eine weitere entdeckt hat.
Wer zuerst alle Pflanzen seiner Liste gefunden und abgehakt hat, ist Sieger.

Adlerauge

Ein Wettspiel für aufmerksame Wanderer. Wer zuerst sieht, was auf einer Liste aufgeführt ist, bekommt einen Punkt.

> ab 7 Jahren • 1 Kind oder mehr
> 30 bis 60 Minuten • anregend
> draußen • Spielleiter

MATERIAL: Papier, Stift, etwa 80 cm langes Lederband, lange Feder (in Bastelgeschäften)

Gut vorbereitet
Der Spielleiter stellt eine Liste mit zwölf Stichworten zusammen – alles Dinge oder Lebewesen, die den Kindern bei der Wanderung auffallen könnten. Alle Wanderer bekommen einen Stift und eine Kopie dieser Liste. Darauf könnten beispielsweise stehen:
- Hochstand
- Baumstumpf
- Bach
- Eiche
- Tannenzapfen
- Maiglöckchen
- Brücke
- Wegzeichen
- Aussichtsturm
- Holzhütte
- Bank
- Eichhörnchen

Geländespiele

So geht's

Zu Beginn der Wanderung erklären Sie das Spiel und geben den Kindern Zeit, die zwölf Punkte durchzulesen. Wer von den Wanderern zuerst etwas sieht, was auf der Liste steht, kündigt es laut an und malt einen dicken Punkt neben das Stichwort. Alle anderen streichen dieses Stichwort aus ihrer Liste.
Sieger ist, wer die meisten Punkte hat. Er bekommt den Beinamen »Adlerauge« und darf sich aus dem Lederband und der Feder eine Kette knüpfen.

Ich sehe einen Baum

Dies ist ein Pausenspiel zum Sitzen, Ausruhen, Schauen und Raten.

 ab 6 Jahren • mindestens 2 Kinder
3 Minuten • beruhigend • draußen

MATERIAL: belaubte dünne Äste für die Blätterkrone

So geht's

Wer mitmachen will, setzt sich in den Kreis. Ein Spieler schaut sich nach einem Baum um, der ihm gefällt. Er beschreibt genau, wie sein Baum aussieht: die Größe, den Stamm, die Äste, Zweige und Blätter, was rundum auf dem Boden wächst und so weiter. Die Mitspieler sollen herausbekommen, um welchen Baum es sich handelt. Wer ihn zuerst erraten hat, bekommt einen Siegerpunkt. Das Spiel ist zu Ende, wenn alle einen Baum beschrieben haben. Wer die meisten Siegerpunkte hat, hat gewonnen. Er wird mit einem Blätterkranz geschmückt.

 Räuber gesucht!
»Räuber und Gendarm« ist der Klassiker der Geländespiele. Früher war oft die ganze Jungenbande eines Dorfes oder Stadtviertels an diesem Spiel beteiligt. Zu dieser Zeit hießen Polizisten noch »Gendarmen« – und der Ausdruck hat sich im Titel des Spiels erhalten. Das Spiel wurde früher viel kämpferischer gespielt als heute: Deshalb durften Mädchen auch nicht mitspielen.

Räuber und Gendarm

Die Räuber haben nichts anderes im Sinn, als den Gendarmen zu entkommen. Doch am Schluss werden alle Räuber gefangen.

 ab 7 Jahren • mindestens 8 Kinder
20 bis 60 Minuten • anregend • draußen

MATERIAL: etwa 50 cm lange Bänder oder dicke Wolle, 1 Uhr

Gut vorbereitet

Die Spieler vereinbaren die Grenzen des Spielgeländes, diese können 300 bis 1000 Meter entfernt sein. Die Grenzen zu übertreten ist streng verboten. Auch der Sammelplatz für die gefangenen »Räuber« ist festgelegt und wird sichtbar für alle markiert.
Dann teilen sich die Spieler in »Räuber« und »Gendarmen« auf. Die Räuberbande bekommt die Bänder. Jeder Räuber bindet ein Band um seinen Arm.

So geht's

Die Räuberbande zieht zuerst los. Sie bekommt 5 oder 10 Minuten Vorsprung. Dann rennen die Gendarmen hinterher. Sie wollen die Räuber festnehmen, das heißt, sie klopfen ihnen mit der flachen Hand dreimal auf den Rücken und nehmen ihnen die Bänder ab. Ein gefangener Räuber muss allein zum Sammelplatz zurückkehren und dort auf die anderen warten.
Das Spiel ist zu Ende, wenn alle Räuber gefangen sind. Wollen die Spieler noch eine Runde spielen, wechseln die Räuber und Gendarmen ihre Rollen.

Spielvariante

Ein Gendarm bewacht die gefangenen Räuber und hütet ihre Bänder. Denn in dieser Spielvariante können die frei herumlaufenden Räuber ihre gefangenen Kumpanen befreien, indem sie ihnen dreimal auf den Rücken klopfen. Vorausgesetzt, der Gendarm ist nicht schneller und fängt den Befreier vorher! Ein befreiter Räuber bekommt sein Band zurück und macht, dass er davonkommt.

ERLEBNISWELT NATUR

Rallye

Wie Detektive erspähen die Kinder die Zeichen, die den Weg zum Schatz verraten.

i ab 6 Jahren • mindestens 4 Kinder
20 bis 40 Minuten • anregend
draußen • Spielleiter

MATERIAL: Papier, Stifte, Kreide, Schatz, Verpackungsmaterial und Schnur

Gut vorbereitet

Der Spielleiter verpackt den Schatz am besten in ein unauffälliges Packpapier. Schätze können Süßigkeiten, kleine Spielsachen oder nützliche Dinge wie ein supertoller Bleistift und eine witzige Radiergummifigur sein.

Der Spielleiter sucht eine interessante Wegstrecke für die Rallye aus. Die reine Wegstrecke kann 30 Minuten lang sein.

Etwa 1 Stunde vor Spielbeginn macht sich der Spielleiter auf den Weg. Die Strecke markiert er mit Kreidepfeilen auf dem Boden, an Mauern, Häuserwänden oder Bäumen. Wenn neben dem Pfeil ein Kreis gemalt ist, bedeutet das, dass die Kinder an dieser Stelle nach einem Zettel suchen müssen. Auf diesen Zetteln stehen Aufgaben.

Ideen für die Aufgaben:

➤ Der Zettel ist an eine Tüte geklemmt, die an einem Busch hängt. Die Aufgabe heißt: »Wenn ihr euch umschaut, seht ihr viele Bäume und Büsche. Sammelt mindestens zehn verschiedene Blätter und nehmt sie in der Tüte mit.«

➤ Der Zettel baumelt an einer Schnur an einem Zaun. Die Aufgabe heißt: »Klingelt am Gartentor und fragt, wer Paulina ist.« (Dass die Hausbewohner Bescheid wissen, wird nicht verraten. Hier bekommen die Kinder auch etwas zu trinken.)

> **INFO** Rallye
>
> Das Rallye-Spiel ist auch als Schnitzeljagd bekannt. Doch in der Natur sollte man keine Papierschnitzel verstreuen. Stattdessen kann man den Weg mit Kreidezeichen markieren oder mit Wollfäden, die der Spielleiter an vielen Stellen anknüpft und die die Kinder wieder mitnehmen.

➤ Der Zettel steckt zusammengefaltet in einem Busch. Die Aufgabe heißt: »Alle singen gemeinsam ein Kinderlied und stehen dabei auf einem Bein. Schreibt die erste Strophe des Kinderliedes auf!«

➤ Der Zettel flattert an einem Straßenschild. Die Aufgabe heißt: »Faltet aus diesem Zettel einen Papierflieger.«

➤ Auf dem letzten Zettel steht, wo der Schatz zu finden ist.

So geht's

Die Kinder machen sich zusammen auf den Weg. Wer ein Zeichen oder einen Zettel entdeckt, zeigt es/ihn den anderen. Die Aufgaben lösen die Kinder gemeinsam.

Zum Schluss suchen alle Kinder nach dem Schatz, der besonders gut versteckt ist. Egal, wer den Schatz findet, der Inhalt wird an alle verteilt. Dann ist das Spiel zu Ende und der Spielleiter, der sich in der Nähe des Schatzes versteckt hält, kommt zum Vorschein. Gemeinsam machen sich alle auf den Rückweg.

Wiesenspiele im Frühling

Spiele für jede Jahreszeit

Durch die Jahreszeiten verwandelt die Natur sich immer wieder in einen anderen Spielraum: Im Frühling lockt der bunte Wiesenblumenteppich, im Sommer natürlich Wasser und Strand, im Herbst die witzig-spritzigen Pfützenspiele und im Winter schließlich der glitzernde Schnee.

Frühlingsschätze

Spielend die Artenvielfalt einer Frühlingswiese zu entdecken, dazu leiten die folgenden drei Wiesenspiele an. Augen auf und los!

> ab 5 Jahren • mindestens 2 Kinder
> 3 bis 10 Minuten • beruhigend
> draußen • Spielleiter

Gut vorbereitet

Überlegen Sie vorher, welche Wiese sich für die folgenden drei Spiele eignet. Dort sollten die gängigen Wiesenblumen und -gräser vertreten sein. Nehmen Sie zum Nachschlagen am besten ein Buch mit (zum Beispiel den GU-Naturführer »Blumen – einfach und sicher bestimmen«), damit die Kinder nichts Giftiges einsammeln.

So geht's

Alle Mitspieler sammeln sich in einem Kreis. Ein Kind zieht los und pflückt eine Blume die ihm gefällt, zum Beispiel ein Wiesenschaumkraut oder ein Löwenzahn. Diese Pflanze legt es in die Kreismitte. Dann wandert das nächste Kind los und bringt beispielsweise einen besonders großen Grashalm. Auch diesen legt es in die Mitte. Das dritte Kind sucht nach einem neuen Wiesenschatz. So geht es weiter, bis alle Kinder an der Reihe waren. Spielen nur zwei Kinder mit, wandern sie mehrmals los und suchen jeweils nach neuen Wiesenschätzen.

Variante: Das Doppel suchen

Die Kinder sitzen noch im Kreis. In der Mitte liegen die Pflanzen vom vorigen Spiel.
Die Kinder schauen alle Pflanzen in der Mitte des Kreises genau an. Jedes wählt eine aus – jedoch nicht die zuvor gesammelte – und sucht eine zweite dazu.

Variante: Pflanzen vertauschen

Mindestens zehn Blumen und Gräser sind nun auf dem Boden ausgebreitet.
Der Spielleiter sagt die Namen der Pflanzen. Ein Kind dreht sich um, ein anderes Kind tauscht zwei Pflanzen aus. Dann wendet sich das erste Kind den

ERLEBNISWELT NATUR

Pflanzen wieder zu und sagt, welche vertauscht wurden. Dabei nennt es die Blumen und Gräser möglichst beim richtigen Namen.
Zum Abschluss legen die Kinder alle Blumen und Gräser zu einem schönen Ornament zusammen.

Eierlaufen

Der Spiele-Hit zu Ostern oder beim Kindergeburtstag! Bekannt und beliebt bei Groß und Klein.

> ab 4 Jahren • mindestens 2 Kinder
> 2 Minuten • anregend
> draußen • Spielleiter

MATERIAL: mindestens 2 bunte Ostereier, 2 oder 4 Kochlöffel

Gut vorbereitet
Die Kinder schauen sich nach einer mindestens 10 Meter langen Laufstrecke um und markieren mit ihren Jacken oder Taschen die Start- und Ziellinie.

So geht's
Wenn zwei Kinder mitspielen, stellen sie sich hinter der Startlinie auf. Sie bekommen die Kochlöffel und legen das Ei darauf. Der Spielleiter gibt das Startzeichen. Die beiden Kinder gehen los, den Löffel mit dem Ei vor sich hertragend, umrunden den Zielpunkt und kehren so schnell wie möglich wieder zurück. Sieger ist, wer zuerst an der Startlinie ankommt. Er darf sein Ei behalten und auch gleich aufessen.

> **INFO** **Geschützte Wiesen**
>
> Bis Anfang Mai darf man über die Wiesen gehen. Danach nicht mehr. Das ist schade, doch der Grund leuchtet auch den Kindern ein: Die Pflanzen werden nur geschützt, wenn keiner sie zertrampelt und zerstört. Außerdem kann der Bauer die Wiese nicht schneiden, wenn sie niedergetreten ist.

Spielen mehr als zwei Personen mit, teilen sie sich in zwei Gruppen, die gegeneinander spielen.
Weitere Ideen zu Staffel-Läufen finden Sie in Kapitel 2, ab Seite 52.

Spielvarianten
Sie können eine Löffelstaffel auch mit Murmeln, Tennisbällen, Kieselsteinen, Wattebällchen, Bonbons oder Smarties spielen. Wenn die Kinder vielleicht nicht beide Wege schaffen können, lassen Sie sie bis zum Ziel mit Löffel in der Hand rennen, dort erst ihre Ladung aus einer Schüssel aufnehmen und dann vorsichtig auf dem Löffel zurückbringen.

Grashalm streicheln

So zart fühlen sich die Wiesenblumen und Gräser an. Das genießen die Kinder bei diesem Spiel.

> ab 5 Jahren • mindestens 2 Kinder
> 2 bis 3 Minuten • beruhigend • draußen

MATERIAL: Blüten, Gräser, Blumen

Gut vorbereitet
Klären Sie zuvor, ob ein Kind auf Wiesenblumen allergisch reagiert. Jeweils zwei Kinder spielen zusammen. Sie schauen sich um, mit welchen Gräsern, Blumen oder Blütenblättern sie sich streicheln wollen, und erstellen eine kleine Sammlung.

So geht's
Die Kinder sprechen miteinander ab, wer sich zuerst ins Gras legt. Das andere Kind setzt sich daneben. Es wählt aus den gesammelten »Streichel-Schätzen« etwas aus, zum Beispiel einen Grashalm. Damit fährt es dem anderen Kind sanft über Gesicht und Hals, über Arme und Hände. Das liegende Kind sagt auch, wo ihm das Streicheln gefällt und wo nicht, weil es ihm vielleicht zu kitzelig ist. Diese Wünsche werden beachtet.
Das Streichelspiel ist zu Ende, wenn eines der beiden Kinder in die Hände klatscht. Dann werden die Rollen getauscht.

Wasserspiele im Sommer

Wiesenmusik

Wenn die Kinder leise sind, hören sie das Summen, Brummen, Zwitschern und zarte Rauschen. Aber wer sind die Musikanten?

 ab 4 Jahren • mindestens 2 Kinder
3 Minuten • beruhigend • draußen

So geht's
Alle, die mitspielen, legen sich nebeneinander ins Gras. Jeder schließt die Augen und lauscht. Wer etwas hört, beschreibt es den anderen. Dann sind alle still, um das genannte Geräusch hören zu können. Erst nach einem Weilchen sagt ein anderes Kind, was es noch hört. Und wieder sind alle Kinder still, um zu lauschen.
Das Spiel ist nach etwa 3 Minuten zu Ende. Denn so aufmerksam auf etwas zu hören, das ist für kleine Kinder anstrengend. Vielleicht wollen die Kinder nun auch sehen, was sie zuvor gehört haben.

Teller-Dusche

Ein bisschen Wasser geht immer daneben. Aber gerade das ist ja der Reiz dieses Spiels.

 ab 6 Jahren • mindestens 4 Kinder
3 Minuten • anregend • draußen

MATERIAL: Suppenteller, Wasser, Plantschbecken

Gut vorbereitet
Der Startpunkt ist am Schwimm- oder Plantschbecken. Die Spieler markieren mit Handtüchern den Zielpunkt, der mindestens 5 Meter entfernt liegt.

So geht's
Die Spieler stellen sich hintereinander in einer Reihe auf. Der Erste füllt den Suppenteller mit Wasser. Vorsichtig gibt er den Teller über den Kopf nach hinten weiter und rennt schnell an das hintere Ende der Reihe. So geben die Spieler den Teller weiter – dabei schwappt fast immer Wasser über den Tellerrand.
Wie viel Wasser ist am Zielpunkt noch im Teller? Wird das Wasser unterwegs ganz verschüttet, beginnt das Spiel von vorn.
Wenn viele Kinder mitspielen, können sie in zwei Gruppen um die Wette spielen.

Entenflug

Kein guter Tag für die gelbe Schwimmente: Sie muss sich bei diesen drei Spielen allerhand gefallen lassen.

 ab 4 Jahren • mindestens 2 Kinder
10 bis 15 Minuten • anregend
draußen • Spielleiter

MATERIAL: fertig hergerichtetes Plantschbecken, Schwimmente oder ein anderes Schwimmtier, aufgeblasener Schwimmring, Spritzflasche oder Wasserpistole, Plastikeimer

So geht's
Ein Kind nimmt die Schwimmente, geht etwa zehn Schritte vom Plantschbecken weg und wirft die Ente ins Wasser. Jedes Kind wirft so oft, bis ihm der Entenflug ins Wasser gelingt.

Variante: Entenfang

Die Ente schwimmt im Wasser. Das Kind nimmt den Schwimmring, geht fünf Schritte zurück und wirft den Schwimmring in hohem Bogen über die Ente. Jedes Kind wirft so oft, bis der Entenfang geglückt ist.

Variante: Entendusche

Ein Kind stellt einen Wassereimer umgedreht ins Wasser, so dass der Boden aus dem Wasser herausragt. Ein anderes Kind setzt darauf die Ente. Alle, die mitspielen, besorgen sich volle Spritzflaschen oder -pistolen und gehen fünf Schritte zurück. Aus dieser Entfernung spritzen sie der Reihe nach so lange auf die Ente, bis sie ins Wasser fällt.

Erwischt

Spritzen erwünscht! Wer nicht schnell genug spritzt, wird gefangen. Dieses Spiel macht nur älteren Kindern Spaß! Kleine Kinder finden es gar nicht lustig, wenn sie nass gespritzt werden.

**ab 7 Jahren • mindestens 4 Kinder
5 bis 10 Minuten • anregend
draußen • Spielleiter**

MATERIAL: Badesachen, Wassereimer, Wasser, 2 Plastik- oder Pappbecher, Handtuch, als Preis eventuell ein Eis

Gut vorbereitet

Wer mitmachen will, zieht sich Badesachen an. Die Spieler füllen einen Wassereimer mit Wasser, stellen ihn auf den Boden und legen die Becher daneben. Dann messen die Spieler vom Eimer aus zwei gleich lange und sich gegenüber liegende Rennstrecken ab. Am Ende jeder Strecke markieren sie die

 Tennisbälle
Alte Bälle bekommen die Kinder vom Tischtennisclub oder Tennisverein geschenkt. Die Bälle können eingedellt sein, sollten aber keine Risse haben, sonst gehen sie im Wasser unter. Käscher gibt es in der Tierhandlung oder der Tierabteilung eines Kaufhauses beziehungsweise im Aquarienfachhandel.

Startpunkte mit Kleidungsstücken. Die Spieler teilen sich in zwei Gruppen auf und stellen sich hinter die Startpunkte.

So geht's

Der Spielleiter gibt ein Startzeichen und die beiden Ersten der Gruppen rennen zum Eimer, tauchen einen Becher ins Wasser und spritzen sich gegenseitig an. Wer zuerst nass gespritzt wird, ist gefangen. Das heißt, er muss zur anderen Gruppe mitkommen und sich dort einreihen. Spritzen sich beide Spieler gleichzeitig nass, steht es »unentschieden«, und sie gehen in ihre Gruppen zurück.
Das Spiel ist zu Ende, wenn nur noch ein Spieler in einer Gruppe übrig ist. Dieser ist Sieger und bekommt vielleicht als Belohnung ein Extra-Eis.

Bälle fischen

Das Wasser im Plantschbecken ist voller »Fische«. Wer wird die meisten Bälle fangen?

 **ab 4 Jahren • mindestens 2 Kinder
5 Minuten • anregend • draußen**

MATERIAL: viele alte Tischtennis- oder Tennisbälle, pro Kind 1 Käscher oder Plastikbecher, eventuell Plastikteller oder Blumenuntersetzer zum Sammeln der Bälle

Gut vorbereitet

Die Kinder werfen alle Bälle in das Plantschbecken. Je mehr Bälle es sind, desto besser. Jedes Kind sucht sich einen Platz aus, an dem es seine Ball-Beute ablegen kann, und stellt seinen Teller dorthin. Diese Plätze sollten alle gleich weit vom Plantschbecken entfernt sein, damit jeder die gleiche Rennstrecke hat.

So geht's

Jedes Kind stellt sich mit einem Käscher ausgestattet an seinen Platz. Mit einem gemeinsamen »Achtung, fertig, los!« rennen alle zum Plantschbecken und angeln einen Ball. Mit diesem rennen sie zurück an ihren Platz und legen dort den Ball ab. So geht es hin und her, bis alle Bälle »geangelt« sind. Sieger ist, wer die meisten Bälle eingesammelt hat.

Regenwetterspiele im Herbst

Regentropfen-Malerei

Regentropfen können malen? Ja, und es ist ganz einfach, wenn man nur weiß, wie!

> ab 4 Jahren • mindestens 2 Kinder
> 10 Minuten • anregend
> draußen • Spielleiter

MATERIAL: Wasserfarben, Pinsel, Papier, Regenmantel, Gummistiefel

Gut vorbereitet
Die Kinder malen mit Wasserfarben auf das Papier bunte Striche und dicke Punkte und lassen das Bild trocknen.
Danach gehen sie damit hinaus ins Regenwetter.

So geht's
Die Kinder halten ihre Wasserfarbenbilder dem Regen entgegen. Die Regentropfen lösen die Farben wieder auf, verwischen sie und ziehen neue Farbspuren auf dem Papier. Sobald das Kind mit seinem Regenbild zufrieden ist, geht es wieder in die Wohnung zurück und lässt sein Bild trocknen.
Wer will, kann sein Regenbild auf farbiges Tonpapier aufkleben und so der Regentropfen-Malerei einen besonderen Rahmen geben. Dann kann man es auch aufhängen als schönen Zimmerschmuck.

Schiffchen in der Pfütze

Eine Pfütze ist der See, die Kapitäne würfeln, wer sein Schiff zuerst zu Wasser lassen darf.

> ab 5 Jahren • mindestens 2 Kinder
> 5 Minuten • beruhigend
> draußen • Spielleiter

MATERIAL: 1 Farbwürfel, pro Kind 6 Blatt Papier, je 1 Blatt in den Farben des Farbwürfels

Gut vorbereitet
Jedes Kind faltet sechs Schiffchen in den sechs Farben des Farbwürfels. Für ein Segelschiffchen braucht man ein rechteckiges Papier; deshalb muss man vom quadratischen Origamipapier einen Streifen abschneiden, ehe man zu falten beginnt.

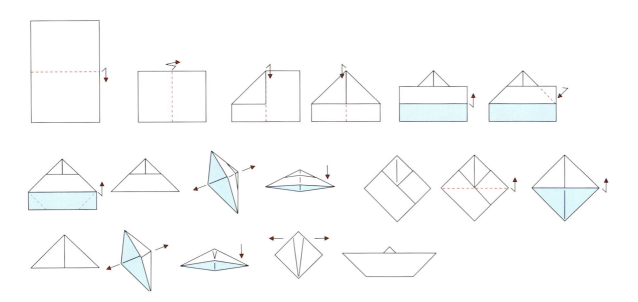

ERLEBNISWELT NATUR

So geht's

Ist der Regen vorüber, ziehen die Kinder ihre Regensachen an, nehmen ihre Schiffchen und den Farbwürfel und gehen hinaus. Draußen suchen sie als »See« eine besonders große Pfütze auf dem Gehweg, im Hof, im Garten oder im Park aus und stellen sich rund um sie herum.

Ein Kind beginnt und würfelt mit dem Farbwürfel auf dem Boden. Hat es beispielsweise die Farbe Rot gewürfelt, setzt es sein rotes Schiffchen in den See, also in die Pfütze. So lässt jedes Kind entsprechend den gewürfelten Farben seine farbigen Schiffchen zu Wasser. Das Spiel geht so lange, bis alle Schiffchen schwimmen. Wer seine sechs Schiffchen zuerst zu Wasser gelassen hat, ist Sieger.

Schneebilder spritzen

Hier wird der Schnee zur Staffelei. Aber mit dem nächsten Schneefall oder Tauwetter ist das Bild schon wieder verschwunden.

> ab 4 Jahren • 1 Kind oder mehr
> 3 Minuten • anregend • draußen
> Spielaufsicht (für kleinere Kinder)

MATERIAL: Wasserfarben, Pinsel, Wassergläser, Trichter, Sprühflaschen, z.B. leere, gut gespülte Putzmittelflaschen

Gut vorbereitet

Für dieses Spiel reichen 5 Zentimeter Schneedecke aus. Die Kinder füllen zuerst Wasser in die Gläser, dann rühren sie in jedes Glas mit dem Pinsel eine andere Farbe ein. Mithilfe des Trichters füllen sie das gefärbte Wasser in verschiedene Sprühflaschen um.

So geht's

Draußen im Garten oder Park suchen die Kinder nach einer geeigneten Stelle für ihr Schneebild. Schöner ist es, wenn der Schnee noch ganz unberührt ist. Dort patschen sie mit den Händen den Schnee fest und glatt. Dann spritzen und sprühen sie die verschiedenen Farben auf den Schnee.

Nach den ersten Malversuchen entstehen schon bald schöne Bilder oder auch verschiedene Muster.

Schneespiele im Winter

Schnee-Hindernisrennen

Schnee ist ein prima Baumaterial für Hindernisse im Wettrennen. Aber mindestens 10 Zentimeter hoch muss er schon liegen.

 ab 4 Jahren • mindestens 6 Kinder
3 bis 10 Minuten • anregend
draußen • Spielleiter

MATERIAL: Stoppuhr, Stecken oder Schneebesen

Gut vorbereitet
Eine mindestens 10 Meter lange Laufstrecke wird am Start- und Zielpunkt mit Stöcken oder Schneebesen abgesteckt.
Dann bauen die Kinder ein paar Hindernisse aus Schnee, beispielsweise
➤ einen Schneebogen zum Durchkrabbeln,
➤ ein Schneeloch zum Hinein- und Hinaushüpfen,
➤ eine Schneemauer zum Darüberklettern,
➤ mehrere Schneehaufen zum Darüberspringen.

So geht's
Die Kinder stellen sich am Startpunkt auf. Sie rennen einzeln und nacheinander. Machen kleine Kinder mit, braucht es kein Wettrennen auf Zeit zu werden. Die Schneekrabbelei macht ihnen auch so Spaß. Bei älteren Kindern stoppt der Spielleiter die Zeit, und der Schnellste hat gewonnen.

Schnee-Engel

Im Schnee sind Spuren von kleinen Engeln zu sehen! Wer mag wohl hinter diesem Geheimnis stecken?

 ab 4 Jahren • 1 Kind oder mehr
2 Minuten • anregend • draußen

So geht's
Das Kind lässt sich rückwärts in den weichen, tiefen Schnee fallen. Dann bewegt es, auf dem Rücken liegend, Hände und Füße im Schnee hin und her und zieht auf diese Weise eine breite, flächige Spur im

Schnee. Wenn es wieder aufsteht und seinen Abdruck anschaut, wird es staunen. Es ist ein Engel mit Flügeln und einem langen, weiten Kleid geworden.

Schneeballschlacht

Eine Schneeballschlacht braucht keine Regeln. Oder doch?

 ab 5 Jahren • mindestens 4 Kinder
3 bis 10 Minuten • anregend • draußen

So geht's
Die Kinder teilen sich in zwei Gruppen auf. Diese stellen sich in ausreichendem Abstand gegenüber auf. Ein paar Probewürfe werden zeigen, ob der Abstand zu groß oder zu klein ist. Dann beginnt die eigentliche Schneeballschlacht. Wer von einem Schneeball getroffen wird, muss zur anderen Gruppe überwechseln. Fängt einer den Schneeball des Gegners mit den Händen auf oder weicht er aus, ist er gerettet und braucht nicht in die andere Gruppe zu wechseln.
Das Spiel ist zu Ende, wenn in einer Gruppe nur noch ein Spieler übrig ist. Und dieser hat dann die Schneeballschlacht gewonnen.

ERLEBNISWELT NATUR

Das große Waldfest im Reich der Zwerge

Ein Ausflug in den Wald mit Schatzsuche und Lagerfeuer ist ein unvergessliches Erlebnis für Kinder jeden Alters. Noch lange nachdem sie in die »Zivilisation« zurückgekehrt sind, werden die Kinder mit leuchtenden Augen von dem schönen Waldfest erzählen.

Planung des Waldfestes

Am besten planen Sie das große Waldfest von Anfang an mit mehreren Helfern. Der Aufwand lohnt sich eigentlich nur für eine größere Kinderschar von etwa sechs bis 15 Kindern. Man kann das Waldfest straff organisieren und – wie vorgeschlagen – vier bis fünf Stunden dafür veranschlagen. Es eignet sich jedoch auch als Tagesausflug. Sie können das Programm dann zum Beispiel um ein Picknick erweitern. Die Vorbereitungen gehen leicht von der Hand, wenn Sie mehrere Familien in die Vorbereitungen miteinbeziehen und jedes Elternpaar Verantwortung für Teilaufgaben übernimmt, etwa:

➤ einen geeigneten Platz und Weg im Wald suchen und die Aufgaben notieren
➤ Zwergenbriefe schreiben
➤ Zutaten und Utensilien für den Stockbrotteig mitbringen
➤ Gartenschere und Messer zum Schneiden und Schnitzen der Bratspieße mitbringen und das Schnitzen dann auch anleiten
➤ einen Feuerfachmann bestimmen oder einen Grillmeister, der die Grillausrüstung, vielleicht auch das Grillgut, mitbringt

Vorbereitung der Rallye

Ein paar Tage vor dem Waldfest suchen Sie sich einen geeigneten Ort aus. Als Standort zum Ver-

> **GEHEIMNISVOLLE EINLADUNG**
>
> Material: grünes Papier, Briefumschläge, Fichtennadel-Duftöl, ein paar Naturschätze aus dem Wald, zum Beispiel Tannennadeln, ein bisschen Moos und dünne Rindenstückchen.
> Basteln: Die Einladung wird auf grünes Papier geschrieben, ein Tropfen Fichtennadelöl an den Rand des Papiers geträufelt und zusammen mit ein paar Naturschätzen aus dem Wald in den Umschlag gesteckt.

weilen und für das Lagerfeuer eignet sich am besten eine Waldwiese, die nicht allzu weit von einem Parkplatz entfernt ist. Ein Waldstück mit trockenem Unterholz für das Feuer und ein dichter Wald mit Pfaden sollten auch in der Nähe sein. Hier beginnt die Rallyestrecke. Sie können nun in aller Ruhe den Weg ausprobieren und auch Wanderpfade abseits des Hauptweges ausfindig machen. Überlegen Sie geeignete Aufgaben an Ort und Stelle und machen Sie sich Notizen in der richtigen Reihenfolge, damit später die Nummerierung der Zettel möglichst nicht mehr geändert werden muss. Schauen Sie auch, wo Sie die Zwergenbriefe aufhängen würden, um den Weg eindeutig zu markieren. Die reine Wegstrecke kann ein Fußweg von etwa 15 bis 30 Minuten sein.

Kurz bevor die Kinder am Waldfest selbst auf Zwergenbriefsuche gehen, bereitet ein Erwachsener die Rallyestrecke vor. Sind viele Kinder eingeladen, können auch zwei oder drei bei dieser Vorbereitung mitmachen. Die Vorbereitungsgruppe startet 60 Minuten vor den anderen. Sie prüft, ob die Aufgaben an die vorgesehenen Orte passen, rollt die Briefe auf und bindet sie mit einem Wollfaden an Stellen, die von Weitem gut zu sehen sind: beispielsweise an Zweige und Stämme, zwischen Wurzeln oder Steine, eingeklemmt in hohle Baumstämme oder zwischen dicke Rinde. Die nummerierten Zwergenbriefe werden schon zu Hause geschrieben. Folgende Aufgaben wären denkbar:

ERLEBNISWELT NATUR

➤ Wer kann einen Tannenzapfen am weitesten werfen? Probiert es aus und notiert den Namen des Kindes, das am weitesten geworfen hat.
➤ Welche Beeren wachsen im Wald? Schaut euch um, welche Sträucher ihr findet, und schreibt die Namen auf.
➤ Was ist ein Nadelbaum? Notiert einige Kennzeichen.
➤ Welche Tiere leben im Wald? Mehr als sieben Tiere kennt ihr bestimmt. Listet sie auf oder malt sie.
➤ In welchen Märchen passiert etwas im Wald? Schreibt die Überschriften von mindestens fünf Märchen auf.
➤ Unter der Bank liegt eine Tüte. Darin findet ihr für jeden Papier und Malkreide. Jeder macht ein Rubbelbild von einem Baumstamm. Dafür legt ihr ein Papier auf den Stamm und rubbelt mit der Kreide darüber, bis der Abdruck als Bild erscheint. Danach nehmt ihr alles mit.
➤ Kennt ihr ein Lied, in dem etwas vom Wald vorkommt? Singt den ersten Vers und schreibt ihn auf.
➤ Kein Mensch hat bislang einen Waldschrat gesehen. Überlegt, wie der wohl aussehen mag, und zeichnet ein Bild.
➤ An einem Ast hier in der Nähe hängt eine kleine Tasche mit Faden und dicker Nadel für jeden. Jeder sammelt Waldschätze: Blätter, Beeren, Zapfen, Bucheckern, Ahornnasen, Rindenstückchen und was ihr sonst noch findet. Daraus fädelt oder knotet ihr euch eine Halskette.

ZÜNFTIGES LAGERFEUER

Ein erdiges oder steiniges Stück Boden unter freiem Himmel ist für eine Feuerstelle am besten geeignet. Achten Sie darauf, dass sich keine dürren Äste oder trockenes Gras in der Nähe befinden.
Als Feuerholz eignen sich am besten trockene Zweige von Holunderbüschen, Kiefern und Fichten, Linden, Birken und Weiden. Legen Sie als Erstes ein locker geknäueltes Stück Papier in die Mitte der etwa 1 Quadratmeter großen Feuerstelle. Als Nächstes bauen Sie kleine, dünne Zweige rund um das Papierknäuel so auf, dass es wie ein Zelt aussieht. Daran lehnen Sie etwas größere Zweige an; nach und nach kommen immer dickere und größere Zweige dazu. Zum Anzünden rollen Sie ein Stück Papier zusammen, zünden es ähnlich wie ein Streichholz an einer Seite an und schieben es zwischen die locker aufgestellten Zweige bis zum Papierknäuel in der Mitte. Wenn das Feuer anfangs nur zaghaft flackert, blasen Sie in den Holzstoß, so dass es mehr Luft bekommt.
Zum Grillen warten Sie ab, bis nur noch die Glut auf dem Boden glimmt. Sie ist zum Braten bestens geeignet.

Geht erst weiter, wenn alle eine Halskette tragen und nehmt wieder alles in der Tüte mit.
Tipp: Nicht alle roten Papierrollen haben einen Aufgabentext, manche weisen auch nur den Weg. Nehmen Sie ein paar Extrablätter mit, damit Sie zusätzliche Wegweiser aufhängen können.

Zur Einstimmung
Zu Beginn der Rallye berichtet ein Erwachsener den Kindern davon, dass sich tief im Wald ein Zwerg versteckt hält und einen wertvollen Schatz bewacht. Den Weg dorthin auf verschlungenen Pfaden durch den dichten Wald müssen die Kinder allerdings ganz allein herausfinden. Aber wenn sie den roten Zwergenbriefen folgen und alles tun, was der Zwerg dort aufgeschrieben hat, dann zeigt er sich vielleicht und weist das letzte Wegstück – na, wohin wohl?
»Zum Schatz!« rufen die Kinder strahlend. Sogleich beginnt das große Suchen. Und jeder Zwergenbrief wird eifrig gelesen und abgearbeitet. Oberstes Gesetz ist, dass alle Kinder zusammenbleiben und die Aufgaben und Rätsel in den Zwergenbriefen gemeinsam lösen. Hierzu bekommt ein Kind einen Bleistift mit.
Wenn die Kinder am Ende den Puppenzwerg samt Schatz finden, ist die Freude riesengroß. Kleinere Kinder wollen sich mit-

teilen, kommen vielleicht mit dem Zwerg oder auch bereits mit dem Schatz angerannt und erzählen aufgeregt.
Haben Sie tatsächlich eine verschließbare Schatzkiste – etwa einen kleinen Koffer oder einen Kasten oder Korb mit Vorrichtung für ein Vorhängeschloss –, dann bewahren Sie den Schlüssel auf, damit die Kinder Schatztruhe und Zwerg zu Ihnen schleppen. Vielleicht lassen Sie jetzt den Zwerg wie eine Handpuppe sprechen? Sie können die Spannung noch steigern, indem Sie sich zunächst von der Rallye erzählen lassen und nachfragen, wie die Kinder die Aufgaben gelöst haben, die Zettel in Empfang nehmen und zusammenheften oder an einem Busch aufhängen. Am Ende des Berichtes wird die Spannung übergroß sein. Je nach Situation heben Sie mit den Kindern gemeinsam den Schatz. Feiern Sie mit größeren Kindern und/oder mit weniger Zeit, verpacken Sie den Schatz so, dass die Kinder sich selbst bedienen können, vielleicht mit einem letzten, ganz besonderen Zwergenbrief. Sind ältere Kinder dabei, die sich nicht mehr für Zwergengeschichten interessieren, werden sie umso eifriger beim Feuermachen, Schneiden der Bratspieße oder Herstellen des Stockbrotteiges helfen.

Stockbrot
Zutaten für 10 Stockbrote:
500 g Mehl,
1 Päckchen Backpulver,
1/4 Teelöffel Salz,
1/2 Tasse Wasser
Zum Bestreichen:
Öl und Pinsel

Zubereitung: Die Kinder füllen alle Zutaten in die Schüssel, verrühren und verkneten sie.
Backen: Jedes Kind zupft eine Hand voll Teig ab, zieht ihn zu einer etwa 1 Zentimeter dicken Schlange auseinander und wickelt diese spiralförmig um die Spitze eines Bratspießes. Die Teigspirale wird mit etwas Öl eingepinselt, ehe das Stockbrot über die Glut des Feuers gehalten wird. Es muss immer wieder gedreht werden, damit es rundum gleichmäßig gart. Nach 10 bis 15 Minuten ist das Stockbrot fertig. Aber Achtung, zuerst abkühlen lassen!

Der Zwerg
Der Zwerg ist eine verkleidete Puppe mit roter Mütze oder auch eine Kasperlpuppe. Der Spielleiter versteckt den kleinen Zwerg in der Nähe des Schatzes, stellt ihn hinter einen Baumstamm, setzt ihn auf einen Tannenzweig oder steckt ihn unter ein Stück Moos. Nur die rote Mütze sollte zu sehen sein und ein wenig das Puppengesicht.

Der Schatz
Spannend ist es, wenn die Schatzkiste dick verschnürt und mit einem Koffer- oder Vorhängeschloss versehen ist. Wenn Sie keine Schatzkiste haben, können Sie einfach eine alte Handtasche, ein rotes Tuch oder einen ausgedienten Kosmetikkoffer nehmen.

Essen am Lagerfeuer
Wenn alle von der Schatzsuche zurückgekehrt sind, gibt es zuerst einen Drink und eine kleine Stärkung – vielleicht war ja etwas Entsprechendes im Zwergenschatz?
Je nachdem, wie viel Zeit und auch wie viele größere und große Helfer Sie haben, können Sie nun die Feuerstelle mit den Kindern zusammen aufbauen, den Brotteig zubereiten, die Stöcke für die Spieße suchen. Es gibt Bratwurst, Marshmallows am Spieß und am Feuer gebackenes Stockbrot.

Bratspieße
Als Bratspieße eignen sich vor allem junge, gerade Triebe von Büschen und Bäumen. Nachdem der Stock geschnitten ist, werden die dünnen Seitenästchen abgetrennt. Als Nächstes zeigen Sie das Anspitzen des Stockes (immer vom Körper weg arbeiten!), und schließlich können die Kinder noch Muster in die Rinde schnitzen, damit sie ihre Stöcke unterscheiden können.

4 Die schönsten Spiele für Zuhause

Wer sagt, im Haus sei es ganz langweilig, der hat noch nicht diese Spiele ausprobiert! Die Würfel kullern über den Tisch, die Tischtennisbälle fliegen in Eierkartons, die Spielsteine treiben einen »Wolf« in die Enge und die Regenmacher trommeln mit den Fäusten, was das Zeug hält – da kommen alle »Stubenhocker« in Schwung! Mögen es manche Kinder ruhiger, dann braucht es nur Papier und Bleistift, und die Zeit vergeht wie im Flug bei spannenden Schreib- und Malspielen. So manches Spiel ist unbemerkt auch ein Lernspiel. Da gibt es viel zu zählen, aus dem Schreiben wird Rätseln und beim Malen steht dann alles auf dem Kopf.

DIE SCHÖNSTEN SPIELE FÜR ZUHAUSE

Jetzt bist du
an der Reihe!

Bei diesen Spielen wird der Küchen- oder Wohnzimmertisch zur großen Spielfläche und los geht's mit den Karten-, Würfel- und Brettspielen. Die Kleinsten werden beim Angelspiel die größten Fische fangen wollen. Und hoch her geht es bei Klassikern wie Mau-Mau und Schwarzer Peter.

Dame

Ein klassisches Brettspiel, das auch schon jüngere Kinder verstehen.

> ab 7 Jahren • 2 Kinder
> 15 Minuten • beruhigend • drinnen

MATERIAL: 1 Spielbrett mit 8 mal 8 weißen und farbigen Feldern, je 12 weiße und farbige Steine

Gut vorbereitet

Die beiden Kinder verteilen die zwölf Steine auf den farbigen Feldern der jeweils ersten drei Reihen vom Spielfeldrand aus. Ein Spieler versteckt heimlich in einer Hand einen farbigen Stein und in der anderen einen weißen. Der andere Spieler tippt nun auf die geschlossene Hand, in der er den weißen Stein vermutet. Ihm gehört nun diese Farbe.

So geht's

Der Spieler mit den weißen Figuren beginnt. Er versetzt einen Stein um ein Feld nach vorn. Gezogen wird immer in schräger Richtung. Auf Felder, die schon von einem Stein besetzt sind, darf man nicht ziehen.
Trifft der Spieler beim schrägen Ziehen auf einen gegnerischen Stein, kann er diesen überspringen. Eigene Steine dürfen nicht übersprungen werden. Er darf immer weiter springen, auch im Zickzack, solange sich gegnerische Steine in seinem Weg befinden, hinter denen ein Feld frei ist. Wenn ein Spieler übersieht, dass er einen gegnerischen Stein hätte schlagen können, darf der andere Spieler diesen »faulen« Spielstein entfernen. Wenn ein Spieler die gegenüberliegende Seite des Brettes erreicht hat, darf er sich eine »Dame« bauen. Dazu nimmt er einen Stein seiner Farbe, der zuvor aus dem Spiel geschlagen wurde, und setzt ihn auf den ersten Stein. Die Dame kann sich ebenfalls schräg über das Brett bewegen, aber dabei vorwärts oder rückwärts beliebig viele Felder weit ziehen. Gegnerische Steine schlägt sie genauso wie die normalen Spielfiguren. Das Spiel ist zu Ende, wenn ein Spieler alle Steine des Gegners erbeutet hat oder ein Spieler seine Figuren

auf dem Brett nicht mehr bewegen kann. Sieger ist derjenige, der die meisten gegnerischen Steine eingeheimst hat.

Der Wolf und die Schafe

Dieses Spiel ist ein schöner Einstieg für Kinder in die Welt der Strategiespiele.

> **ab 7 Jahren • 2 Kinder**
> **10 Minuten • beruhigend • drinnen**

MATERIAL: 1 Dame-/Schachbrett, 1 schwarzer Spielstein, 4 weiße Spielsteine

Gut vorbereitet

Wie beim Dame-Spiel (siehe Seite 86) wird gelost, wer die weißen Steine (die »Schafe«) und den schwarzen Stein (den »Wolf«) bekommt. Der Schafe-Spieler stellt die weißen Steine auf die vier schwarzen Felder in der ersten Reihe des Spielfelds direkt vor sich. Der Wolf-Spieler darf sich ein schwarzes Feld in den ersten drei Reihen auf seiner Spielfeldseite aussuchen, auf dem er den schwarzen Stein platziert.

So geht's

Jeder Spieler macht einen Zug (Weiß beginnt) und bewegt einen Stein schräg über das Spielfeld. Die Schafe dürfen nur vorwärts ziehen, der Wolf vorwärts und rückwärts.
Ziel des Spiels ist es, dass die Schafe den Wolf so umzingeln, dass er nicht mehr bewegt werden kann. Dann hat der Schafe-Spieler gewonnen. Ziel des Wolf-Spielers ist es, die Herde der vier Schafe zu durchbrechen. Dann hat er gewonnen, da die Schafe nicht rückwärts gezogen werden können, um ihn wieder einzuholen. Am sichersten ist es für den Schafe-Spieler daher, die Schafe nur in einer Kette vorwärts zu bewegen, damit der Wolf sich nicht vorbeimogeln kann.
Der Schafe-Spieler kann bei jedem Zug neu entscheiden, welchen der Schafe-Steine er bei diesem Zug bewegen möchte.

Anders als beim Dame-Spiel können die Figuren nicht springen und auch nicht vom Spielfeld geschlagen werden. Ist ein Feld besetzt, muss das Schaf oder der Wolf in eine andere Richtung weiterziehen.

Mühle

Bei diesem Spielklassiker hat schnell verloren, wer in der Zwickmühle steckt.

> **ab 8 Jahren • 2 Kinder**
> **15 Minuten • beruhigend • drinnen**

MATERIAL: 1 Mühle-Spielbrett, 9 weiße und 9 farbige Steine

Gut vorbereitet

Wie beim Dame-Spiel (siehe Seite 86) wird ermittelt, wer die weißen und wer die farbigen Steine führt. Weiß beginnt das Spiel.

So geht's

Abwechselnd setzen beide Spieler ihre Steine auf beliebige Punkte auf dem Brett – es dürfen aber nur Punkte besetzt werden, an denen sich zwei Linien treffen. Ziel beim Setzen ist es, eine »Mühle« zu erhalten beziehungsweise den Gegner daran zu hindern, eine solche zu bauen. Eine Mühle besteht aus drei Steinen in einer waagerechten oder senkrechten Linie. Hat ein Spieler eine Mühle gebaut, darf er dem Gegner einen Stein wegnehmen – aber keinen Stein aus einer fertigen Mühle!
Sind alle Steine gesetzt, dürfen die Spieler mit ihren Steinen vorwärts oder seitwärts bis zum nächsten Knotenpunkt ziehen. Zieht ein Spieler einen Stein aus einer Mühle und schließt damit eine andere Mühle, nennt man das eine Zwickmühle. Denn er nimmt dem Gegner bei jedem Schließen einer Mühle einen Stein weg. Verfügt ein Spieler nur noch über drei Steine, darf er Knotenpunkte überspringen, also die Steine auf irgendeinen freien Platz auf dem Brett setzen. Hat ein Spieler weniger als drei Steine oder kann seine Figuren nicht mehr bewegen, ist das Spiel beendet. Sieger ist, wer die meisten gegnerischen Steine erbeutet hat.

DIE SCHÖNSTEN SPIELE FÜR ZUHAUSE

INFO — Spielfiguren basteln

Viel schöner, als mit gekauften Brettspielen zu spielen, ist es, diese selbst herzustellen. Auf Seite 91 können Sie sich Ideen für selbst gemachte Spielpläne holen. Hier finden Sie Vorschläge für Figuren.

Was das Haus bietet

Schnellen Ersatz, wenn einzelne Figuren zu einem Spiel fehlen, finden sich in jedem Haushalt und in der Natur: beispielsweise Muscheln, Kieselsteine, Haselnüsse, Walnusshälften, flache »Perlen« oder Knöpfe. Um weiße und schwarze Steine zu ersetzen, können Sie z. B. für eine Farbe Perlen verwenden, für die andere schöne Knöpfe.

Bastelspaß

Noch mehr Spaß macht es, mit den Kindern Spielfiguren selber zu basteln. Dazu ein paar Ideen:
Aus Korken: Malen Sie mit dem Filzstift Gesichter darauf und kleben Sie Wollhaare auf (alle Korken mit einer »Haar«farbe spielen zusammen).
Aus Holz: Zersägen Sie einen alten Besenstiel in 3 Zentimeter lange Stücke. Malen Sie ihn dann mit Filzstiften, Wasser- oder Plakafarben an. Am schönsten werden die Spielfiguren mit Plakafarben, da diese gut decken und ihre Farben schön leuchten.
Aus Papier: Malen Sie auf Papier oder Bastelkarton etwa 10 Zentimeter große Kreise auf und schneiden Sie sie aus. Teilen Sie diese in zwei Halbkreise. Dann formen Sie aus den Halbkreisen spitze Kegel und kleben sie zusammen. Um diese Spielfiguren abwechslungsreich zu gestalten, können Sie sie mit Wasserfarben oder Buntstiften vor dem Zusammenkleben bemalen oder mit buntem Papier (auch Bonbonpapier sieht schön aus) bekleben.

Welcher Angler fängt die meisten Fische?

Jeder kann Fische fangen, ob groß oder klein. Bei wem beißen die meisten an?

 ab 3 Jahren • 2 bis 4 Kinder
5 bis 10 Minuten • beruhigend • drinnen

MATERIAL: Büroklammern, 4 Magneten, 4 Stöckchen für die Angeln, Bindfaden, Schere, Buntstifte oder Wasserfarben, einige Bögen Karton, Papier, Kleber, starkes Klebeband

Gut vorbereitet

Schneiden Sie aus dem Karton vier 20 mal 20 Zentimeter große Quadrate. Verbinden Sie diese mit Klebeband, so dass Sie ein stabiles »Aquarium« erhalten, in das die Kinder nicht hineinsehen können. Währenddessen malen die Kinder auf stabilen Karton fünfzehn bis zwanzig Fische in verschiedenen Farben und eine Konservendose, schneiden alles aus und bemalen auch die Rückseite. Auf vier Blätter Papier, die auf die Seiten des »Aquariums« passen, malen die Kinder eine Unterwasserlandschaft. Während die Bilder trocknen, können die Kinder die Angeln basteln: einfach die Magnete an die Bindfäden kleben und diese an Stöckchen befestigen. An jedem Fisch wird nun eine Büroklammer befestigt. Kleben Sie die Unterwasserlandschaft um das Karton-Aquarium.

So geht's

Die Fische und die Konservendose werden in das Aquarium gegeben. Jedes Kind bekommt eine Angel und versucht einen Fisch zu angeln. Dabei darf nicht ins Aquarium gesehen werden. Reihum geht es so lange weiter, bis das Aquarium leer gefischt ist. Nun werden die Fische gezählt, die Konservendose gibt einen Minuspunkt. Wer die meisten Fische geangelt hat, ist Angelmeister und darf die von ihm geangelten Fische in Gummibärchen umtauschen.

Variante für kleine Kinder

Sie dürfen ins Aquarium schauen und benennen die Farben der Fische, die sie herausfischen. Wer die Farbe weiß, darf den Fisch in ein Gummibärchen umtauschen, sonst wird der Fisch wieder zurückgeworfen.

Variante für Schulkinder
Die Fische werden in vier verschiedenen Farben bemalt. Jede Farbe entspricht einer bestimmten Punktzahl.

Aufgepasst!

Bei diesem flotten Spiel sind Schnelligkeit und Reaktionsvermögen gefragt. Es darf auch getäuscht werden.

 ab 5 Jahren • 4 bis 6 Kinder
5 bis 10 Minuten • anregend • drinnen

MATERIAL: großer Plastikbecher (z. B. Zahnputzbecher), 6 Korken, 6 verschiedene Plakafarben, Pinsel, Farbwürfel, Paketschnur, Papier, Stift, Schere, 5 Spielmarken pro Mitspieler

Gut vorbereitet
Als Spielfeld für die Korken-Figuren wird ein Kreis (oberen Rand des Bechers als Maß verwenden) auf ein Blatt Papier gezeichnet. Die Korken werden in den Farben des Farbwürfels angemalt und an jedem wird eine cirka 30 Zentimeter lange Schnur befestigt. Der Becher wird bunt angemalt oder mit schönem Papier beklebt.

So geht's
Die Spielmarken werden verteilt. Dann stellen die Kinder ihre Korken auf das runde Spielfeld und halten die Schnur in der Hand. Der erste »Fänger« würfelt mit Würfel und Becher. Der Spieler, dessen Farbe nach Lüften des Bechers nach oben zeigt, muss seine Figur schnell mit der Schnur wegziehen, bevor der Fänger den Becher darüberstülpen kann. Wird die Figur der gewürfelten Farbe gefangen, so muss der Spieler eine Spielmarke an den Fänger abgeben. Wenn nicht, so gibt der Fänger eine Spielmarke an den Spieler mit der gewürfelten Farbe.

Die anderen Spieler dürfen ihre Figuren nicht wegziehen. Passiert das vor Aufregung doch, muss derjenige eine Spielmarke an den Würfler abgeben. Danach stellen alle ihre Figuren wieder auf das Spielfeld und der Becher mit dem Würfel wird weitergegeben. Das Spiel ist zu Ende, wenn ein Spieler keine Marken mehr besitzt. Gewinner ist derjenige mit den meisten Spielmarken.

Variante
Das Spiel kann auch mit einem normalen sechsseitigen Würfel gespielt werden. Dann müssen alle Spieler schnell ihre Figuren vom Spielfeld ziehen, wenn eine Eins oder eine Sechs gewürfelt wird. Alle, die trotzdem gefangen werden, geben eine Spielmarke ab. Erwischt der Fänger keine Figur, so muss er eine Marke zahlen.

Domino

Ein Klassiker selbst gebastelt. So macht dieses Spiel viel mehr Spaß.

 ab 5 Jahren • 2 bis 5 Kinder
5 bis 10 Minuten • beruhigend • drinnen

MATERIAL: Karton, deckende Farben in Weiß und einer Schmuckfarbe, Schere oder Teppichmesser; oder 28 gekaufte Spielsteine

Gut vorbereitet
Ein Spielsatz besteht aus 28 Spielsteinen, die auf einer Seite durch einen Strich in zwei Hälften unterteilt sind. Die Kinder können diese aus festem Karton selbst zurechtschneiden und dann mit den »Augen« versehen oder mit Bildern für kleinere Kinder (siehe Variante). Auf jeder Seite ist eine Augenzahl von eins bis sechs abgebildet. Es gibt auch Hälften, die leer sind, und einen »Nullstein«, der nur noch einen Mittelstrich hat.

So geht's
Die Steine werden verdeckt auf den Tisch gelegt und gemischt. Anschließend werden sie gleichmäßig an die Kinder verteilt, die die Steine so vor sich hinlegen,

DIE SCHÖNSTEN SPIELE FÜR ZUHAUSE

dass die anderen Spieler nicht die Augenzahl sehen können. Sind Steine übrig, so bleiben sie als Vorrat liegen. Wer den Nullstein oder den Stein mit dem niedrigsten Doppelwert (eins-eins, zwei-zwei, …) bekommen hat, beginnt. Er legt einen seiner Steine aufgedeckt auf den Tisch und darf so viele Steine an diesen ersten anlegen, wie er kann. Es dürfen aber immer nur Felder mit der gleichen Augenzahl aneinander gereiht werden, zum Beispiel eins an eins, drei and drei, und so weiter. Die Kinder dürfen an beiden Enden der Schlange anlegen. Kann ein Kind nicht anlegen, weil es keinen passenden Stein mehr besitzt, so muss es einen aus dem Vorrat ziehen. Passt dieser auch nicht, ist das nächste Kind an der Reihe. Wenn kein Kind mehr anlegen kann, ist das Spiel zu Ende. Jetzt zählen alle ihre Punkte (Augen) auf ihren restlichen Steinen zusammen. Gewonnen hat derjenige mit den wenigsten Punkten.

Variante für jüngere Kinder
Kleine Kinder haben mehr Spaß mit »Bilder-Domino«. Hierfür malen die Kinder kleine Motive, beispielsweise Käfer, Blüten, Häuser …, die Sie dann mit einem Farbkopierer vervielfältigen und aufkleben.

Bingo

»Bingo!« ist der Ruf des Siegers, der zuerst fünf richtige Zahlen in einer Reihe hat.

> **i** ab 7 Jahren • mindestens 4 Kinder
> 5 bis 15 Minuten • anregend
> drinnen • Spielleiter

MATERIAL: Papier, Stift für jedes Kind, Schere, als Behältnis eine Schüssel oder ein Säckchen

Gut vorbereitet
Zunächst werden die Zahlen von 1 bis 100 auf Papier geschrieben und als Kärtchen in gleicher Größe ausgeschnitten. Dann bereitet sich jedes Kind einen Spielplan vor. Es wird vorher verabredet, aus wie vielen Spalten und Zeilen der Plan bestehen soll, zum Beispiel 5 mal 5. Jedes Kind schreibt in seinen Spielplan in jedes Feld eine beliebige Zahl zwischen 1 und 100. Jede Zahl darf nur einmal vorkommen.

So geht's
Der Spielleiter mischt die Zahlenkärtchen in einem Behältnis. Dann zieht er ein Kärtchen und liest die Zahl laut vor. Alle Mitspieler schauen auf ihrem Spielplan nach. Wenn sie die Zahl darauf entdecken, streichen sie diese durch. Hat ein Kind fünf Zahlen in einer Reihe durchgestrichen (waagerecht, senkrecht oder diagonal), ruft es »Bingo!« und hat gewonnen.

Formen-Memory

Hier muss jede Hand für sich tasten und erfühlen, ob die Tonfiguren die gleiche Form haben.

> **i** ab 4 Jahren • 1 Kind oder mehr
> 3 bis 5 Minuten • beruhigend
> drinnen • Spielleiter

MATERIAL: Ton, der an der Luft trocknet (Bastelgeschäft), Messer oder Ausstecherförmchen für die Weihnachtsbäckerei, 2 Schuhschachteln

Gut vorbereitet
Der Spielleiter bereitet mit den Kindern die Formen vor. Sie kneten den Ton weich, rollen ihn aus und stechen mit den Förmchen verschiedene Motive aus, beispielsweise Ball, Stern, Halbmond, Herz, Rentier. Jedes Motiv muss zweimal hergestellt werden. Wenn die Formen getrocknet sind, werden die Formenpaare getrennt den Schachteln zugeordnet.

So geht's
Das erste Kind schließt die Augen und steckt in jede Schachtel eine Hand. Nun tastet es mit beiden Händen nach den Formen. Glaubt es, zwei gleiche Formen gefunden zu haben, hält es sie in die Höhe. Die anderen Kinder sagen, ob die beiden Formen zueinander passen. Stimmt es, darf das Kind die beiden Formen behalten. So geht es reihum immer weiter, bis alle Formenpaare gefunden sind.

Leitern rauf und runter

Der Weg durch das Dorf wäre mühsam, gäbe es nicht die vielen Leitern. Aber Achtung: Leitern können auch verlangsamen.

 ab 6 Jahren • 2 bis 4 Kinder
20 bis 30 Minuten • anregend • drinnen

MATERIAL: Papier, Buntstifte, Klebepunkte in 2 Farben, Würfel, Spielfiguren

Gut vorbereitet

Die Kinder malen als Spielplan ein buntes Bild von einem Dorf, einer Stadt oder einem Haus. Die Gebäude der Stadt, des Dorfes oder die Etagen des Hauses sind mit vielen Leitern verbunden, die die Kinder mit ins Bild malen. Zwei oder drei Rutschen sollte es auch geben.
Dann wird die Wegstrecke, die die Spielfiguren auf dem Spielplan zurücklegen, mit Klebepunkten markiert. Die Strecke führt mit vielen Windungen über das Bild und auch an den Start- und Endpunkten der Leitern und Rutschen vorbei. Die Punkte am Anfang und am Ende jeder Leiter und Rutsche haben eine andere Farbe als die übrigen, damit jeder sieht: Achtung, hier geht's auf- oder abwärts! Außerdem gibt es noch einen Stuhl oder eine Bank mit einem andersfarbigen Wegpunkt.

So geht's

Alle Kinder stellen ihre Figuren am Start auf. Es wird gewürfelt. Wer die höchste Augenzahl erreicht, beginnt. Das Kind lässt seine Figur die gewürfelte Augenzahl auf der Wegstrecke entlangwandern. Kommt es auf ein Leiterfeld, so muss es die Leiter entweder hinauf- oder hinunterklettern. Rutschen führen nur abwärts, also zurück auf die Wegstrecke, die man schon gegangen ist. Rutschen und Leitern kann man nur benutzen, wenn man genau auf einem solchen Feld landet. Wer auf das Ausruhen-Feld auf der Bank trifft, muss zwei Runden aussetzen. Sieger ist, wer als Erster das Ziel mit genauer Augenzahl erreicht. Steht eine Spielfigur zum Beispiel vier Schritte vom Ziel entfernt und das Kind würfelt eine Sechs, so muss die Figur vier Schritte vorwärts- und die letzten beiden rückwärtsgehen.

INFO Spielpläne gestalten

Selbst gestaltete Spielpläne lassen sich einfach herstellen. Sie und Ihre Kinder können sich mit Stiften und Farben fantasievoll austoben.

Spiele neu erfinden

Auch ein neues Spiel zu erfinden geht viel leichter, als Sie vermuten, und macht auch Kindern einen Riesenspaß.
Sie beginnen mit dem Spielplan: Auf einen Papierbogen malen die Kinder ein Bild (siehe unten). Durch das Bild ziehen sie kreuz und quer eine Linie. Diese verläuft in Wellen, Bögen und Kreisen. Dies ist der Weg, auf dem die Spielfiguren über das Spielfeld wandern. Jetzt werden auf diesem Weg viele, viele Punkte mit runden Farbtupfern markiert. Wer mag, kann auch kleine Aufkleber-Punkte dafür verwenden. Es sind die »Schritte«, die ein Spieler mit seiner Spielfigur vorwärtsrücken darf, je nachdem, was er gewürfelt hat. Auch den Startpunkt und das Ziel des Spielweges sollten Sie genau festlegen und mit besonderen Zeichen hervorheben. Zum Schluss werden auf einigen Weg-Punkten extra große Kreise als Aktionsfelder eingezeichnet. Schreiben Sie mit Ihren Kindern kleine Aktionskärtchen. Denn wer mit seiner Spielfigur auf einem Aktionsfeld ankommt, der muss etwas Besonderes machen, z. B. einmal aussetzen, oder die Figur kann nicht hinausgeworfen werden.
Wie könnte Ihr Spielplan aussehen? Wie wäre es mit
➤ einer Landschaft? Der »Wanderweg« führt vorbei an einem See, einem Wald und einer Wiese. Das Schloss mitten im Wald ist das Ziel.
➤ einer Burganlage, von oben gesehen? Der Weg führt durch viele Räume. Es gibt auch ein Verlies und die Küche. Im kleinen Turmzimmer liegt Dornröschen und schläft. Wer dort ankommt, ist Sieger.

DIE SCHÖNSTEN SPIELE FÜR ZUHAUSE

Mau-Mau

Geschickt die Karten einsetzen und schnell loswerden, das ist das Wichtigste bei diesem Spiel. Aber nicht das »Mauen« vergessen!

 ab 6 Jahren • 3 bis 6 Kinder
5 bis 10 Minuten • anregend • drinnen

MATERIAL: Kartenspiel mit 32 oder 52 Blatt (französisches oder bayerisches Kartenblatt)

Gut vorbereitet

Die Karten werden gut gemischt und reihum an die Spieler verteilt. Jeder erhält fünf Karten. Die restlichen Karten werden verdeckt auf einen Stapel gelegt und die oberste offen danebengelegt.

So geht's

Die Kinder versuchen der Reihe nach ihre Karten abzulegen. Ablegen heißt, eine passende Karte auf die aufgedeckte Karte zu legen. Passend ist die Karte dann, wenn sie die gleiche Farbe oder die gleiche Zahl wie die oberste Karte der aufgedeckten Karten hat. Der Kartenstapel der aufgedeckten Karten wird so immer höher. Kann ein Kind keine Karte ablegen, muss es eine vom Stapel nehmen. Kann es diese ablegen, so darf es dies gleich tun. Manche Karten sind mit einer Aktion verknüpft:
➤ 7 = Der Nächste muss zwei Karten ziehen.
➤ 8 = Der Nächste muss eine Runde aussetzen.
➤ 9 = Das Kind, das die Karte gelegt hat, darf noch eine weitere Karte ablegen.
➤ Bube = Das Kind, das die Karte legt, darf sich eine Farbe wünschen, die das nächste Kind legen muss.
Wenn ein Spieler seine vorletzte Karte ablegt, warnt er die anderen Spieler mit einem »Mau!«. Vergisst er dies, muss er eine Karte ziehen. Wer die letzte Karte ablegt, ruft: »Mau Mau!« Wer das verpasst, muss wieder eine Karte ziehen. Gewinner ist, wer zuerst alle seine Karten abgelegt hat.

Schwarzer Peter

Den Schwarzen Peter will niemand haben. Deshalb wandert er von Hand zu Hand.

 ab 5 Jahren • 2 bis 6 Kinder
5 bis 10 Minuten • anregend • drinnen

MATERIAL: 31 Spielkarten, bestehend aus 15 Kartenpaaren mit jeweils 2 gleichen Motiven, 1 »Schwarze-Peter-Karte«, 1 schwarzer Schminkstift

Gut vorbereitet

Entweder basteln die Kinder ihre Spielkarten selbst, oder das Spiel wird aus einem normalen Kartenset zusammengestellt. Für den »Schwarzen Peter« können Sie dann beispielsweise den Joker verwenden.

So geht's

Die Karten werden gemischt und verteilt. Jedes Kind sortiert seine Karten nach den Motiven. Wer zwei gleiche Karten hat, legt diese als Pärchen ab. Das jüngste Kind beginnt. Es zieht von seinem linken Nachbarn eine Karte. Kann es mit dieser neuen Karte ein Pärchen bilden, legt es dieses ab. Danach ist das nächste Kind an der Reihe. Wer keine Karten mehr in der Hand hat, kann sich getrost zurücklehnen und abwarten, bis das Spiel zu Ende ist. Da der »Schwarze Peter« nur einmal existiert, bleibt diese Karte übrig. Das Kind, das diese Karte zum Schluss in der Hand hält, wird selbst der »Schwarze Peter«. Die anderen Kinder malen ihm mit einem Schminkstift einen großen schwarzen Nasenpunkt und ein paar Schnurrbarthaare ins Gesicht.

Variante

»Schwarzer Peter« kann man auch zu zweit spielen. Dann erhält jedes Kind am Anfang acht Karten. Jeder zieht beim anderen eine Karte. Kann ein Spieler ein Kartenpärchen ablegen, ziehen beide Spieler vom Reservestapel eine neue Karte nach.

 Selbst gebastelt

Blanko-Kartenspiele kann man kaufen. Preiswerter ist es, neutrale Karteikarten (DIN A7) als Basis für das selbst gestaltete Kartenspiel zu nehmen. Die Karten werden dann bemalt, beschriftet oder mit Motiven verziert. Als Motive können Sie selbst gemalte Bilder der Kinder in Farbe fotokopieren oder Fotos aus Prospekten ausschneiden und aufkleben.

Schlafmütze

Achtung, nicht träumen: Denn wer nicht aufpasst, bekommt die Schlafmütze verpasst!

 ab 7 Jahren • mindestens 4 Kinder
5 bis 10 Minuten • anregend • drinnen

MATERIAL: weiße Pappe, Buntstifte, Schere, Bleistift, Lineal oder ein gekauftes Kartenspiel mit 32 Karten, Zipfelmütze oder Kasperlpuppe

Gut vorbereitet
Für dieses Spiel braucht man 32 oder 40 Karten. Die Kinder nehmen fertige Karten oder schneiden und bemalen Karten aus Pappe. Jeweils vier Karten müssen das gleiche Bildmotiv haben.

So geht's
Ein Kind mischt alle Karten und teilt an jeden Mitspieler vier Karten aus. Reihum gibt nun jeder Spieler eine Karte an seinen rechten Nachbarn weiter. Der Erste, der vier gleiche Karten in der Hand hat, versucht diese möglichst unauffällig abzulegen. Sobald die anderen Kinder das bemerken, legen auch sie ihre Karten schnell auf den Tisch. Wem zuletzt auffällt, dass das Spiel beendet ist, der hat geschlafen, und die anderen wecken ihn mit einem lauten »Schlafmütze!« wieder auf.
Das Spiel dauert nicht sehr lang, daher wollen die Kinder sicher mehrere Runden spielen. Die »Schlafmütze« muss für die nächste Runde eine Zipfelmütze tragen oder kriegt eine Kasperlpuppe mit Zipfelmütze neben sich gesetzt. Bestimmt kann sie diese in der nächsten Runde an eine andere »Schlafmütze« unter den Spielern weitergeben.

Memory

Immer zwei gehören zusammen. Und dabei zeigen die Kinder ihr meisterhaftes Gedächtnis.

 ab 4 Jahren • 2 bis 4 Kinder
5 bis 10 Minuten • beruhigend • drinnen

MATERIAL: Pappe, Bildmaterial; oder 64 gekaufte Memory-Karten

Gut vorbereitet
Basteln Sie mit den Kindern 64 Kärtchen aus Pappe. Sie schneiden die Karten aus und die Kinder malen, kopieren oder schneiden und kleben 64 Bildmotive, wobei immer zwei Karten das gleiche Motiv zeigen (siehe auch Tipp auf Seite 92). Die Karten werden gemischt und mit der Bildseite nach unten auf dem Tisch ausgelegt.

So geht's
Das jüngste Kind beginnt und dreht zwei beliebige Karten um. Alle Kinder prägen sich das Motiv und den Lageort der Karten ein. Sind diese beiden Karten ein Motivpaar, sammelt das Kind diese ein und dreht zwei neue Karten um. Sind die Karten kein Paar, werden beide wieder umgedreht und das nächste Kind ist an der Reihe. Die Karten müssen am gleichen Platz liegen bleiben.
Jedes Kind dreht jeweils zwei Karten um. Deckt es eine Karte auf, die es an einer anderen Stelle schon einmal gesehen hat, versucht es natürlich, diese zweite Karte wiederzufinden, um danach zwei neue Karten umzudrehen. So spielt ein Kind immer weiter, bis es zwei unterschiedliche Karten aufgedeckt hat. Diese dreht es wieder um und das nächste Kind ist an der Reihe.
Das Spiel ist zu Ende, wenn alle Paare gefunden worden sind. Sieger ist, wer die meisten Kartenpaare eingesammelt hat.

Variante mit Lern-Effekt
Die Memory-Karten lassen sich immer wieder neu gestalten. Beliebt sind beispielsweise Tierbilder. Die Namen der Tiere können Sie mit auf die Karten schreiben. Nach dem gleichen Prinzip können Sie auch Sprach-Lernkarten erstellen: Malen Sie Alltagsgegenstände und schreiben Sie zum Beispiel das englische Wort für diesen Gegenstand darunter.

Variante für jüngere Kinder
Vier- bis Fünfjährige haben eine kurze Aufmerksamkeitsspanne (siehe Seite 12). Wählen Sie daher einfache Bildmotive aus und nehmen Sie anfangs am besten nur 20 Kartenpaare. So haben die Kinder schneller ein Erfolgserlebnis und sind mit viel Spaß bei der Sache.

DIE SCHÖNSTEN SPIELE FÜR ZUHAUSE

Wie die Würfel fallen

Für die Kleinsten geht es bei den Würfelspielen bunt und kreativ zu, die »Großen« dürfen schon mal an der richtigen Strategie knobeln. Und es bleibt dabei: Würfeln ist immer auch Glücks- und Ansichtssache. Einmal ist die Sechs »doof«, beim nächsten Spiel wird gerade sie herbeigesehnt.

Die doofe Sechs

Nur wer wagt, gewinnt! Wenn da nur nicht die doofe Sechs lauern würde und alles zunichte machte …

ℹ ab 7 Jahren • mindestens 2 Kinder
5 bis 10 Minuten • beruhigend
drinnen • Spielleiter

MATERIAL: 1 Würfel, 1 Blatt Papier, 1 Stift

Gut vorbereitet

Alle Spieler sitzen um den Tisch. Sie wählen einen Spielleiter. Er hat die Aufgabe, die Würfelpunkte der Mitspieler zu notieren, und legt sich dafür einen Zettel (auf dem die Namen aller Mitspieler stehen) und einen Stift bereit.

So geht's

Ein Spieler beginnt und würfelt. Hat er eine Sechs gewürfelt, verfällt der Wurf und der im Uhrzeigersinn neben ihm sitzende Spieler kommt an die Reihe. Würfelt der Spieler keine Sechs, entscheidet er, ob die gewürfelte Zahl aufgeschrieben wird oder ob er noch einmal würfelt. Würfelt er nun aber eine Sechs, werden keine Punkte notiert. Jede Zahl außer der Sechs wird zum ersten Wurf hinzugezählt. Jeder kann so lange würfeln, wie er will. Es darf dabei nur keine Sechs fallen!
Reihum wird gewürfelt, und jedes Mal die gewürfelte Zahl zu den bisherigen Punkten addiert. Das Spiel wird so lange fortgesetzt, bis ein Spieler 50 Würfelpunkte erreicht. Der Spielleiter passt auf, dass die Zahlen stimmen, und ruft den Sieger aus.
Als Applaus für den Sieger trommeln die Mitspieler mit den Fäusten auf den Tisch. Dann fängt das Spiel wieder von vorne an.

💡 Es ist kein Problem, wenn ein Mitspieler mit dem Kopfrechnen Probleme hat. Denn beim Addieren machen alle mit. Und es werden auch alle »doofe Sechs« brüllen, und so weiß jeder, dass bei dem Wurf nichts aufgeschrieben wird.

Würfelspiele

Apfelbaum

Wer pflückt die meisten Äpfel? Bei diesem Spiel ist Würfelglück gefragt.

 ab 5 Jahren • 2 bis 3 Kinder
5 bis 10 Minuten • beruhigend • drinnen

MATERIAL: 1 Würfel, 1 Bogen Papier, Bleistift, Malstifte in den Farben Rot, Grün, Gelb

Gut vorbereitet
Jedes Kind nimmt einen Malstift in einer anderen Farbe. Der Spieler, der gut malen kann, malt auf das Papier mit Bleistift einen Apfelbaum und die Umrisse von mindestens 20 Äpfeln. In jeden Apfel schreibt er eine Ziffer von 1 bis 6. Jede Ziffer sollte mindestens drei Mal vorkommen.

So geht's
Ein Kind beginnt und würfelt. Die Zahl, die es erwürfelt hat, sucht es auf dem Apfelbaum. Dann malt es den Apfel, in dem diese Zahl steht, mit seiner Farbe an. Reihum würfeln die Kinder weiter. Jedes Kind sucht nach einem Apfel mit der gewürfelten Zahl und malt ihn mit seiner Farbe an. Gibt es keinen Apfel mehr, den man anmalen kann, verfällt der Wurf.
Das Spiel geht so lange, bis alle Äpfel angemalt sind. Sieger ist, wer die meisten Äpfel angemalt hat.

Glückskäfer

Wer am schnellsten einen Glückskäfer malen kann, hat gewonnen. Das geht aber nicht ohne Würfelglück.

 ab 5 Jahren • mindestens 2 Kinder
3 bis 5 Minuten • beruhigend • drinnen

MATERIAL: 1 Würfel, 1 Blatt Papier, 1 Stift

Gut vorbereitet
Die Kinder sitzen um den Tisch. Jedes Kind bekommt einen Zettel. Der Stift hingegen wird erst beim Spiel reihum weitergegeben, damit niemand nebenher seinen Glückskäfer weitermalt.

Jedes Kind entscheidet sich für eine Zahl zwischen 1 und 6. Diese Zahl schreibt es auf seinen Zettel und malt auch gleich den Körper des Glückskäfers daraus, also einen Kreis um die Zahl (siehe Illustration).

So geht's
Nun wird reihum gewürfelt. Wenn ein Kind seine »Glückskäfer-Zahl« erwürfelt, malt es an seinem Glückskäfer weiter, und zwar:

zuerst den Kopf, beim nächsten Mal die beiden Fühler, dann ein Bein, dann das zweite Bein, und nach jedem weiteren richtigen Wurf ein weiteres Bein, bis der Glückskäfer alle sechs Beine hat. Zum Schluss eine Linie über den Rücken, damit der Käfer auch fliegen kann.
Das Kind, das zuerst seinen Glückskäfer fertig malen konnte, darf sich Glückskind nennen.

Würfelwiese

Welche Blume erblüht am schnellsten? Das bestimmt das Würfelglück!

 ab 4 Jahren • mindestens 2 Kinder
5 Minuten • beruhigend • drinnen

MATERIAL: 1 Würfel, 1 großes Blatt Papier, Buntstifte in verschiedenen Farben

INFO Würfelwörter

▶ **Pasch** heißt der Wurf, wenn man mit zwei oder mehr Würfeln die gleiche Zahl würfelt, also lauter Zweier oder Dreier.
▶ **Straße** oder **Sequenz** heißt der Wurf, wenn mit mindestens drei Würfeln gewürfelt wird und die Würfelzahlen eine Zahlenreihe aufzeigen, also 2, 3 und 4 oder 4, 5 und 6.
▶ **Augen** heißen die Würfelpunkte auf den Würfelseiten.

Gut vorbereitet

Die Kinder sitzen rund um den Tisch, das Papier liegt vor ihnen. Jeder Spieler malt mit Buntstiften auf das Papier die Umrisse einer Blume mit fünf Blütenblättern. Wie eine Blumenwiese sieht nun das Blatt aus. Doch die Blumen werden nicht angemalt. Die Kinder schreiben nur die Zahlen von 1 bis 5 bei jeder Blume auf die Blütenblätter.

So geht's

Ein Kind wird ausgezählt und würfelt. Es malt bei seiner Blume das Blütenblatt, auf dem die gewürfelte Zahl steht, an. Das nächste Kind kommt an die Reihe, spielt weiter und malt ein Blatt seiner Blume an. Wer eine Sechs würfelt, darf die Mitte der Blume anmalen. So wird reihum immer weitergespielt. Ist ein Blütenblatt bereits angemalt, und ein Kind würfelt die gleiche Zahl wieder, verfällt der Wurf.
Das Spiel ist zu Ende, wenn alle Kinder ihre Blumen angemalt haben. Sieger ist das Kind, das zuerst damit fertig ist.

Hausnummern

Dreimal würfelt jeder Spieler. Wer die höchste Hausnummer hat, gewinnt.

 ab 7 Jahren • mindestens 2 Kinder
5 bis 10 Minuten • beruhigend • drinnen

MATERIAL: 1 Würfel, 1 Blatt Papier, 1 Stift

So geht's

Der Spieler würfelt eine dreistellige Zahl, das ist seine Hausnummer. Er würfelt jedoch jede Ziffer der Hausnummer extra und schreibt sie auf. Dafür malt er ein Hausnummernschild und unterteilt dieses in drei Teile. Dann würfelt er und entscheidet, an welcher Stelle die gewürfelte Zahl bei der Hausnummer eingetragen werden soll. Ist es eine hohe Zahl, steht sie am besten an erster Stelle, eine niedrige Zahl kommt besser an die letzte Stelle. Dann würfelt der

INFO — Der Würfel

Den Würfel gab es schon zu Urzeiten. Seit jeher war er das Symbol und Spielzeug für Glücksspiele.
Früher wurde er aus Knöchelchen geschnitzt, später aus Elfenbein und Holz, heute wird er aus Kunststoff hergestellt. Das Aussehen ist dabei gleich geblieben: sechs Seiten und acht Ecken, die Summe der aufgedeckten oberen und der versteckten unteren Zahl ergibt immer sieben. Die Spiele in diesem Kapitel spielt man mit einem oder mehreren sechsseitigen Würfeln (W6). Moderne Brettspiele und vor allem Fantasy-Rollenspiele verwenden aber auch vierseitige, achtseitige oder sogar 20-seitige Würfel, die nicht nur Kinder auch durch ihre leuchtenden Farben faszinieren.

Spieler weiter und entscheidet wieder, an welcher Stelle bei der Hausnummer diese Zahl stehen soll. Er würfelt ein drittes Mal und trägt nun diese Ziffer in die noch freie Stelle ein.
So würfeln alle Spieler reihum. Sieger ist, wer die höchste Hausnummer erwürfelt hat.

Glückshaus

Hier wird gewürfelt wie im Mittelalter: Glücklich ist der König, noch glücklicher ist derjenige, der eine Zwei würfelt.

 ab 6 Jahren • mindestens 2 Kinder
5 bis 10 Minuten • beruhigend • drinnen

MATERIAL: 2 W6-Würfel oder 1 W12-Würfel, Papier, Stift, Spielmarken wie Knöpfe, Muscheln, Steinchen, Münzen oder Haselnüsse

Gut vorbereitet

Ein Spieler malt das Glückshaus auf und verziert es mit Kringeln, Schneckenlinien und Mustern. Jeder Spieler nimmt sich sieben Spielmarken.

Würfelspiele

So geht's

Dieses Spiel aus dem Mittelalter wird auch heute noch nach den damaligen Regeln gespielt.
Der erste Spieler wird ausgezählt. Er würfelt mit beiden Würfeln. Die Würfelzahlen werden zusammengezählt, und der Spieler legt eine Spielmarke in das entsprechende Spielfeld.
Dazu gibt es diese Regeln:

➤ Ist das gewürfelte Spielfeld frei, legt man eine Spielmarke hinein.
➤ Liegt in dem Spielfeld bereits eine Spielmarke, darf man diese kassieren.
➤ Das siebte Feld ist das Hochzeitsfeld. Wer eine Sieben würfelt, muss eine Marke in das Feld abgeben.
➤ Wer eine Zwei würfelt, hat Glück. Er darf das ganze Glückshaus abräumen.
➤ Wer eine Zwölf würfelt, ist König. Er darf den Brautschatz aus dem Hochzeitsfeld Nummer sieben heben.

Das Spiel ist zu Ende, wenn ein Spieler keine Spielmarke mehr hat. Sieger ist, wer die meisten Spielmarken eingeheimst hat.

Siebzehn und vier

Dreimal muss jeder würfeln. Aber wie viele Würfel bringen Glück?

 ab 7 Jahren • mindestens 2 Kinder
3 bis 5 Minuten • beruhigend • drinnen

MATERIAL: 3 Würfel, 1 Notizblock, 1 Stift

Gut vorbereitet

Ein Spieler würfelt dreimal hintereinander. Die Würfelzahlen aller Würfe werden zusammengezählt. Das Ziel ist, genau 21 Würfelpunkte zusammenzubringen. Beim ersten Wurf muss der Spieler alle drei Würfel ins Spiel bringen. Danach kann er entscheiden, ob er mit einem oder mit zwei Würfeln weiterspielt. Hat er zum Beispiel beim ersten Wurf bereits eine hohe Punktzahl gewürfelt, nimmt er besser bei den nächsten beiden Würfen nur einen Würfel.
In den uralten Spielregeln heißt es: Wer mit seinen gewürfelten Zahlen über 21 Punkte kommt, ist »tot«. Wer genau 21 Punkte erwürfelt, ist »Rundensieger«. Sein Name wird notiert.
Das Spiel dauert so lange, wie es den Spielern gefällt. Sieger ist, wer am häufigsten »Rundensieger« war.

Zahlenbrücke

Mit sechs Würfeln wird gewürfelt, bis die Brücke von eins bis sechs fertig ist. Je nachdem, wie hold das Würfelglück den Spielern ist, kann eine Spielrunde kurz oder lang sein.

 ab 6 Jahren • mindestens 2 Kinder
10 bis 15 Minuten • beruhigend • drinnen

MATERIAL: 6 Würfel

So geht's

Ein Spieler würfelt mit den sechs Würfeln so lange, bis er die Reihe von eins bis sechs mit seinen gewürfelten Zahlen zusammenstellen kann.
Nach jedem Wurf baut er an seiner Würfelbrücke weiter und lässt die Würfel liegen, die in die Zahlenreihe passen. Er würfelt so lange, bis alle Zahlen vor ihm liegen.

Die Mitspieler zählen, wie oft er würfeln musste. Dann ist der nächste Spieler an der Reihe und versucht sein Glück.
Eine Spielrunde dauert so lange, bis alle Spieler an der Reihe waren.
Sieger und bester Brückenbauer ist, wer zum Brückenbauen die wenigsten Würfe brauchte.

Groß-Kamerun

Ein Würfelpoker-Spiel für einen langen Spielabend. Da drängeln sich auch die Eltern an den Spieltisch.

> ab 7 Jahren • mindestens 2 Kinder
> 5 bis 15 Minuten • beruhigend
> drinnen • Spielleiter

MATERIAL: 5 Würfel, 1 Blatt Papier, 1 Stift

So geht's

Ein Spieler wird als Spielleiter gewählt. Er legt die Spiel-Liste an (siehe Zeichnung).
Es werden neun Runden gespielt. Der Spieler darf, wenn er will, dreimal würfeln. Er entscheidet dabei immer wieder neu, mit welchen Würfeln er weiterspielt und welche Würfel er liegen lässt. So kann sich die Spieltaktik nach dem zweiten Wurf noch einmal vollständig ändern. Wenn ein Spieler beispielsweise vorhat, ein »Volles Haus« zu würfeln, aber nach dem zweiten Wurf erkennt, dass er besser eine »Straße« schafft, dann wird er anders entscheiden, welche Würfel er liegen lässt und welche er für den dritten Wurf nimmt.

Nach dem dritten Wurf sagt der Spieler dem Spielleiter, welches Feld er in der Liste ausgefüllt haben möchte. Die Zahl wird nach den folgenden Regeln eingetragen:

Die Zahlenreihen:

➤ 1 = Alle gewürfelten Einser werden zusammengezählt.

➤ 2 = Alle gewürfelten Zweier werden zusammengezählt, sind es zum Beispiel drei Zweier (und die restlichen Würfelzahlen sind eine Vier und eine Fünf), dann werden die Zweier zusammengezählt, also drei mal zwei ist sechs, und die Zahl sechs in die Liste eingetragen.

So geht es bei allen Zahlenreihen weiter.

➤ Volles Haus = Je zwei und drei Würfel zeigen die gleiche Zahl. Diese werden zusammengezählt und in die Liste eingetragen.

➤ Klein-Kamerun = Ist eine »Straße« (Sequenz) von eins bis fünf, dafür werden dem Spieler 25 Punkte gutgeschrieben.

➤ Groß-Kamerun = Hierbei handelt es sich um eine »Straße« von zwei bis sechs. Sie bringt 50 Punkte.

Sind am Ende des Spiels nur noch die »Straßen« und das »Volle Haus« offen und erreicht der Spieler die dafür benötigten Würfe nicht, muss er bei jedem Wurf, bei dem er nichts eintragen kann, eins dieser Kästchen streichen. Das Spiel ist zu Ende, wenn alle Felder ausgefüllt (oder gestrichen) sind, also nach neun Runden. Sieger ist, wer die höchste Punktzahl erreicht hat.

	Lars	Lea
1	3	
2		8
3	12	
4		
5		15
6	12	
Volles Haus		41
Klein-Kamerun	25	
Groß-Kamerun		50
Summe		

»Was tun, wenn ...«

Von wütenden Verlierern und aufgeregten Zapplern

Ein Kind wirft das Spielbrett vom Tisch, weil es nicht verlieren kann. Hier erfahren Sie, wie Sie mit dieser schwierigen Situation umgehen können.

Was tun, wenn ein Kind nur schlecht verlieren kann?

Die Kinder spielen ein Würfelspiel. Einer liegt ganz klar vorn und freut sich schon auf den Sieg. Ebenso klar ist, wer verlieren wird. Der Groll des offensichtlichen Verlierers ist zu spüren. Plötzlich springt er auf und wirft das ganze Spielbrett vom Tisch. Er tobt, brüllt und ist nicht mehr zu bremsen. Die anderen Kinder sind schockiert. Sie stehen auch auf, schauen sich verlegen an. Das zornige Heulen des Verlierers ist ihnen unangenehm. Da heißt es für Sie: schnell eingreifen!

Woher kommt dieses Verhalten und wohin führt es?

Manche Kinder können nicht verlieren. Sie haben nie gelernt zurückzustecken oder sich über den Erfolg eines anderen zu freuen. Sie sind es gewohnt, ihren Willen durchzusetzen und das zu bekommen, was sie wollen, schlimmstenfalls mit einem Wutanfall. Das Kind hat gelernt, dass seine Eltern bei einem Wutanfall alles tun, um es zu beruhigen.

Was tun mit dem wütenden Verlierer, der partout seinen Willen durchsetzen will?

Bleiben Sie ganz ruhig und freundlich, aber lassen Sie dieses Verhalten nicht durchgehen. Erklären Sie allen, wie bedauerlich es ist, dass das Spiel nicht zu Ende gespielt werden kann. Geben Sie dem bisherigen Sieger des Spiels einen Preis. Sagen Sie dem wütenden Spielverderber, dass es unfair ist, ein Spiel vom Tisch zu werfen. Aber machen Sie dem Kind keine Vorwürfe; denn wenn Sie ein Kind schelten, sind auch die anderen Kinder betroffen. Es ist wichtig, dass Sie dem Verlierer jetzt auch etwas Freundliches sagen. Sie können ihn dafür loben, dass er eigentlich ein guter Spieler ist. Bieten Sie ihm an, bei der nächsten Spielrunde mit ihm gemeinsam zu spielen, dann verlieren oder gewinnen Sie auch gemeinsam. Fragen Sie die anderen, ob sie damit einverstanden sind. Und vielleicht gelingt es Ihnen sogar, das gleiche Spiel zu wiederholen. Vorher gibt es aber für alle ein »Trost-Bonbon«.

Was tun, wenn ein Kind ständig aufgeregt herumzappelt?

Die Kinder sitzen im Kreis und sind gespannt, wann es losgeht. Doch ein Kind hält diese Situation nicht aus. Es schlenkert mit den Beinen, zappelt mit den Armen, wippt mit dem Körper. Das macht die anderen Kinder nervös. So ein Zappelphilipp steckt im Nu eine ganze Kinderschar an, und dann kann keiner mehr aufpassen. Bevor es aber so weit kommt, sollten Sie etwas tun.

Woher kommt dieses Verhalten?

Manche Kinder halten die Aufregung bei einem Spiel einfach nicht aus. Diese Spannung reagieren sie mit Wippen und Zappeln ab. Das muss nicht gleich das bekannte ADS-Syndrom sein.

Das können Sie tun:

Setzen Sie sich neben das Kind. Machen Sie kein Aufhebens um die Zappelei. Sagen Sie dem Kind, dass Sie sich genauso auf das Spiel freuen und auch aufgeregt sind. Vielleicht dürfen Sie jetzt dem Kind Ihre Hand auf den Rücken legen. Dadurch geben Sie dem unruhigen Zappler ein bisschen »Rückenstärke«. Das beruhigt nicht nur ihn, sondern auch die anderen Kinder, die sich nun wieder auf das Spiel konzentrieren können. Nach einer besonders spannenden Runde können Sie zwischendurch ein Bewegungsspiel anbieten, bei dem sich kleine Zappler abreagieren können.

DIE SCHÖNSTEN SPIELE FÜR ZUHAUSE

Papier und Stift, mehr brauchst du nicht!

Die einen lieben Malspiele in jeder Form, die anderen reizt die Herausforderung der Schreibspiele. Schnell können die Kinder mit den folgenden Spielen loslegen, denn Papier und Stifte finden sie in jedem Haushalt und die Spiele erfordern nicht viel Vorbereitung.

Malsport

Ein Baum – ein Tisch – ein Elefant – ein Löwe? Nach und nach entsteht das Bild und die anderen raten, was daraus wird. Es geht um die Wette.

ⓘ ab 7 Jahren • mindestens 6 Kinder
10 bis 15 Minuten • anregend
drinnen • Spielleiter

MATERIAL: Malpapiere, Zettel, Stifte oder Malfarben

Gut vorbereitet

Die Kinder teilen sich in zwei Gruppen auf. Papiere und Malstifte liegen bereit. Am besten wäre es, wenn es zwei Tische gäbe, um die sich jeweils eine Gruppe aufstellen könnte.
Der Spielleiter bereitet ein paar Zettel vor, auf die er leserlich und mit großen Buchstaben schreibt, was die Kinder beim Malsport malen, beispielsweise Löwe, Fahrrad, Ruderboot, Schere, Computer-Tastatur, Trompete, Sonnenuntergang, Dinosaurier, Kieselstein, Adventskranz, Osterei.

So geht's

Von jeder Gruppe geht ein Spieler zum Spielleiter. Dieser zeigt den beiden einen Zettel. Die Spieler lesen stumm, gehen zu ihrer Gruppe zurück und beginnen mit ihrem Gemälde. Die Mitspieler aus der Gruppe raten, was es ist. Sie werden ihre Vermutungen laut durcheinander sagen. Doch der »Künstler« darf nicht reden, sondern nur mit Kopfnicken oder Kopfschütteln antworten. Hat eine Gruppe das richtige Wort herausgefunden, schreien es alle laut. So weiß der Spielleiter, welche Gruppe zuerst das Wort gefunden hat. Die Spielrunde ist zu Ende und die Gruppe bekommt einen Punkt.
Es folgt die nächste Runde. Zwei andere Spieler bekommen ein neues Wort und ihre Gruppen raten wieder um die Wette.
Das Spiel ist zu Ende, wenn jeder Spieler aus jeder Gruppe zweimal mit Malen an der Reihe war. Sieger ist die Gruppe, die die meisten Punkte hat. Bei einer größeren Zahl von Mitspielern können auch jeweils zwei »Künstler« gemeinsam (Strich für Strich) arbeiten.

Malspiele

Das Bild steht kopf

Ein Bild auf den Kopf gestellt ist für die anderen gerade richtig. Wer erkennt, was daraus wird, sagt es und gewinnt die nächste Malrunde.

 ab 7 Jahren • mindestens 2 Kinder
ca. 5 Minuten • beruhigend • drinnen

MATERIAL: Malpapier, Farbstifte

So geht's

Ein Spieler nimmt ein Blatt Papier und zeichnet darauf etwas Einfaches, zum Beispiel ein Haus, einen Baum, eine Katze, ein Auto. Doch ganz so einfach ist das Zeichnen nicht. Denn der Spieler muss sein Bild verkehrt herum malen, so dass es auf dem Kopf steht. Die Mitspieler schauen von der anderen Seite zu und raten, was es werden soll. Hat es einer erraten, ist er der nächste »Zeichen-Künstler«.
Die Kinder spielen so lange, wie es ihnen gefällt.

> **INFO Der Bleistift**
>
> Wieso heißt der Stift »Bleistift«, wenn er gar nicht aus Blei ist? Dieser Irrtum passierte den Engländern, als sie 1564 in den Bergen von Cumberland ein schwarzes Gestein fanden. Sie hielten dieses für Blei. Sie nannten diesen Stein auch »Schreibstein«, weil er so weich und fettig war, dass man damit schreiben konnte. Längst weiß man, dass dieses Gestein Grafit ist, aber der Name »Bleistift« ist geblieben.
> Die Bleistifte sind unterschiedlich hart. Der Härtegrad wird in B (= Black) und H (= Härte) unterschieden und reicht von den weichen Stiften mit der Bezeichnung 8B über HB bis zu den harten Stiften mit 8H.
> Geben Sie den Kindern für die Schreib- und Malspiele die weichen Bleistifte mit einem Härtegrad von 2B oder höher.

Handbilder

Zum Schluss liegen alle Hände auf ihren Abbildungen. Doch vorher heißt es das richtige Bild finden.

 3 bis 4 Jahre • mindestens 4 Kinder
5 bis 10 Minuten • beruhigend
drinnen • Spielleiter

MATERIAL: Malpapier, Stifte, Scheren, eventuell Fingerfarben

Gut vorbereitet

Papier und Stifte liegen bereit, jeweils zwei Kinder schließen sich zusammen. Ein Kind legt seine Hände auf das Blatt, das andere fährt mit dem Stift rund um jede Hand und malt so zwei Umrisse. Danach wird getauscht.

Es kommt nicht darauf an, dass die gemalten Hände echt aussehen. Was hier entsteht, ist moderne Kunst.

So geht's

Alle Bilder liegen auf dem Tisch und die Kinder raten, wem welche Hand gehört. Klar, dass die Kinder ihre eigenen Hand-Bilder nicht verraten dürfen. Dann geht das Spiel weiter. Mit groben Schnitten schneiden die Kinder rundum ihre Hand-Bilder aus, und zwar jede Hand einzeln. Alle Bilder legt der Spielleiter bunt gemischt auf den Tisch. Die Kinder sitzen oder stehen um den Tisch herum. Jedes Kind sucht nun seine beiden Hand-Bilder und legt seine Hände auf diese Bilder. So bleibt es stehen, bis alle Kinder ihre Hände auf dem Tisch liegen haben. Das ist ein lustiges Durcheinander.
Wollen die Kinder das Spiel noch einmal machen? Dann verschiebt der Spielleiter zuerst die Hand-Bilder auf dem Tisch und die Kinder tauschen auch ihre Plätze.

Mit beiden Händen malen

Mit beiden Händen zu malen, ist ein Erlebnis. Werden die Bilder wohl spiegelbildlich angelegt oder doch eher parallel?

101

DIE SCHÖNSTEN SPIELE FÜR ZUHAUSE

> ab 5 Jahren • mindestens 6 Kinder
> 5 Minuten • beruhigend
> drinnen • Spielleiter

MATERIAL: Papiere, Stifte, Schere, eventuell Klebeband und Stecknadeln

So geht's

Das Kind faltet das Papier zur Hälfte und glättet es dann wieder. Es nimmt in jede Hand einen Stift und zeichnet gleichzeitig mit beiden Händen ein einfaches Bild auf dieses Blatt. Die linke Hand malt auf der linken Papierhälfte, die rechte auf der rechten Seite. Am besten eignen sich Motive wie ein Haus, ein Auto, ein Gesicht. Damit das Papier beim Malen nicht verrutscht, befestigt man es mit Klebeband auf dem Tisch, oder ein Mitspieler hält das Papier fest. Das fertige Bild wird dann am Falz entlang mit der Schere durchgeschnitten.
Jetzt beginnt der zweite Teil des Spiels, das Ratespiel: Alle Bilderhälften liegen bunt gemischt auf dem Tisch. Ein Kind beginnt und zeigt auf zwei Bilderhälften, die seiner Meinung nach zusammengehören. Auf seine eigenen Bilder darf es natürlich nicht zeigen. Die anderen Kinder passen auf, ob richtig geraten wurde. Die Bilder bleiben auf dem Tisch liegen, bis alle Bilderpaare gefunden sind.
Dann ist das Spiel zu Ende, und die Kinder können ihre Bilder mit Stecknadeln an der Wand befestigen.

Strichbilder

Strich um Strich entsteht ein Bild. Dazwischen raten die Mitspieler, was daraus werden soll.

> ab 7 Jahren • mindestens 3 Kinder
> 5 bis 10 Minuten • anregend • drinnen

MATERIAL: großer Papierbogen oder Packpapier oder ein paar Malblätter, Klebeband, dicker Malstift

Gut vorbereitet

Die Kinder kleben mit Klebeband den Papierbogen an die Zimmertür oder Schranktür. Auch eine Wandtafel ist für dieses Spiel gut geeignet. Davor nehmen alle Platz. Findet das Spiel vor der Zimmertür statt, wird sie während der Spielzeit abgeschlossen, damit keiner die Tür öffnet und dadurch den malenden Künstler verletzt.

So geht's

Der erste »Künstler« wird ausgezählt. Er überlegt sich etwas Einfaches, das er malen könnte, zum Beispiel ein Auto, eine Blume, einen Hut oder ein Buch. Er beginnt mit einem Strich – mehr zeichnet er nicht. Dann dreht er sich zu den anderen um. Weiß jemand schon, was es werden soll? Die Zuschauer raten. Und so geht das Spiel weiter: Der »Künstler« malt Strich für Strich und macht dazwischen Ratepausen für die Mitspieler. Diese rufen ihm ihre Vermutungen zu. Wer als Erster die Lösung hat, bekommt einen Siegerpunkt und ist der nächste Künstler.
Das Spiel ist nach zehn Spielrunden zu Ende. Sieger ist, wer die meisten Punkte verbuchen kann.

Tic-Tac-Toe

Mit X und O geht es zur Sache. Wer als Erster seine Zeichen in eine Linie bringt, hat gewonnen.

> ab 6 Jahren • 2 Kinder
> 2 Minuten • beruhigend • drinnen

MATERIAL: Papier, 2 Stifte

Gut vorbereitet

Ein Spieler malt den Spielraster auf das Papier: Er zeichnet jeweils zwei Linien im gleichen Abstand senkrecht und waagerecht, wie auf der Zeichnung abgebildet.

So geht's

Die Spieler sprechen ab, wer das Zeichen X und wer das Zeichen O bekommt und wer beginnt. Abwechselnd malt jeder sein Zeichen in ein Feld. Sieger ist, wer zuerst drei seiner Symbole in eine Reihe setzen konnte. Wer verliert, darf beim nächsten Mal beginnen. Das Spiel geht schnell und wird mindestens zehn Mal wiederholt oder einfach so lange, bis ein Spieler genug davon hat.

Schreibspiele

Gruppenbild

Alle Kinder malen der Reihe nach am gleichen Bild weiter und keiner weiß vorher, was am Ende daraus wird.

 ab 6 Jahren • 3 bis 6 Kinder
10 Minuten • beruhigend • drinnen

MATERIAL: Malpapier, verschiedenfarbige Buntstifte oder Malkreiden

Gut vorbereitet
Wer mitmachen will, setzt sich an den Tisch. Ein Blatt Papier und Farben liegen bereit.

So geht's
Hier geht es nicht um große Malkunst, sondern um viel Fantasie. Ein Kind beginnt und malt einen Kreis, ein Haus, ein Tier oder irgend ein anderes Motiv. Dann schiebt es dem neben ihm sitzenden Kind das Bild zu. Dieses macht vielleicht aus dem Kreis ein Gesicht oder malt eine Wiese zum Haus oder ein zweites Tier. Dann schiebt es das Bild weiter. Das nächste Kind malt wieder etwas dazu. Jeder darf malen, was ihm gefällt. Keiner darf dem anderen dreinreden. Denn das Spannende ist ja gerade, dass niemand weiß, wie das fertige Bild aussehen wird. Das Papier wird reihum so lange weitergegeben, bis alle Mitspieler der Meinung sind: Jetzt ist das gemeinsame Kunstwerk fertig!

Stadt, Land, Fluss

Dieses Quizspiel kannten schon die Großeltern, und Generationen von Schülern peppten damit manch langweilige Schulstunde auf.

 ab 8 Jahren • mindestens 3 Kinder
5 bis 15 Minuten • beruhigend • drinnen

MATERIAL: Schreibpapiere, Stifte

Gut vorbereitet
Jeder Spieler zeichnet auf sein Papier eine Spiel-Liste auf (siehe Zeichnung).
Das Spiel wird spannender, wenn die Spieler zu Stadt, Land und Fluss noch weitere Kategorien hinzufügen. Hier ein paar Kategorien zum Aussuchen: Tiere, Pflanzen, Sportart, Fahrzeug, Namen, Essen, Buchtitel, Popstars, Lieder, Filmtitel, Kleidungsstücke.

So geht's
Ein Spieler sagt das Alphabet auf, beginnt laut mit »A« und spricht dann in Gedanken weiter, so schnell oder langsam, wie er will, und so lange, bis sein Sitznachbar »Halt!« ruft. Jetzt sagt der Spieler laut den Buchstaben, an dem er gerade beim Aufzählen angekommen ist.
Alle Mitspieler notieren sich den Buchstaben. Dann suchen sie nach Wörtern mit diesem Anfangsbuchstaben und füllen ihre Liste aus. In jedem »Fach« darf nur ein Wort stehen.
Wer zuerst fertig ist, ruft »Halt!«, und das Spiel ist für alle zu Ende. Jetzt werden die Wörter verglichen und es werden folgende Punkte verteilt:
➤ Für jedes Wort, das auch ein anderer Spieler aufgeschrieben hat, bekommt man einen Punkt.
➤ Für jedes Wort, das kein anderer hat, zwei Punkte.
➤ Für Wörter, die nicht in die Kategorie passen oder falsch geschrieben sind, gibt es keinen Punkt.
Sieger ist, wer die meisten Punkte hat.
Bei jeder neuen Spielrunde sagt ein anderer Spieler das Alphabet auf und sein Sitznachbar ruft «Halt!«

Gefüllte Wörter

Dieses Spiel hieß früher »gefüllte Kalbsbrust« und erfordert einige Sprachkunst: Die Buchstaben zweier Wörter werden zu neuen Wörtern ergänzt.

> **i** ab 8 Jahren • 2 bis 4 Kinder
> 3 Minuten • beruhigend • drinnen

MATERIAL: Papier, Stift (für jedes Kind)

Gut vorbereitet
Die Spieler einigen sich auf ein Wort. Dieses schreiben sie von oben nach unten und mit etwas Abstand daneben noch einmal von unten nach oben. Jetzt steht der Anfangsbuchstabe des links geschriebenen Wortes in einer Reihe mit dem Endbuchstaben des rechts geschriebenen Wortes (siehe Zeichnung).

```
G E I S T
E       S
I       I
SPINNEN N
P F E I F
E       E
N       P
S   AS  S
T   UPP E
        G
```

So geht's
Die Spieler füllen die »Kalbsbrust« aus, so dass neue Wörter entstehen. Wer alle Wörter eingetragen hat oder wer meint, fertig zu sein, weil ihm nichts mehr einfällt, der ruft »Stopp«.
Jetzt werden die Ergebnisse verglichen. Alle Wörter, die auch ein Mitspieler aufgeschrieben hat, werden gestrichen. Für jedes Wort, das kein anderer hat, bekommt der Spieler einen Punkt.
Dann beginnt das Spiel von vorn – natürlich mit einem neuen Wort.
Das Spiel dauert so lange, wie die Kinder Lust haben. Sieger ist, wer zum Schluss die meisten Punkte hat.

Lieder raten

Entchen meine alle. Wer schnell herausbekommt, was dieses Durcheinander bedeutet, ist Sieger in diesem Spiel.

> **i** ab 7 Jahren • 4 bis 6 Kinder
> 5 bis 10 Minuten • beruhigend
> drinnen • Spielleiter

MATERIAL: 2 große Papierbögen, Buntstifte

Gut vorbereitet
Die Kinder teilen sich in zwei Gruppen. Jede Gruppe bekommt einen Papierbogen und Buntstifte.

So geht's
Der Spielleiter stellt beiden Gruppen die gleiche Aufgabe: »Zeichnet 25 große Kreise, füllt damit das ganze Papier aus. Denkt euch fünf Kinderlieder aus und schreibt die Liedanfänge auf. Und zwar so, dass immer nur ein Wort in einen Kreis geschrieben wird (»alle«, »Vögel«, »sind«, »schon«, »da«). Schreibt die Wörter nicht nebeneinander, sonst kann sie die  andere Gruppe schnell herausbekommen. Schreibt sie bunt durcheinander. Wenn Kreise übrig bleiben, lasst sie frei oder schreibt irgendwelche Wörter hinein, die zu keinem Lied passen, um die gegnerische Gruppe zu bluffen.«
Sind beide Gruppen mit der Aufgabe fertig, tauschen sie ihre Papierbögen aus. Der Spielleiter gibt das Startzeichen und die Gruppen wetteifern, wer zuerst die fünf Kinderlieder herausbekommt.
Der Siegergruppe gratuliert der Spielleiter mit Handschlag.

Schreibspiele

Welche Blume, welches Tier?

Bist du eine duftende Rose oder eher ein stacheliger Kaktus? Deine Mitspieler sagen es dir durch die Blume.

 ab 8 Jahren • mindestens 4 Kinder
5 Minuten • beruhigend • drinnen

MATERIAL: viele Zettel, Schreibzeug für jeden

So geht's

Ein Spieler wird ausgezählt. Die anderen schauen ihn an und schreiben auf, mit welcher Pflanze sie ihn vergleichen und welchem Tier er ähnelt. Der Spieler bekommt zum Schluss alle Zettel. Er kann sie vorlesen, wenn er will, oder für sich behalten oder nur ein paar »Komplimente«, die ihm zusagen, vorlesen.
So kommt jeder Spieler einmal an die Reihe und kann hoffentlich eine Hand voll Komplimente-Zettel einheimsen.
Die Spieler können das Spiel erweitern und andere Begriffe hinzunehmen wie Musikinstrumente, Landschaften, Fahrzeuge. So kann ein Mitspieler zum Beispiel diese Aussagen für sich als Vergleich nachlesen: Sonnenblume, Eichhörnchen, Triangel, Fahrrad. Oder: Efeu, Windhund, Flöte, Sandwüste, Rakete.

Auf Schatzsuche

Das Kriegsspiel »Seeschlacht« oder »Schiffe versenken« bekommt hier einen neuen Inhalt. Aus Schiffen werden Schatzkisten, die nicht versenkt, sondern gehoben werden.

 ab 7 Jahren • 2 Kinder
5 Minuten • beruhigend • drinnen

MATERIAL: kariertes Rechenpapier, Stift

Gut vorbereitet

Jeder Spieler umrahmt mit einer Linie ein Quadrat mit 12 mal 12 Feldern. Die senkrechten Felder kennzeichnet er mit den Ziffern 1 bis 12, die waagerechten Feldern mit den Buchstaben A bis L (siehe Zeichnung). Dieser Plan ist die Schatzkarte, in die er nun seine vergrabenen Schätze einzeichnet, und zwar

➤ eine Truhe mit vier Feldern nebeneinander,
➤ zwei Kisten mit je drei Feldern nebeneinander,
➤ drei Säcke mit je zwei Feldern nebeneinander,
➤ fünf Beutel mit je einem Feld.

Diese Schätze zeichnet der Spieler in seinen Plan ein. Die Felder der Schätze dürfen sich nicht berühren und müssen senkrecht oder waagerecht liegen, also nicht diagonal.
Weil es bei diesem Spiel auch darum geht, die Schätze des anderen zu finden, zeichnet jeder Spieler jetzt noch eine zweite Schatzkarte, in die er nach und nach

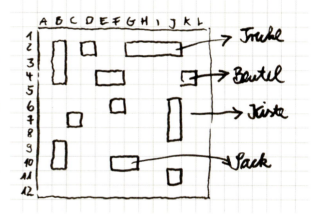

die Verstecke des anderen einträgt. Mit einem Strich vermerkt er, wenn an dieser Stelle kein Schatz zu finden war.

So geht's

Ein Spieler beginnt und fragt den Mitspieler nach einem Versteck, beispielsweise B4. Der andere schaut nach, ob an dieser Stelle ein Schatz vergraben ist. Ist an dieser Stelle nichts vergraben, sagt er es und ist nun selbst mit Fragen an der Reihe. Ist an dieser Stelle etwas vergraben, muss er es zugeben und auch hinzufügen, ob es die Kiste, die Truhe, der Sack oder ein Beutel ist, auf die/den der andere gestoßen ist. Wer fündig geworden ist, darf weiterfragen, und zwar so lange, bis er an eine Stelle kommt, an der nichts zu holen ist. Dann kommt wieder der andere Spieler an die Reihe und macht mit seiner Schatzsuche weiter. Das Spiel ist zu Ende, wenn ein Spieler alle Schätze des anderen gefunden und in seiner zweiten Schatzkarte eingetragen hat.

105

DIE SCHÖNSTEN SPIELE FÜR ZUHAUSE

Achtung, fertig, aufgepasst!

Draußen regnet es in Strömen und drinnen wollen die Kinder Remmidemmi machen? Kein Problem mit diesen Kreis- und Bewegungsspielen: Ob Armer schwarzer Kater oder Laurentia, ob Schildkröten-Rennen oder Geisterbahn – bei diesen Spielen geht die Post ab.

Armer schwarzer Kater

Der »schwarze Kater« miaut herzerweichend, und wer ihn tröstet und streichelt, darf auf keinen Fall lachen.

> ab 4 Jahren • mindestens 5 Kinder
> etwa 5 Minuten • anregend
> drinnen • Spielleiter

Gut vorbereitet
Die Kinder sitzen auf Stühlen oder auf dem Boden im Kreis.

So geht's
Ein Kind ist der »schwarze Kater«. Es geht zu einem anderen Kind, maunzt Mitleid erregend und macht ein Gesicht, dass sich alle Welt erbarmen muss. Das andere Kind streichelt den Kater und sagt dreimal langsam: »Oh, du armer schwarzer Kater!« Dabei darf es auf keinen Fall lachen! Gelingt ihm das, muss der schwarze Kater weiterziehen und bei einem anderen Kind sein Glück versuchen. Wenn ein Kind jedoch lacht, ist der Kater erlöst: Die Rollen werden getauscht und das andere Kind zieht als schwarzer Kater weiter.
Das Spiel ist nach 5 Minuten zu Ende, dann darf gelacht werden.

Laurentia

Auch Vierjährige haben schon großen Spaß an diesem Spiel, wenn Sie ihnen etwas bei den Wochentagen helfen.

> ab 4 Jahren • mindestens 4 Kinder
> 3 bis 5 Minuten • anregend
> drinnen • Spielleiter

Gut vorbereitet
Die Kinder stellen sich in einem Kreis auf und fassen sich fest an den Händen. Ganz wichtig: Die Hände der Mitspieler darf man das ganze Spiel über auf keinem Fall loslassen.

106

Kreisspiele

So geht's

Die Kinder singen gemeinsam das Laurentia-Lied (siehe unten) und beginnen mit dem Montag. In den nächsten Strophen geht es mit den anderen Wochentagen weiter. Dabei werden jedes Mal alle bisher vorgekommenen Wochentage aufgezählt bis zu dem Tag, der gerade an der Reihe ist.

Aber bei diesem Spiel wird nicht nur gesungen: Denn alle Kinder gehen runter in die Hocke, wenn der Name »Laurentia« oder ein Wochentag genannt wird.

*Laurentia, liebe Laurentia mein,
wann werden wir wieder beisammen sein?
Am Mo-o-ontag.
Ach, wenn es doch bald wieder Montag wär',
und ich bei meiner Laurentia wär',
Laurentia wär'.*

*Laurentia, liebe Laurentia mein,
wann werden wir wieder beisammen sein?
Am Die-ie-ienstag.
Ach, wenn es doch bald wieder
Montag, Dienstag wär', ...*

Anstatt in die Hocke zu gehen, können die Kinder auch eine andere besprochene Aktion machen, wie die Arme hochreißen oder hochspringen. Das Spiel kann auch in einem Stuhlkreis gespielt werden, dann stehen die Kinder bei »Laurentia« und den Wochentagen auf, während sie sich an den Händen halten.

Jakob, wo bist du?

Der blinde »Herr« sucht den blinden »Jakob«. Doch der schleicht sich immer wieder davon.

i ab 5 Jahren • mindestens 5 Kinder
3 bis 5 Minuten • anregend
drinnen • Spielleiter

MATERIAL: 2 Augenbinden

Gut vorbereitet

Zwei Kinder sind »Jakob« und sein »Herr«. Ihnen werden die Augen verbunden. Die anderen Kinder stehen im weiten Kreis um die beiden herum.

So geht's

Der »Herr« sucht nun seinen Diener Jakob und ruft: »Jakob, wo bist du?« Der »Jakob« antwortet: »Hier bin ich!« Doch er bewegt sich schleunigst an eine andere Stelle, um seinem Herrn aus dem Weg zu gehen. Und der »Herr« tappst mit ausgestreckten Armen vorwärts, um Jakob zu erwischen. Doch es lässt sich nicht vermeiden, dass sich die beiden unvorhergesehen in die Arme laufen. Dann ist ein neues Spielpaar an der Reihe.

Das Spiel ist zu Ende, wenn alle Kinder einmal mitgespielt haben.

Mäuschen, piep mal!

Die blinde »Maus« setzt sich auf einen Schoß und will wissen, wer es ist. Die Stimme soll den anderen verraten, doch der verstellt sich.

i ab 4 Jahren • mindestens 4 Kinder
5 bis 10 Minuten • anregend
drinnen • Spielleiter

MATERIAL: 1 Augenbinde

So geht's

Ein Kind wird ausgezählt und ist die »Maus«. Die anderen Kinder setzen sich in einen Stuhlkreis. Die Maus geht in die Mitte des Kreises und der Spielleiter verbindet ihr die Augen. Dann dreht er sie einmal im Kreis, um sie ein bisschen zu verwirren. Jetzt macht sich die Maus auf die Suche nach ihrem Mäuse-Partner. Sie tastet sich zu den anderen Kindern vor, setzt sich auf einen Schoß und sagt »Mäuschen, piep mal!« Das Kind, auf dessen Schoß die Maus Platz genommen hat, sagt mit verstellter Stimme (einmal) »Piep!«, und die Maus muss herausbekommen, wer es ist. Hat sie richtig geraten, werden die Plätze und Rollen getauscht und das Spiel beginnt von vorne.

Das Spiel kann 5 Minuten und länger dauern, weil es den Kindern immer gut gefällt.

107

Der blinde Bauer

»Blinde Bauern« können ganz besonders gut hören und ihre »Tiere« auf diese Weise sicher in den Stall bringen.

i ab 5 Jahren • mindestens 5 Kinder
3 bis 5 Minuten • anregend
drinnen • Spielleiter

MATERIAL: 1 Augenbinde

So geht's

Alle Kinder stehen im Kreis. Ein Kind wird ausgezählt und ist der »blinde Bauer«. Es geht in die Mitte und der Spielleiter verbindet ihm die Augen. Damit es der Bauer nicht so einfach hat, wechseln die anderen schnell ihre Plätze. Dann beginnt der blinde Bauer mit seiner Arbeit. Er zeigt in die Richtung eines Kindes und nennt ein Tier. Das Kind muss jetzt mit der Tierstimme antworten. Es muss miauen, bellen, blöken, wiehern oder eine andere Tierstimme nachahmen. Wenn der blinde Bauer den Namen des Kindes richtig rät, muss das Tier in den Stall, das heißt, der Mitspieler setzt sich.
Das Spiel ist zu Ende, wenn alle Tiere im Stall sind. Dann erst ist der blinde Bauer mit seiner Arbeit fertig und darf die Augenbinde abnehmen.

INFO Kreisspiele

Der Spielkreis ist als Aufstellung etwas Besonderes: Es gibt keinen Ersten und keinen Letzten, keiner ist ausgeschlossen und keiner ist Außenseiter. Jedes Kind kann genau sehen, was gespielt wird, weil niemand vor ihm steht. Fassen sich die Kinder dabei an den Händen und schließen den Kreis, empfinden sie das starke Gefühl der Zusammengehörigkeit. Das macht sie sensibel für die Gruppe.
Ein Kind, das in der Kreismitte steht, fühlt sich als Mittelpunkt besonders beachtet. Dies ist viel aufregender, als in einer Reihe an erster Stelle zu stehen.

Rutschpartie

Einer rutscht weiter und der andere rückt nach. So geht es blitzschnell, damit der Mittelspieler kaum eine Chance hat, einen freien Platz zu ergattern.

i ab 8 Jahren • mindestens 8 Kinder
5 bis 10 Minuten • anregend
drinnen • Spielleiter

MATERIAL: pro Mitspieler 1 Stuhl

Gut vorbereitet

Die Kinder setzen sich in einen Stuhlkreis. Die Stühle müssen ganz dicht nebeneinander stehen, damit die Spieler schnell von einem Platz zum nächsten rutschen können.

So geht's

Ein Spieler steht in der Mitte, sein Stuhl ist frei. Schnell rutscht der Spieler, der daneben sitzt, auf diesen freien Sitzplatz. Auch alle anderen Mitspieler rücken eifrig einen Platz weiter, sobald neben ihnen der Stuhl frei ist. Denn der Spieler in der Mitte versucht ständig, sich dazwischenzudrängen und sich auf den freien Platz zu setzen. Gelingt ihm das, muss der Spieler, der nicht schnell genug auf diesen Sitzplatz vorgerückt ist, in die Mitte, und die Rutschpartie auf den Stühlen geht weiter.
Nach 10 Minuten ist das Spiel zu Ende. So schnell weiterrutschen ist wie eine sportliche Übung, nach der man eine Erholungspause und etwas zum Trinken braucht.

Hast du einen Platz frei?

Wer muss den Platz wechseln? Das kündigt der Mitspieler an, und alle sausen los, um einen neuen Sitzplatz zu ergattern.

i ab 6 Jahren • mindestens 10 Kinder
5 bis 10 Minuten • anregend • drinnen

Gut vorbereitet

Die Kinder stellen einen weiten Stuhlkreis auf. Es gibt einen Stuhl weniger, als Kinder mitmachen, denn ein Spieler muss sich seinen Platz »erobern«.

Kreisspiele

So geht's
Ein Kind wird ausgezählt und stellt sich in die Mitte des Stuhlkreises. Die anderen Kinder setzen sich. Das Kind in der Mitte geht auf einen Mitspieler zu und fragt ihn: »Hast du einen Platz frei?« Der Mitspieler antwortet: »Ja, aber nur für alle, die blaue Hosen anhaben!« Nun springen alle Kinder, die blaue Hosen tragen, auf und suchen sich einen neuen Platz. Aber aufgepasst, denn das Kind in der Kreismitte will ebenfalls einen frei gewordenen Sitzplatz erobern. Wer übrig bleibt, geht in die Stuhlkreismitte und sucht sich einen neuen Mitspieler aus, um ihm seine Frage nach einem freien Platz zu stellen.
Weitere Antworten des Mitspielers könnten beispielsweise sein: »Ja, aber nur für alle, die ...

➤ ... braune Schuhe tragen.«
➤ ... eine Brille aufhaben.«
➤ ... eine Armbanduhr tragen.«
➤ ... einen Ohrring tragen.«
➤ ... gerne Spaghetti essen.«
➤ ... gerne Eis essen.«
➤ ... schon einmal mit dem Flugzeug geflogen sind.«
➤ ... schon einmal mit einem Schiff gefahren sind.«
➤ ... gerne singen.«
➤ ... Flöte spielen können.«
➤ ... gestern ein Buch gelesen haben.«

Das Spiel kann 5 Minuten oder auch etwas länger dauern und bringt die Kinder ordentlich in Schwung. Danach geht es ruhiger weiter.

Wer rupft, wer zupft, wer war's?

Gezupft wird das kleine Hasenkind, und die Stimme verrät, wer so etwas macht.

> **i** ab 3 Jahren • mindestens 5 Kinder
> 5 bis 10 Minuten • beruhigend
> drinnen • Spielleiter

So geht's
Die Kinder sitzen auf Stühlen oder auf dem Boden im Kreis. Ein Kind ist das »Häschen«, geht zum Spielleiter, hält mit den Händen seine Augen zu und legt seinen Kopf in den Schoß des Spielleiters.
Der Spielleiter winkt ein anderes Kind herbei. Dieses stupst das »Hasenkind« an und sagt: »Wer rupft, wer zupft, wer war's?« Nun muss das »Hasenkind« erraten, wer hinter ihm steht. An der Stimme kann es das erkennen. Hat das »Hasenkind« richtig geraten, wird das andere Kind der nächste »Hase«, und das Spiel beginnt von vorne.
Das Spiel ist zu Ende, wenn alle Kinder einmal »Hasenkind« waren. Ist die Gruppe klein, können die Kinder auch mehrmals an die Reihe kommen.

Geisterbahn

Unter welchen Stühlen krabbeln die Geister? Setzt sich das Kind auf den richtigen Stuhl, ist der Geist erkannt und muss hervorkommen.

> **i** ab 5 Jahren • mindestens 6 Kinder
> 5 bis 10 Minuten • anregend
> drinnen • Spielleiter

MATERIAL: mehrere Stühle, Bettlaken oder alte Vorhänge, Musik, Kassetten- oder CD-Player

Gut vorbereitet
Die Kinder stellen die Stühle im Kreis auf. Dann verhüllen sie die Stühle mit Bettlaken oder Vorhängen, so dass man von den Stühlen nichts mehr sieht.
Ein Kind wird ausgezählt und stellt sich in die Mitte des Stuhlkreises. Die anderen Kinder sind die Geister und krabbeln unter den Stühlen im Kreis herum.

DIE SCHÖNSTEN SPIELE FÜR ZUHAUSE

So geht's
Der Spielleiter stellt die Musik an. Sofort krabbeln die »Geister« unter den Stühlen los.
Das Kind in der Mitte passt auf, ob es nicht eine Bewegung der Geister erkennen kann.
Wenn der Spielleiter die Musik stoppt, dürfen sich die Geister nicht mehr bewegen.
Das Kind setzt sich nun auf den Stuhl, unter dem es einen Geist vermutet. Jetzt darf es das Laken oder den Vorhang hochziehen und nachschauen, ob es unter diesem Stuhl auch wirklich spukt, also ob ein Geist darunter versteckt ist. Hat das Kind richtig geraten, tauscht es mit dem entdeckten Geist die Rollen. Ist unter dem Stuhl niemand, geht das Spiel weiter. Nach etwa 5 Minuten sollte das Spiel zu Ende sein, denn Krabbeln ist ganz schön anstrengend! Zur Erholung gibt es ein erfrischendes Getränk, und danach bauen die Kinder die Geisterbahn wieder ab.

Ringlein, du musst wandern

In welcher Hand steckt der Ring? Das verrät oft die Handhaltung oder das strahlende Kindergesicht.

 **ab 4 Jahren • mindestens 5 Kinder
5 Minuten • anregend
drinnen • Spielleiter**

MATERIAL: 1 Ring

So geht's
Die Kinder stellen sich zu einem Kreis auf oder sitzen im Stuhlkreis. Zwei Kinder werden ausgezählt. Eines bekommt den Ring, das andere stellt sich in die Mitte des Kreises.
Nun strecken alle Kinder ihre Hände aus, halten dabei die Handinnenflächen gegeneinander und lassen dazwischen einen kleinen Spalt frei, so dass dort der Ring hineinfallen kann.
Der Ringträger hält auch beide Handflächen gegeneinander und klemmt dabei den Ring zwischen seine Handflächen.

*Ringlein, Ringlein, du musst wandern
von der einen Hand zur andern.
Das ist herrlich, das ist schön,
Ringlein, lass dich nur nicht sehn.*

Alle Kinder singen das Lied und der Ringträger wandert innen im Kreis herum, streicht mit seinen Händen über die Hände der anderen und lässt irgendwann heimlich und unbemerkt den Ring zwischen die Hände eines Mitspielers fallen. Ist das Lied zu Ende gesungen, muss das Kind in der Kreismitte raten, in wessen Händen der Ring steckt. Hat es richtig geraten, ist das Spiel zu Ende und zwei neue Kinder werden zum Ringverstecken und Raten ausgezählt. Wird nach dreimaligem Raten nicht herausgefunden, welches Kind den Ring hat, beginnt das Spiel von neuem.
Das Spiel kann länger als 5 Minuten dauern, wenn es den Kindern gefällt. Es ist auch unter dem Namen »Taler, du musst wandern« bekannt.

Zublinzeln

Zwinkern, losrennen, festhalten, und dann noch einmal sein Glück versuchen – darum geht es bei diesem Spiel.

 **ab 7 Jahren • mindestens 7 Kinder
5 bis 15 Minuten • anregend • drinnen**

Gut vorbereitet
Ein Spieler wird ausgezählt und ist der »Blinzler«. Die Hälfte der Mitspieler stellt sich jetzt zu einem

110

Kreis auf. Hinter jedem Spieler stellt sich als »Wächter« ein anderer Spieler auf. Bleibt ein Spieler übrig, tauscht er nach ein oder zwei Spielrunden mit einem Wächter den Platz.

So geht's
Der Blinzler schaut sich bei den Mitspielern aus dem Innenkreis um und zwinkert heimlich einem zu. Das ist die Aufforderung, dass dieser losrennen und vor dem Blinzler Platz nehmen soll. Gelingt das, ist der »Wächter«, der jetzt alleine dasteht, der nächste Blinzler und kann sein Glück versuchen. Doch kann der Wächter, wenn er das Zwinkern gesehen hat, den Mitspieler festhalten, indem er seine Hände auf dessen Schultern legt. Dann versucht der Blinzler bei einem anderen sein Glück.
Das Spiel dauert so lange, wie es den Mitspielern gefällt. Je älter die Spieler sind, desto aufregender finden sie dieses Spiel und wollen noch lange weiterspielen. Vielleicht, weil sie sich ihre Sympathien durch freches Zwinkern endlich zeigen können?

Die Reise nach Jerusalem

Dieser Spieleklassiker ist auf jedem Kindergeburtstag der große Hit.

> ab 6 Jahren • mindestens 8 Kinder
> 5 Minuten • anregend
> drinnen • Spielleiter

MATERIAL: Kassetten- oder CD-Spieler, Musik, Stühle

Gut vorbereitet
Die Kinder räumen alle Hindernisse wie Tische und Spielsachen zur Seite. Dann stellen sie die Stühle in einer Reihe auf, und zwar einmal mit der Stuhllehne zur rechten und einmal zur linken Seite. Die Kinder brauchen für jeden Mitspieler einen Stuhl.

So geht's
Der Spielleiter, das kann auch ein Mitspieler sein, stellt die Musik ein und die Kinder wandern um die Stühle herum. Sobald der Spielleiter die Musik stoppt, setzt sich jedes Kind so schnell es kann auf einen Stuhl. Das ist anfangs einfach. Doch nun wird ein Stuhl beiseite gestellt! In der Musikpause rennen wieder alle Kinder auf die Stühle zu. Wer keinen Stuhl erwischt, muss ausscheiden. Und erneut wird ein Stuhl beiseite gestellt …
So geht das Spiel immer weiter, bis nur noch ein Kind übrig bleibt. Es ist Sieger und bekommt von den anderen anerkennenden Applaus.

Spielvariante: Auf dem Schoß sitzen
Diesmal stellen die Kinder die Stühle nicht in einer Reihe auf, sondern kreuz und quer und so weit voneinander entfernt, dass sich die Kinder auch zwischen den Stühlen bewegen können. Gespielt wird nach den gleichen Spielregeln wie oben. Während die Musik spielt, gehen alle Kinder im Zimmer umher und sobald die Musik gestoppt wird, setzt sich jedes Kind schnell auf einen Stuhl. Doch wer keinen Stuhl erwischt, setzt sich diesmal einfach auf den Schoß eines Mitspielers. Der Spaß ist in der letzten Runde besonders groß, da dann nur noch ein Stuhl zur Verfügung steht.

Bärenspiel

Die Kinder tanzen dem Bären vor der Nase herum. Doch plötzlich rappelt er sich auf und fängt eins der frechen Kinder.

> ab 4 Jahren • mindestens 4 Kinder
> 3 Minuten • anregend • drinnen

MATERIAL: Tisch, eventuell Tücher oder Decken oder alte Vorhänge

Gut vorbereitet
Der Tisch wird zur Bärenhöhle. Wenn die Kinder wollen, können sie die Höhle mit Tüchern, Decken oder alten Vorhängen an den Seiten zuhängen.

So geht's
Ein Kind wird ausgezählt und ist der Bär. Er legt sich in den Eingang seiner Höhle. Vor der Höhle tummeln sich die anderen Kinder. Sie ärgern den Bären, kichern, machen doofe Sprüche, schneiden Grimassen und hampeln vor seiner Nase herum. Der Bär schaut sich das bunte Treiben in aller Ruhe an. Doch

plötzlich springt er auf, jagt den frechen Kindern hinterher und fängt ein Kind. Das muss jetzt in die Bärenhöhle. Dann legt sich der Bär wieder vor seine Höhle. Schon tanzen die frechen Kinder dem Bären wieder vor der Nase herum. So geht das Spiel immer weiter. Es ist zu Ende, wenn nur noch ein Kind übrig bleibt. Es ist Sieger und darf bei der nächsten Bärenspiel-Runde der Bär sein.

Weitergeben!

Der Teddy wird von Hand zu Hand gereicht. Das wird immer brenzliger, denn wer ihn bei »zwanzig« in der Hand hat, scheidet aus.

> ab 5 Jahren • mindestens 6 Kinder
> 5 Minuten • anregend • drinnen

MATERIAL: 1 Ball oder kleiner Teddybär

So geht's

Die Kinder stehen im Raum, eines hat den Ball oder Teddy in der Hand. Ein Kind wird ausgezählt. Es stellt sich mit dem Gesicht zur Wand oder zum Fenster. Es muss bis 20 zählen. Das kann es schnell oder langsam tun, gerade so, wie es ihm gefällt. Die Zahl eins sagt es laut und zählt dann leise weiter. Erst die Zahl zwanzig ruft es wieder laut und dreht sich auch gleich um. In der Zwischenzeit geben die Kinder den Ball oder Teddy schnell weiter. Keiner weiß, wann die Zwanzig gerufen wird. Derjenige, der dann den Ball oder Teddy in der Hand hat, muss ausscheiden.

So geht das Spiel immer weiter, bis ein Kind übrig bleibt. Es ist Sieger und das Spiel ist zu Ende. Wenn die Kinder weiterspielen wollen, ist der Sieger der neue »Zähler«, und das Spiel beginnt von vorne.

Schildkrötenrennen

Mit dem Kissen auf dem Rücken gehen alle »Schildkröten« an den Start und wollen wissen, wer die schnellste von allen ist.

> ab 4 Jahren • mindestens 2 Kinder
> 3 Minuten • anregend
> drinnen • Spielleiter

MATERIAL: pro Mitspieler 1 Sofakissen

Gut vorbereitet

So verwandeln sich die Kinder in Schildkröten: Sie krabbeln auf allen vieren und balancieren ein Kissen auf ihrem Rücken.

So geht's

Der Spielleiter sucht zusammen mit den Kindern eine Rennstrecke aus. Die Strecke kann eine Runde im großen Wohnzimmer sein oder ein Hin- und Rückweg im langen Gang. Immer zwei Kinder gehen an den Start. Ist es ein Rundweg, krabbeln die beiden in entgegengesetzter Richtung los.
Auf ein Zeichen des Spielleiters geht es los. Wer sein Kissen unterwegs verliert, muss zurück an den Start und noch einmal beginnen.
Sieger ist, wer die Rennstrecke geschafft hat, ohne sein Kissen zu verlieren. Danach können alle Sieger noch einmal gegeneinander antreten, bis die schnellste Schildkröte das Spiel gewinnt. Das Spiel ist zu Ende, wenn die Schildkröten außer Puste sind. Weil Krabbelspiele mit Tempo alle Schildkröten durstig machen, sollte für jeden Mitspieler ein Erfrischungsgetränk bereit stehen, bevor es weiter in die nächste Runde geht.

Bewegungsspiele

Autorennen

Den Antrieb der Autos bilden die flinken Kinderhände. Um die Wagen ohne Unfälle ins Ziel zu leiten, muss man allerdings ziemlich geschickt sein.

ⓘ ab 3 Jahren • 2 bis 4 Kinder
3 Minuten • anregend
drinnen • Spielleiter

MATERIAL: Spielzeugautos, Schnur oder Wolle, Pappe, Schere

Gut vorbereitet
Der Spielleiter bereitet gemeinsam mit den Kindern das Spiel vor. Dafür brauchen sie etwa 15 Minuten. Sie überlegen sich die Rennstrecke, das kann beispielsweise der lange Flur oder eine Strecke über den Wohnzimmerteppich sein. Auch die Start- und Ziellinie legen sie genau fest. Dann schneidet sich jedes Kind ein Stück von der Schnur oder Wolle ab. Es sollte etwa 50 Zentimeter länger als die Rennstrecke sein. Von der Pappe schneidet jedes Kind ein postkartengroßes Stück ab und knüpft ein Ende der Schnur daran.
Als Nächstes suchen sich die »Rennfahrer« Spielzeugautos ohne Antrieb, die gut fahren. An den Autos befestigen sie das andere Ende der Schnur, so dass sie sie damit ziehen können.

So geht's
Die Kinder stellen ihre Autos an der Startlinie in eine Reihe. Sie selbst stellen sich hinter der Ziellinie auf. Und zwar nebeneinander und in der gleichen Reihenfolge, wie ihre Autos stehen. Jedes Kind hält seine Karte mit der Schnur so, dass sie leicht gespannt ist. Der Spielleiter ruft »Auf die Plätze, fertig, los!«, und das Rennen beginnt. Die Kinder wickeln so schnell sie können ihre Schnur um die Pappe und lassen auf diese Weise ihre Autos über die Rennstrecke sausen. Sieger ist der Rennfahrer, dessen Auto zuerst über die Ziellinie fährt.
Klar, dass dieses Rennen mehrmals stattfindet! Zum Glück dauert es gar nicht lange, bis alle Autos wieder startbereit aufgestellt sind. Denn schließlich möchte jeder Nachwuchs-Rennfahrer mal Sieger sein!

Alle Vögel fliegen hoch

Was kann fliegen und was nicht? Hier heißt es gut aufpassen und mitdenken!

ⓘ ab 5 Jahren • mindestens 4 Kinder
5 bis 10 Minuten • anregend
drinnen • Spielleiter

So geht's
Die Kinder sitzen rund um den Tisch. Der Spielleiter trommelt mit den Fäusten auf den Tisch und die Kinder machen mit. Der Spielleiter ruft dabei: »Alle Vögel fliegen hoch!« und fügt dann hinzu: »Die Schwalbe!« und reißt seine Arme in die Höhe. Weil die Schwalbe wirklich fliegen kann, strecken auch alle Kinder ihr Arme in die Höhe. So geht das Spiel weiter, und der Spielleiter wird viele Sachen rufen, die fliegen können, also nicht nur Vögel und Insekten aller Art, sondern auch Flugzeuge, Raketen und Papierflieger. Doch wenn er Autos, Hunde oder Betten fliegen lässt, dabei seine Arme in die Höhe wirft, müssen die Kinder aufpassen. Wer versehentlich seine Arme auch in die Luft streckt und nicht weitertrommelt, muss ein Pfand abgeben; genauso wie jemand, der seine Arme auf dem Tisch lässt und weitertrommelt, obgleich der Spielleiter etwas ausruft, das wirklich fliegen kann.
Das Spiel kann bis zu 10 Minuten dauern, denn es macht gerade kleinen Kindern großen Spaß. Wie die Pfänder ausgelöst werden, steht auf Seite 19.

Regenmacher

Mit Fingern, Knöcheln und Fäusten lassen die Regenmacher den Regen auf den Tisch prasseln.

ⓘ ab 4 Jahren • mindestens 2 Kinder
3 Minuten • anregend
drinnen • Spielleiter

So geht's
Die Kinder sitzen am Tisch und sind bereit fürs »Regenwetter«. Der Spielleiter spricht dazu, macht die Bewegungen vor, und die Kinder spielen alles mit:

113

DIE SCHÖNSTEN SPIELE FÜR ZUHAUSE

Mumien wickeln

Mit Toilettenpapier verwandeln Kinder ihre Spielkameraden zu schaurigen Mumien.

> ab 8 Jahren • mindestens 4 Kinder
> 3 bis 5 Minuten • anregend
> drinnen • Spielleiter

MATERIAL: mehrere Rollen Toilettenpapier, Fotoapparat oder Digitalkamera

Gut vorbereitet
Die Spieler teilen sich in Zweier- oder Dreiergruppen auf und sprechen ab, wer von ihnen zur Mumie wird.

So geht's
Die »Wickler« bekommen jeder eine Rolle Toilettenpapier und machen sich an die Arbeit. Sie umwickeln die Mumie von Kopf bis Fuß. Nur Augen und Nase dürfen herausschauen. Damit das gelingt, muss die Mumie stocksteif stehen bleiben.
Zum Schluss werden alle Mumien fotografiert. Dann werden sie von ihrer Umhüllung wieder befreit.

Familientreffen

Laut rufend findet sich die Familie zusammen, und alle quetschen sich auf einen einzigen Stuhl.

> ab 7 Jahren • mindestens 12 Kinder
> 5 Minuten • anregend
> drinnen • Spielleiter

MATERIAL: einige Stühle, Zettel, Stift, Kassetten- oder CD-Spieler mit Musik

Gut vorbereitet
Der Spielleiter bereitet für jede Familie vier Zettel vor. Darauf steht der Familienname und ob der Spieler Vater, Mutter, Sohn oder Tochter ist. Alle Zettel werden zusammengefaltet und gemischt in einen Korb oder auf den Tisch gelegt.
Für jede Familie wird ein Stuhl im Zimmer bereitgestellt. Die Kinder ziehen einen Zettel und schauen heimlich nach, wer sie sind und zu welcher Familie sie gehören. Keiner darf dem anderen etwas verraten.

- »Es nieselt« (mit den Fingern zart über den Tisch streichen).
- »Es tröpfelt« (mit den Fingern ein paar Mal auf den Tisch tippen).
- »Es regnet« (mit den Fingern laut auf den Tisch klopfen).
- »Es gießt« (mit der flachen Hand auf den Tisch klopfen).
- »Es schüttet« (mit den Fäusten auf den Tisch klopfen).
- »Es weht ein starker Wind« (mit den Händen fest und kreisförmig über den Tisch streichen).
- »Es hagelt« (mit den Fingerknöcheln auf den Tisch klopfen).
- »Es blitzt« (in die Hände klatschen).
- »Es donnert« (mit den Füßen auf den Boden trampeln).
- »Und alle Leute laufen weg« (die Hände hinter dem Rücken verstecken).

Pustespiele

So geht's
Der Spielleiter stellt die Musik an, und alle wandern im Raum umher. Wenn die Musik verstummt, müssen sich die Familien finden und nacheinander auf einem Stuhl Platz nehmen: zuerst der Vater, auf dessen Knien die Mutter, dann der Sohn und zum Schluss die Tochter. Die Familien finden sich nur durch lautes Rufen! Die Familie, die zuerst auf einem Stuhl Platz genommen hat, ist Sieger. Dann werden alle Familienzettel eingesammelt und das Spiel beginnt von neuem. Wie oft? Bis die Kinder genug von Rufen und Rennen und Platznehmen haben. Spannend wird das Spiel, wenn die Familiennamen ähnlich klingen, zum Beispiel Maier, Geier, Weiher und Seier oder Hartmann und Wartmann oder Stampfer, Mampfer und Kampfer.

Familien-Geschichten

Mit Aufstehen, Stuhl umkreisen und wieder Hinsetzen wird aus dieser Mitmach-Geschichte ein sportliches Spiel.

> ab 6 Jahren • mindestens 6 Kinder
> 5 Minuten • anregend

drinnen • Spielleiter

MATERIAL: Stühle

Gut vorbereitet
Der Spielleiter verteilt die Rollen: Vater, Mutter, Sohn, Tochter, Hund, Katze. Wenn mehr Kinder mitspielen, könnten noch der Kater, die Maus, der Kanarienvogel, die Schildkröte und weitere Haustiere hinzukommen.

So geht's
Die Kinder sitzen auf Stühlen und hören der Geschichte zu, die der Spielleiter ihnen erzählt. Die Geschichte handelt natürlich von einer Familie und ihren Haustieren. Sobald der Spielleiter einen Namen nennt, stehen die betreffenden Kinder, die diese Rolle zugeteilt bekamen, auf, rennen um ihren Stuhl und setzen sich wieder. Wenn der Spielleiter von dem ganzen »Haus« spricht, meint er alle. Erzählt er von der »Familie«, meint er nur Vater, Mutter, Sohn und Tochter. Sagt er etwas über die »Tiere«, meint er alle Tiere. So wird keines der Kinder sitzen bleiben können, denn in der Geschichte, die der Spielleiter spontan erzählt, ist allerhand los. So könnte die Geschichte beginnen:

»In einem hübschen kleinen Haus wohnt eine Familie, der Vater, die Mutter, der Sohn Florian und die Tochter Julia. Sie haben auch Haustiere, einen Hund Bello und eine Katze Mimmi. Und hinter dem Küchenschrank wohnt die kleine Maus Moritz. Aber das wissen nur Florian und Julia. Der Hund und die Katze wissen es eigentlich auch, denn sie können die Maus riechen, haben sie aber noch nie gesehen. Eines Tages passierte etwas sehr Aufregendes …«

Das Spiel ist zu Ende, wenn dem Spielleiter nichts mehr einfällt oder die Kinder außer Puste sind.

Kullerbällchen

Die Kinder pusten und die Wattebällchen kullern über den Tisch und hoffentlich ins Tor.

> ab 4 Jahren • 1 Kind oder mehr
> 5 bis 10 Minuten • anregend

drinnen • Spielleiter

MATERIAL: Wattebällchen, Bauklötze und andere Spielsachen wie Häuschen, Bäume, Zäune, Tiere

Gut vorbereitet
Die Kinder und der Spielleiter bauen mit den Spielsachen auf dem Tisch eine Hindernisstrecke auf. Am Start und Ziel bauen sie mit den Bauklötzen ein Tor.

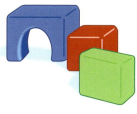

So geht's
Ein Kind geht mit seinem Wattebällchen an den Start. Pustend bewegt es den »Kullerball« an allen Spielsachen vorbei bis zum Zieltor. Wenn die Kinder um die Wette spielen wollen, stoppt der Spielleiter die Zeit. Mehr als drei Mal sollten die Kinder das Spiel nicht wiederholen, damit ihnen vor lauter Pusten nicht schwindelig wird.

DIE SCHÖNSTEN SPIELE FÜR ZUHAUSE

Pustewind

Pustend lassen die Kinder die feinen Papierblättchen in der Luft schweben. Wer das am besten kann, wird Sieger.

> ab 5 Jahren • mindestens 2 Kinder
> 3 bis 5 Minuten • anregend
> drinnen • Spielleiter

MATERIAL: einige Papiertaschentücher

Gut vorbereitet

Die Kinder helfen mit, die Papiertaschentücher in ihre hauchdünnen Lagen auseinanderzuziehen. Jedes Kind erhält eins dieser dünnen Blättchen. Nun verteilen sich die Kinder im Raum, bis jedes die Arme ausstrecken kann, ohne ein anderes Kind zu berühren.

So geht's

Der Spielleiter ruft »Achtung, fertig, los!« Und alle Kinder halten ihre Papierblättchen hoch über den Kopf, lassen sie los und pusten, was das Zeug hält. Sieger ist derjenige, der sein Blättchen am längsten in der Luft halten kann, ohne die Hände zu benutzen.

Tisch-Pust-Ball

Wer kann schneller und stärker pusten und schießt deshalb die meisten Tore?

> ab 6 Jahren • mindestens 2 Kinder
> 5 bis 10 Minuten • anregend
> drinnen • Spielleiter

MATERIAL: Bastelkarton, Schere, Klebeband, Tisch, Tischtennisball

Gut vorbereitet

Die Kinder bereiten ihren Pust-Ball-Spielplatz zusammen mit dem Spielleiter vor. Sie schneiden aus dem Karton zwei etwa 2 Zentimeter breite und 30 Zentimeter lange Streifen. Diese kleben sie mit Klebeband in der Form eines etwa 10 Zentimeter hohen Torbogens an den Tisch. Die Tore stehen einander gegenüber, wie bei einem Fußballspiel.

So geht's

Mit zwei Spielern: Die Spieler stellen sich einander gegenüber an den Tisch. Der Ball liegt in der Mitte. Der Spielleiter gibt ein Zeichen, und das Spiel beginnt. Die beiden Spieler pusten gleichzeitig los und versuchen, den Ball in das gegnerische Tor zu befördern. Nach jedem Tor wird der Ball wieder in die Mitte gelegt und das Startzeichen gegeben. Nach zehn Toren ist das Spiel zu Ende. Dann kommen andere Spieler an die Reihe.

Variante mit vier Spielern

Jetzt werden vier Tore gebastelt, auf allen vier Seiten des Tisches festgeklebt und ein oder zwei Tennisbälle ins Spiel gebracht. Gespielt wird nach den gleichen Spielregeln.

Zielwerfen

Nur für die Bälle, die in den farbigen Mulden landen, gibt es Punkte.

> ab 6 Jahren • mindestens 2 Kinder
> 5 bis 10 Minuten • anregend • drinnen

MATERIAL: mehrere Eierkartons, Klebeband, 3 verschiedene Plakafarben, Pinsel, 3 Tischtennisbälle, Malerkreppband

Gut vorbereitet

Dieses Wurfbrett können die Kinder selber basteln: Sie trennen die beiden Hälften der Eierkartons. Dann kleben sie mit dem Klebeband die Hälften der Eierkartons, die Spitzen und Mulden haben, aneinander. So entsteht ein großes Spielfeld.
Danach malen die Kinder mit leuchtenden Farben die Vertiefungen aus. Welche Vertiefungen mit welcher Farbe angemalt werden, das besprechen die Kinder vor dem Anmalen. Denn jede Farbe steht für eine bestimmte Punktzahl, zum Beispiel blau = ein Punkt, gelb = zwei Punkte, rot = drei Punkte.

So geht's

Die Kinder legen das Spielfeld auf den Tisch. Die Wurflinie wird etwa 2 Meter vom Tisch entfernt mit Malerkrepp auf dem Boden markiert. Jeder Spieler

Wurfspiele

 Da die Kinder das Spielfeld beim Zielwerfen selbst gestalten, haben sie es in der Hand, wie leicht oder schwierig das Spiel wird. Kleine Wurfkünstler können beispielsweise nur wenige Felder mit Farbe ausmalen und diese auch noch am Rand des Spielfelds platzieren. Kinder, die beim Werfen Schwierigkeiten haben, definieren, dass jedes Feld einen Punkt gibt, nicht nur die farbig angemalten. Außerdem können sie viel mehr Felder in der Farbe mit der höchsten Punktzahl anmalen, damit die kleinen Werfer schneller ein Erfolgserlebnis spüren.

wirft alle drei Bälle nacheinander. Die Mitspieler schauen zu und rufen dem Ballspieler die geworfene Punktzahl zu. Die Punkte werden zusammengezählt und aufgeschrieben. Dann kommt der nächste Spieler an die Reihe.
Das Spiel ist zu Ende, wenn jeder Spieler dreimal an der Reihe war. Sieger ist, wer die höchste Gesamtpunktzahl hat.

Punkte-Schatzinseln

Auf welcher Insel im Tuchwellenmeer landet die Münze? Jede Insel hat einen anderen Punkteschatz, und der zählt.

**ab 6 Jahren • mindestens 2 Kinder
5 bis 10 Minuten • anregend • drinnen**

MATERIAL: Moosgummi oder Styropor, Schere, Filzstift, blaues Pergamentpapier, Seidenpapier oder Tuch, 5 Münzen, Zettel, Stift

Gut vorbereitet
Bei der Vorbereitung machen die Kinder mit. Das Basteln geht schnell und ist einfach: Aus Moosgummi mit der Schere fünf postkartengroße Formen ausschneiden, die wie kleine Inseln aussehen. Oder aus Styroporteilen Formen ausbrechen. Diese können breit, länglich, klein oder groß sein. Auf die Inseln schreiben die Kinder je eine Zahl von eins bis fünf. Das Papier oder Tuch legen die Kinder auf den Tisch und schieben es etwas zusammen, so dass sich die Falten wie Meereswellen kräuseln. Dann verteilen die Kinder die Inseln auf dem »Meer«.

So geht's
Der Spieler geht einen Schritt vom Tisch zurück und zielt von dort aus mit den Münzen auf die »Inseln«. Er wirft alle fünf Münzen nacheinander. Dann werden die Zahlen der Inseln, auf denen einen Münze gelandet ist, zusammengezählt und aufgeschrieben. Münzen, die ins »Meer« gefallen sind, zählen nicht. So wird der Reihe nach gespielt.
Es gibt mindestens fünf Spielrunden. Sieger ist, wer die höchste Gesamtpunktzahl erreicht hat.

Büchsenpunkte

Büchsenwerfen mal anders: mit Zufallspunkten, aber ohne schepperndes Krachen.

**ab 7 Jahren • mindestens 2 Kinder
5 bis 10 Minuten • anregend
drinnen oder draußen**

MATERIAL: 10 gleich große, leere Büchsen oder Einmach-/Marmeladengläser mit breiter Öffnung, Schnur, Schere, 5 bis 10 Tischtennisbälle, 10 kleine Zettel, Papier, Stift

Gut vorbereitet
Die Kinder schreiben auf die Zettel jeweils eine Zahl von eins bis zehn und legen die Zettel in die Büchsen. Alle Büchsen stellen sie auf den Tisch, schieben sie zusammen und binden sie mit einer Schnur aneinander, damit sie beim Spiel nicht auseinanderrutschen.

So geht's
Ein Spieler stellt sich mindestens 3 Meter vom Tisch entfernt auf. Von dort wirft er alle Bälle in die Büchsen. Da er nicht weiß und auch nicht nachschauen darf, in welcher Büchse welche Punktzahl verborgen ist, ist es natürlich Glückssache, ob in den getroffenen Dosen hohe Punktzahlen liegen.
Die Zahlen der Büchsen, in denen ein Ball gelandet ist, werden zusammengezählt und aufgeschrieben. Dann schieben die Kinder die Büchsen durcheinander, bevor der nächste Spieler an der Reihe ist.
Es gibt mindestens fünf Spielrunden. Im Anschluss zählen die Spieler ihre Punktzahlen zusammen. Sieger ist, wer die höchste Punktzahl erreicht hat.

117

DIE SCHÖNSTEN SPIELE FÜR ZUHAUSE

Das Wohnzimmer-Piratenfest für regnerische Tage

Hei-ho, hei-ho! Die Freibeuter machen heute einen Nachmittag lang ein Wohnzimmer unsicher. Am besten geeignet ist dieses Fest für Sieben- bis Neunjährige und eine Spielgruppe von sechs bis acht Kindern. Übrigens: Es gab auch jede Menge Piratinnen! Dies ist also nicht nur ein Fest für Jungs.

Alle Spiele aus dem Unterkapitel »Achtung, fertig, aufgepasst!« (Seite 106) eignen sich für dieses Fest – und natürlich besonders die hier vorgestellten Spiele.

Das Piratenzimmer
Die Wände des Zimmers werden mit blauen Tüchern und Krepp-Papierbahnen in unterschiedlichen hellen und dunklen Blautönen abgehängt. Jetzt sieht es aus, als wäre ringsum das große, blaue Meer. Bunte Papierfische und Papierseesterne, die die Kinder vorher gemalt haben, hängen an Fäden von der Decke herab.

Parateninseln
Große Papierbögen und Wasserfarben liegen bereit, auch Stecknadeln oder Klebstreifen. Wenn die Gäste eintreffen, werden sie aufgefordert, zu Beginn ein paar Inseln für das Meerzimmer zu malen, komplett mit Palmenstränden oder Felsklippen, mit Burgen oder Zelten. Die Inseln werden mit Stecknadeln oder Klebstreifen an den Stoff- und Krepp-Papierbahnen befestigt.

Piratenschiff
Im Zimmer liegt das Piratenschiff vor Anker. Es ist der umgedrehte Esstisch. Die Tischbeine sind mit einer Kordel verbunden – das sieht wie eine Reling aus. An einem der Tischbeine wird als Segelmast ein Besenstiel festgebunden, an dem bunte Papierfahnen flattern. Ist das Piratenschiff zu klein für alle »Piraten«, liegt daneben ein zweites vor Anker.

FLASCHENPOST-EINLADUNG

Wie bekommt ein Pirat seine Nachrichten? Natürlich mit der Flaschenpost! Deshalb wird die Einladung in einer kleinen Flasche überreicht. Die Einladung selbst sieht aus wie eine alte Schatzkarte: Sie ist am Rand eingerissen und mit Ruß, schwarzer Schuhcreme oder Fingerfarbe angeschwärzt, als wäre sie etwas angebrannt. Vielleicht finden sich auch kleine Geheimzeichen darauf, die den Weg zu einem Schatz weisen? Den Tag des Festes, die Uhrzeit, die Adresse und die Telefonnummer können die kleinen Freibeuter zum Glück aber ohne Probleme entziffern.

Das kann dann auch ein großer, mit Plakafarben angemalter Verpackungskarton sein. Alle Piraten treffen sich immer wieder in ihrem Schiff, um die nächsten Spiele zu beraten und um ihre Piraten-Mahlzeit einzunehmen.

Schatztruhe
Material: große, stabile Kiste, Karton oder Wanne, viel Sand, Styroporkügelchen oder ein anderes, passendes Verpackungsmaterial, ein paar kleine Schächtelchen und leere Kosmetikdöschen, Goldfolie, Schere, Geschenkband, und viele kleine Dinge als Preis für die Piraten, beispielsweise kleine Comicfiguren, witzige Radiergummifiguren, Glitzer-Armketten, kleine Spielzeugautos oder Ähnliches. Die Piraten mögen am liebsten goldene Schätze. Deshalb werden die Siegerpreise entsprechend »kostbar« verpackt. Bei dieser Vorbereitung machen die Kinder sicher gern mit. Die kleinen Dosen und Schächtelchen werden mit den Preisen gefüllt, gut verschlossen, mit Goldfolie eingepackt und mit dem kostbar aussehenden Geschenkband verschnürt.
Die Schatzkiste füllen Sie mit Sand oder Styroporkügelchen und vergraben darin die goldenen Päckchen. Ist die Schatzkiste ein großer Karton, wird er mit Plakafarben wie eine alte Kiste angemalt oder mit Rupfenstoff bezogen.
Wer einen Siegerpreis bekommt, darf in der Schatzkiste nach seinem Schatz graben und ein Päckchen hervorholen.

Piraten-Outfit
Piraten haben einen geliebten alten Hut, gern auch einen Sonnenhut aus Stroh, der schon ganz durchlöchert ist. (Ist da mal eine Kugel durchgesaust?) Dazu ein weißes, arg dreckiges Hemd und bequeme Hosen. Die klassi-

DIE SCHÖNSTEN SPIELE FÜR ZUHAUSE

sche Augenklappe schminken sich die Kinder am besten mit schwarzer Schminke ins Gesicht. Das sieht täuschend echt aus, und die Kinder können trotzdem gut sehen. Mit schwarzer und brauner Schminkfarbe malen sich die Kinder auch wilde Haarlocken in die Stirn, einen üppigen Schnauzbart und viele Bartstoppeln auf die Wangen. Vielleicht möchten sich einige auch ein Pflaster auf die Stirn kleben und eine dunkelrote Narbe an die Schläfe oder den Hals aufschminken.
Die Schminkfarben kaufen Sie in Bastelgeschäften oder Drogerien. Räumen Sie das Badezimmer zum Schminkzimmer um und legen Sie die Schminke, Spiegel und Küchenkrepp bereit. Das Abschminken geht später am einfachsten mit einer fettigen Creme, danach mit einem milden Gesichtswasser nachreinigen.

Spielregeln
Piraten kämpfen, balgen, werfen Speere, messen ihre Kräfte, sind flink und mutig.

In den Kreis ziehen
Auf den Boden wird mit einem farbigen Wollfaden ein Kreis von 1 Meter Durchmesser ausgelegt. Die Kinder stellen sich rund um den Kreis und fassen sich an den Händen. Sie rufen gemeinsam das Startzeichen »Ho – ho – ho!« und ziehen und zerren sich dann gegenseitig hin und her, bis ein Pirat in den Kreis tritt. Er muss ausscheiden. Dann geht der Kampf weiter, und ein Kind nach dem anderen scheidet aus. Sieger ist, wer übrig bleibt. Er darf in der Schatzkiste nach einem Schatz graben.

Starke Muskeln
Dieses Spiel ist eine willkommene Abwechslung für Piraten, die sich von ihren Kämpfen und Seeschlachten erholen wollen. Ein Spieler stellt sich seitlich mit einer Schulter an die Wand und drückt den Arm so fest er kann an die Wand. Er zählt bis 20 und tritt dann zwei Schritte von der Wand zurück. Die Muskelkraft ist jetzt so stark, dass sich sein Arm von selbst in die Höhe bewegt, obwohl der Spieler diesen Arm ganz locker hält.
Die Erklärung: Die Muskeln befolgen immer noch dem Befehl des Gehirns: Fest andrücken! Man kann das Spiel auch so spielen: Anstatt sich an die Wand zu stellen, hält einer den Arm des andern fest.

Walnuss-Schiffchen
Material: Walnüsse, Obstmesser, wasserfeste Filzstifte, Wachsmalstift, Wanne mit Wasser gefüllt.
Auch im Spiel trainieren die Piraten, wie gut sie ein Schiff manövrieren können.
Zuerst knackt jeder Spieler eine Walnuss, so dass eine Hälfte davon ganz bleibt. Das geht mit einem Obstmesser am besten. Man schiebt die Messerspitze in die Rille zwischen die beiden Walnusshälften, verdreht das Messer ein wenig und die Walnuss knackt auf. Die Nusskerne werden natürlich gleich ver-

Piraten-Popcorn
In der Piratenküche muss es natürlich knallen und zischen. Am tollsten finden die kleinen Freibeuter daher Popcorn, das sie sich auch selbst zubereiten können. Dafür muss die ganze Piratenmannschaft für kurze Zeit die Küche entern.
Zutaten für 8 Portionen:
6 bis 8 Esslöffel Pflanzenöl,
8 Esslöffel Popcornmais,
2 bis 4 Esslöffel Butter,
je nach Geschmack
1 Teelöffel Salz oder
2 bis 4 Esslöffel Zucker oder
Ahornsirup. Zubereitungszeit
10 bis 15 Minuten.
Geben Sie den Kindern einen sehr großen, hohen Topf mit Deckel. Und so geht es weiter: Das Öl im Topf erhitzen. Ist es heiß, nur so viele Körner hineinschütten, dass alle in einer Schicht auf dem Topfboden und nicht übereinander liegen. Den Topf mit dem Deckel verschließen und alle 15 Sekunden kräftig hin- und herrütteln. Sobald die Körnen »poppen«, also knallend aufplatzen, den Topf alle 5 Sekunden schütteln, damit die unteren Körner nicht im heißen Öl liegen bleiben und verkohlen. Sobald nur noch vereinzelt ein Knall zu hören ist, den Topf vom Herd nehmen und das Popcorn in eine Schüssel umfüllen.
In einen kleinen Topf die Butter geben und anschmelzen, also nur flüssig und nicht braun werden lassen. Das Popcorn damit übergießen, Salz oder Zucker darüberstreuen und mit zwei Löffeln alles vermengen.

speist. Jeder Spieler schreibt auf eine Nusshälfte einen besonderen Schiffsnamen.
Als Meer wird eine Wanne aufgestellt und halb voll mit Wasser gefüllt. Das geht auch im Zimmer prima. Dann markiert einer mit Kreide oder Wachsmalstiften am Innenrand der Wanne eine Startlinie und auf der gegenüberliegenden Seite die Ziellinie. Immer zwei Schiffchen gehen an den Start. Auf ein Startzeichen blasen die beiden Spieler ihre Schiffchen über das Wasser. Sieger ist, wessen Schiffchen zuerst auf der gegenüberliegenden Seite am Wannenrand anstößt.
So treten alle Piraten gegeneinander an, auch die Sieger noch einmal. Der letzte Sieger darf aus der Kiste einen Schatz heben.

Geheimnisse weitersagen

Piraten können einander Neuigkeiten schnell weitersagen, und zwar so, dass kein Fremder ein Wörtchen davon mitbekommt. Wie gut ihnen das gelingt, zeigen sie in diesem Spiel.
Alle Spieler sitzen im Kreis. Einer flüstert seinem Sitznachbarn ein Geheimnis ins Ohr. Dieser flüstert das, was es verstanden hat, dem nächsten zu. So geht reihum die »Flüsterkette« weiter bis zum letzten Spieler. Der verkündet laut die Nachricht, die bei ihm angekommen ist. Das Gekicher ist groß, denn meistens ist es etwas ganz anderes als die ursprüngliche Botschaft. Piratengeheimnisse sind beispielsweise:
➤ Auf der Insel Pitzli-Putzli ist ein Schatz vergraben.
➤ Wir überfallen heute Nacht das Handelsschiff des Königs von Spanien.
➤ Wir werden morgen auf ein Schiff aus Amerika treffen, das Goldschätze, Tabak und Schokolade geladen hat.
➤ Und zum Schluss wird der Satz weitergesagt: Jetzt gibt es keine Geheimnisse mehr zum Weiterflüstern.

Seeungeheuer und Speerwerfen

Material: Strohhalme oder Schaschlikstäbchen, Schere, Knete, Pappkarton, Malkreiden.
Piraten kämpfen mutig und fürchten sich auch nicht vor Seeungeheuern. Das zeigen sie bei diesem Spiel.
Jeder Spieler bastelt sich seine vier Mini-Speere selber. Er schneidet zwei Strohhalme oder Schaschlikstäbchen in der Mitte durch. Am einfachsten geht das mit einer Schere. Dann nimmt sich jeder ein Stück Knete – jeder Spieler sollte eine andere Farbe wählen, damit man beim Spiel die Speere unterscheiden kann! Aus der Knete formt er vier Kugeln im Durchmesser von etwa anderthalb Zentimetern und schiebt die Strohhalme oder Holzstäbchen hinein. Fertig sind die Speere.
Vom Gastgeber wurde bereits die Zielscheibe vorbereitet. Es ist ein Seeungeheuer, auf Pappkarton gezeichnet und ausgeschnitten. Das Ungetüm ist etwa einen Meter lang, hat ein Furcht erregendes Gesicht, große, aufgerissene Augen, dicke, schwarze Nasenlöcher, eine lange rote Zunge, Zacken auf dem Rücken, Krallen an den Pfoten. Und es speit Feuer!
Dieses Papp-Ungeheuer liegt auf dem Boden. Die Spieler stehen in einer Entfernung von etwa 2 Metern mit ihren Speeren bereit. Der Reihe nach wirft jeder zuerst nur einen Speer auf das Ungeheuer. Alle Speere bleiben liegen – auch diejenigen, die nicht getroffen haben. Nach dieser Runde zieht sich das Ungeheuer etwas zurück, das heißt, ein Mitspieler schiebt es mit den darauf liegenden Speeren einen halben Meter weiter weg. Die nächste Speerwurf-Runde beginnt. Danach zieht sich das Ungeheuer wieder einen halben Meter zurück. Und auch zum Schluss noch einmal, bevor die Spieler ihren letzten Speer werfen. Gewonnen hat der Pirat, der das Seeungeheuer am häufigsten getroffen hat. Er darf in der Schatzkiste nach einem Schatz suchen.

Lust zu knobeln? – Sprech-, Denk- und Ratespiele

Rätsel und Ratespiele haben etwas Faszinierendes und Spannendes. Die Suche nach der Lösung, das Raten und Tüfteln, Knobeln und Grübeln ist vor allem dann aufregend, wenn mehrere Kinder mitmachen. Welch ein Triumph für denjenigen, der des Rätsels Lösung als Erster gefunden hat! Er fühlt sich sehr schlau und will am liebsten auch gleich mit Mama und Papa in Wettstreit treten. Dabei kommen die Kleinen groß raus, wenn sie das Rätsel kennen und die Eltern noch nicht. Ob beim Warten im Restaurant, beim Schlangestehen am Fahrkartenschalter oder bei sehr langen Autofahrten: Mit Rätseln und Ratespielen vergeht die Zeit fast wie im Flug.

SPRECH-, DENK- UND RATESPIELE

Wer hat's als Erster raus?

Wer ein paar Rätsel kennt, kann die anderen herausfordern und auf die Probe stellen oder jemanden mit Scherzfragen auf die falsche Fährte führen. Rätsel sind ein gutes Heilmittel gegen Langeweile auf Autofahrten und Bahnreisen, denn Knobelspiele sorgen für Abwechslung.

Rätsel raten

Wer genau zuhört, fantasievoll mitdenkt, alles nicht so ernst nimmt, der kommt ans Rätselziel und weiß das Wort.

i ab 6 Jahren • 1 Kind oder mehr
3 Minuten • beruhigend
drinnen • Spielleiter

So geht's
Der Spielleiter oder ein Schulkind liest ein Rätsel vor. Die Kinder raten. Sicher muss der Spielleiter das Rätsel mehrmals vorlesen. Wenn die Kinder trotzdem die Lösung nicht herausbekommen, hilft der Spielleiter den Kindern mit ein paar zusätzlichen Erklärungen auf die »Rätsel-Spur«. Auf keinen Fall sollte er aber das Lösungswort verraten.
Der Spielleiter kann so viele Rätsel stellen, wie es den Kindern Spaß macht. Eine Abwechslung dazu sind die Scherzfragen, da hier »um die Ecke« gedacht wird und das Ergebnis recht witzig ist.

Die Lösungen zu der nachfolgenden Rätselauswahl und den Scherzfragen können Sie auf Seite 214 nachlesen.

Vier Beine hat es und läuft doch nicht.
Federn hat es und fliegt doch nicht.
Immer steht es mäuschenstill,
denn wer drin liegt, nur Ruhe will.

Loch an Loch
und hält doch.
Was ist das?

Erst weiß wie Schnee,
dann grün wie Klee,
dann rot wie Blut,
schmeckt allen Kindern gut.

Bei einem Loch hinein,
bei zwei Löchern hinaus,
und wenn man draußen ist,
so ist man drinnen.

124

Rätsel und Scherzfragen

Ich habe ein Bein und kann nicht stehen,
ich trage eine Brille und kann nicht sehen,
ich habe zwei Flügel und kann nicht fliegen,
ich habe einen Rücken und kann nicht liegen.

Bei Sonnenschein und hellem Licht
begleitet er dich, im Dunkeln nicht.

In der Luft, da fliegt es,
auf der Erde liegt es,
auf dem Baume sitzt es,
in der Hand, da schwitzt es,
auf dem Ofen zerläuft es,
in dem Wasser ersäuft es.
Wer gescheit ist, begreift es.

Möchte gern wissen, wer das ist,
der immer mit zwei Löffeln frisst?

Sag mir doch den Vogel an,
der seinen Namen rufen kann?

Rate, was ich weiß:
Sie brennt und ist nicht heiß.

Das stärkste Tier,
wer nennt es mir,
das immerfort
von Ort zu Ort
sein Haus trägt
auf dem Rücken fort?

Scherzfragen

Wer Scherzfragen stellt, macht sich einen Spaß
daraus, andere zu verwirren. Denn die Antwort ist
oft naheliegender, als man denkt.

 **ab 9 Jahren • 1 Kind oder mehr
3 Minuten • anregend • drinnen**

So geht's
Hier ein paar Scherzfragen zum Lesen oder Vorlesen.
Wer »um die Ecke denkt« und den Scherzfragen auf
die Spur kommt, kann bald selbst welche erfinden
und seine Freunde aufs Glatteis führen.

➤ Womit fängt der Tag an und hört die Nacht auf?
➤ Womit fängt jede Arbeit an?
➤ Was wiegt schwerer: 1 Kilogramm Eisen oder
1 Kilogramm Federn?

 Rätsel
Rätsel sind ein Volksgut
und so alt wie Volkslieder
und Märchengeschichten.
Das Rätselhafte, Geheim-
nisvolle, Unbekannte
hatte schon immer seinen
besonderen Reiz. Die
Sprache der alten Rätsel
klingt für Kinder fremd
und seltsam. Doch das ist
gerade der Reiz und die
Kinder hören gerne zu.

➤ Was ist der Unterschied zwischen 3 Euro und 3 Cent?
➤ In welche Gläser kann man am meisten einschenken?
➤ Welcher Baum hat keine Wurzeln und Blätter?
➤ Welcher Hahn kräht nicht?
➤ Welche Schlange ist die größte und beißt nicht?
➤ Welcher Zahn beißt nicht?
➤ In welche Schule dürfen keine Kinder?
➤ Welche Perle gefällt kleinen Kindern am besten?
➤ Mit welcher Angel kann man keine Fische angeln?
➤ In welchen Zug passt nur eine Person?
➤ Welcher Helm passt auf keinen Kopf?
➤ Was brüllt lauter als ein Löwe?
➤ Welches Tier sieht dem Löwen ähnlich?
➤ Warum schließt eine Kuh ihre Augen, wenn sie muht?
➤ Wie lange schläft eine Kuh nachts?
➤ Was geht und geht und kommt doch nicht von der Stelle?
➤ Es ist schon lange fertig und wird doch täglich gemacht?
➤ Welches Tier kann höher springen als ein Kirchturm?
➤ Wer ist der kleinste König und hat kein Land?
➤ Welcher Schuh passt an keinen Fuß?
➤ Welches Wort schreibt man immer falsch?
➤ Welcher Vogel wird aus einem Ei ausgebrütet, kann aber keine Eier legen?
➤ Welcher Vogel kann Eier legen, brütet sie aber nicht selbst aus?
➤ Wie kommt eine Katze am leichtesten ins Haus?
➤ Was schmeckt besser als ein Eis?
➤ Wie kommt eine Ameise über den Fluss?

125

SPRECH-, DENK- UND RATESPIELE

Verrückte Verse erfinden

Wer den Trick heraushat, kann bald selber den schönsten Unsinn zusammenreimen.

 ab 8 Jahren • 1 Kind oder mehr
3 Minuten • beruhigend • drinnen

So geht's
Die Spieler reihen viele Wörter mit demselben Anfangsbuchstaben aneinander, so dass daraus ein lustiger Satz voller Quatsch entsteht. Dazu kann man noch die Zahlenreihe von 1 bis 10, ein paar Tiere und viele Adjektive ergänzen – und schon entstehen die tollsten Unsinnverse.
Hierzu ein Beispiel:

Ein einsamer Esel
und zwei zornige, zappelnde Zebras
sehen drei dämliche, düstere Dromedare
und vier veilchenblaue, verliebte Vögel,
die fünf fröhlich fiedelnden Fische
und sechs stumme, stampfende Stiere erschrecken.

Das finden die
sieben süßlichen, säuselnden Seeigel
und die acht albern aussehenden Affen blöde,
weil sie die neun nassen, näselnden Nashörner
und die zehn zaghaft zaudernden Ziegen verjagen.

Zungenbrecher

Nur geschmeidige Zungen stolpern nicht. Wer diese Worthürden meistert, ist Sieger.

 ab 7 Jahren • mindestens 2 Kinder
3 Minuten • anregend • drinnen

So geht's
Zungenbrecher sind Schnellsprechsätze, die man dreimal fehlerlos und schnell aufsagen muss. Jeder Spieler sucht sich einen Satz aus und versucht sein Glück. Schafft er es, kann ein Mitspieler mit demselben Satz gegen ihn antreten. Schafft er es auch, starten beide gleichzeitig mit dem Zungenbrecher und Sieger ist, wer zuerst fehlerlos den Satz gesagt hat.

Fischers Fritz fischt frische Fische,
frische Fische fischt Fischers Fritz.

Blaukraut bleibt Blaukraut
und Brautkleid bleibt Brautkleid.

Der Potsdamer Postkutscher
putzt den Potsdamer Postkutscherkasten.

Es klapperten die Klapperschlangen,
bis ihre Klappern schlapper klangen.

Zwei wicklige wacklige Paukenschläger
schlagen zwei rumplige pumplige Pauken.

Esel essen Nesseln gern,
Nesseln essen Esel gern.

Zinnoberrotes Flanell-Läppchen.

Unser alter Ofentopfdeckel tröpfelt.

Zwischen zwei Zwetschgenzweigen
saßen zwei zwitschernde Schwalben.

> **INFO — Das Sphinx-Rätsel**
>
> Das bekannteste Beispiel für Rätsel ist das der Sphinx, der Löwenjungfrau aus einer griechischen Sage. Sie bewachte die Burg von Theben, dachte sich Rätsel aus, und wer sie nicht lösen konnte, wurde den Burgfels hinuntergeworfen. Als der junge Königssohn Ödipus nach Theben kam, stellt ihm die Sphinx ein besonders schwieriges Rätsel: »Was ist am Morgen vierfüßig, am Mittag zweifüßig, am Abend dreifüßig?« Ödipus konnte das Rätsel lösen: Es ist der Mensch. Er krabbelt als Baby auf allen vieren, geht dann aufrecht auf seinen zwei Beinen und benützt als alter Mensch einen Gehstock. Als die Sphinx seine Antwort hörte, stürzte sie sich vor Zorn selber in den Abgrund. Und der kluge Ödipus wurde König von Theben.

Knobelspiele

Wer nichts weiß und weiß,
dass er nichts weiß,
weiß viel mehr als der,
der nichts weiß und nicht weiß,
dass er nichts weiß.

Schnick-Schnack-Schnuck

»Schnick-Schnack-Schnuck«, das haben viele noch im Ohr. Wie war das mit Stein, Papier und Schere?

ab 7 Jahren • mindestens 2 Kinder • 3 Minuten • anregend • drinnen oder draußen

Gut vorbereitet

Dieses Knobelspiel gehört zu den ältesten Spielen überhaupt. Es heißt auch »Morra« oder »Sching, Schang, Schong«, oder »Eins, Zwei, Drei«. Die Spieler klären zu Beginn die Handzeichen für Stein, Papier, Schere und Brunnen ab. Die Spielregeln sind in der Tabelle auf Seite 128 aufgeführt.

So geht's

Die beiden Spieler stehen sich gegenüber und strecken ihre Faust aus. Sie zählen miteinander laut »Eins, Zwei, Drei« oder rufen: »Sching, Schang, Schong«. Dabei wippen sie mit der Faust auf und ab, und öffnen genau bei »Drei« oder »Schong« ihre Hand und bilden eine der vier Figuren, siehe Abbildung unten. Jetzt überprüfen sie, wer welche Figur zeigt und gewonnen hat. Es werden mindestens sieben Spielrunden gespielt. Sieger ist, wer die meisten Runden gewonnen hat.

Wenn man zu mehreren spielt, werden Paare gebildet, deren Sieger dann gegeneinander antreten.

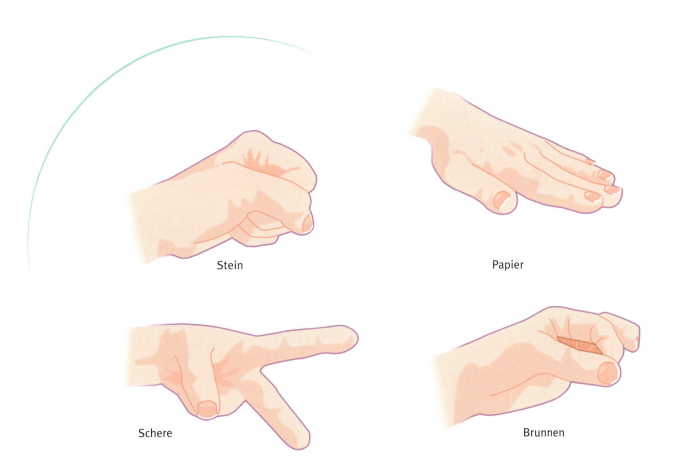

Stein — Papier — Schere — Brunnen

SPRECH-, DENK- UND RATESPIELE

SPIELREGELN

Schere und Papier	Die Schere schneidet das Papier, also gewinnt Schere.
Schere und Stein	Der Stein schleift die Schere, also gewinnt Stein.
Schere und Brunnen	Die Schere fällt in den Brunnen, also gewinnt Brunnen.
Papier und Stein	Das Papier wickelt den Stein ein, also gewinnt Papier.
Papier und Brunnen	Das Papier deckt den Brunnen ab, also gewinnt Papier.
Stein und Brunnen	Der Stein fällt in den Brunnen, also gewinnt Brunnen.

Finger-Poker

Ein Spiel für schnelle Zähler und schnelle Rechner. Gezählt werden aber nur die Finger.

 ab 7 Jahren • mindestens 2 Kinder
3 bis 5 Minuten • anregend • drinnen

So geht's
Die beiden Spieler sollten ungefähr gleich gut rechnen können. Sie stehen oder sitzen sich gegenüber und verstecken ihre Hände hinter dem Rücken. Gemeinsam sagen sie das Kommando: »Eins, zwei, drei!« und strecken bei »drei!« ihre Hände vor. Dabei zeigen sie beliebig viele Finger. So schnell wie jeder kann, zählt und rechnet er alle gestreckten Finger zusammen und nennt die Zahl. Wer zuerst die richtige Zahl nennt, hat gewonnen und bekommt einen Siegerpunkt.
Nach zehn Spielrunden ist das Spiel zu Ende. Sieger ist, wer die meisten Punkte hat.

Variante mit Wette
Bevor die Spielrunde beginnt, sprechen die Kinder ab, wer von ihnen für die gerade Zahl wettet und wer für die ungerade Zahl. Dann wird mit den Fingern gepokert. Wer richtig gewettet hat, bekommt einen Wettpunkt. Sieger ist, wer die meisten Wettpunkte bekommen hat.

Knobeln mit Streichhölzern

Ein ruhigeres Knobelspiel: Alle schätzen nacheinander, wie viele Streichhölzer in den Händen versteckt sind.

 ab 6 Jahren • 3 bis 4 Kinder
5 bis 10 Minuten • beruhigend • drinnen

MATERIAL: 3 Streichhölzer für jeden Spieler

So geht's
Die Spieler sitzen rund um den Tisch. Jeder bekommt drei Streichhölzer und versteckt sie in einer Hand unter dem Tisch. Nun nimmt jeder Spieler mit seiner »Spielhand« ein, zwei oder drei Streichhölzer. Dann schließt er seine »Spielhand« zur Faust und legt sie oben auf den Tisch. Die anderen Streichhölzer hält jeder Spieler unter dem Tisch in der anderen Hand versteckt.
Danach schätzen alle Spieler, wie viele Streichhölzer insgesamt in den Fäusten auf dem Tisch sind. Der Reihe nach sagt jeder Spieler seine geschätzte Zahl. Dabei darf eine Zahl nur einmal genannt werden. Die anderen Spieler müssen eine andere Schätzzahl angeben. Haben alle Spieler eine Zahl genannt, öffnen sie ihre Fäuste und zählen die Streichhölzer nach. Hat einer richtig geschätzt, bekommt er von den anderen jeweils ein Streichholz als Beute.
So geht das Spiel immer weiter, bis ein Spieler kein Streichholz mehr hat. Sieger ist, wer im Besitz der meisten Streichhölzer ist.

Wortspiele und Geschichten

Über das Raten ins Reden kommen

Wie schön, dass Lernen so viel Spaß machen kann! Über das Raten lernen Kinder von ganz allein Fragen zu stellen und etwas genau zu beschreiben. Beginnen Sie Ratespiele, wenn die Großeltern da sind. Sie werden begeistert mitmachen und sich über den schönen Tag freuen.

Buchstabenreihe

Alle Buchstaben des Alphabets werden für Worte verwendet, manche sogar mehrmals, bis kein Buchstabe mehr übrig ist.

 ab 8 Jahren • 1 Kind oder mehr
3 bis 5 Minuten • beruhigend • drinnen

MATERIAL: 1 Blatt Papier und 1 Bleistift

So geht's
Der Spieler schreibt zuerst alle 26 Buchstaben auf. Aus dieser Buchstabenreihe sucht er sich welche aus, um Wörter zu bilden. Am Anfang ist es leicht, sich ein Wort auszudenken und die verwendeten Buchstaben aus der Buchstabenreihe auszustreichen. Aber später wird es schwieriger. Immer wieder denkt sich der Spieler ein neues Wort aus und streicht alle Buchstaben, die darin enthalten sind, aus der Buchstabenliste aus. Ein Buchstabe darf mehrmals ausgestrichen werden. Das Spiel ist zu Ende, wenn alle Buchstaben durchgestrichen sind.

Wortbaukasten

Jeder ergänzt einen Buchstaben, aber keiner kennt das Wort des andern.

 ab 8 Jahren • mindestens 2 Kinder
3 bis 5 Minuten • beruhigend • drinnen

MATERIAL: 1 Blatt Papier und 1 Stift

Gut vorbereitet
Das Papier liegt auf dem Tisch. Die Mitspieler sitzen beieinander, so dass sie auf das Papier schauen können. Spielen mehr als drei Kinder mit, wird das Papier auf dem Tisch weitergeschoben.

So geht's
Ein Spieler beginnt und schreibt einen Buchstaben auf das Papier, zum Beispiel »S«, weil er an Schokolade denkt. Aber sagen darf er das Wort nicht. Jetzt ist der nächste Spieler an der Reihe und fügt einen Buchstaben an, beispielsweise »A«, weil er an Sabine denkt. Auch das darf er nicht sagen. Der Nächste

129

SPRECH-, DENK- UND RATESPIELE

schreibt wieder einen Buchstaben dazu, vielleicht ein »N« (und meint Sand). Der Nächste schreibt ein »D« dazu (und meint Sandra), der Nächste fügt aber ein »B« an (und meint Sandbank), der Nächste setzt jedoch ein »U« dazu (weil er Sandburg meint). Es bleibt bei Sandburg, weil den anderen nichts anderes mehr einfällt. Sie fügen zum Schluss also ein »R« und ein »G« an. Jetzt steht ein ganzes Wort auf dem Papier: SANDBURG.

Derjenige, der den letzten Buchstaben des Wortes geschrieben hat, bekommt so viele Pluspunkte gutgeschrieben, wie das Wort Buchstaben hat. Bei der Sandburg wären es also acht Pluspunkte.

Fällt einem Spieler kein passender Buchstabe ein, bekommt er einen Minuspunkt und der Nächste macht weiter. Mit Pluspunkten kann man seine Minuspunkte wieder löschen.

Wenn ein Spieler das Gefühl hat, dass ein anderer schummelt und einen beliebigen Buchstaben angefügt hat, dann darf er nachfragen. Der Gefragte muss sein gedachtes Wort sagen. Hat er geschummelt, bekommt er einen Minuspunkt. Sagt er ein zu den Buchstaben passendes Wort, bekommt derjenige, der nachgefragt hat, einen Minuspunkt.

Es sollten mindestens zehn Spielrunden gespielt werden. Denn Übung macht den Meister, und die Spieler werden sich immer längere Wörter ausdenken, so dass es immer mehr Spaß macht.

Zum Schluss ist derjenige Sieger, der die meisten Pluspunkte hat. Der Verlierer, der die meisten Minuspunkte hat, muss ihm ein Getränk servieren.

Abc-Würfelspiel

Ein Spieler würfelt, sucht das Buchstabenfeld und auch ein passendes Wort dazu. Dann erst ist der Nächste an der Reihe.

 ab 6 Jahren • 2 bis 4 Kinder
15 Minuten • beruhigend • drinnen

MATERIAL: 1 Blatt Papier, Buntstifte, 1 Würfel, 1 Spielfigur pro Kind

Gut vorbereitet

Den Spielplan zeichnen die Kinder selbst: Sie malen 26 Kreise, so groß wie eine Münze. Diese Kreise verbinden sie mit Strichen, so dass das Spielfeld wie ein

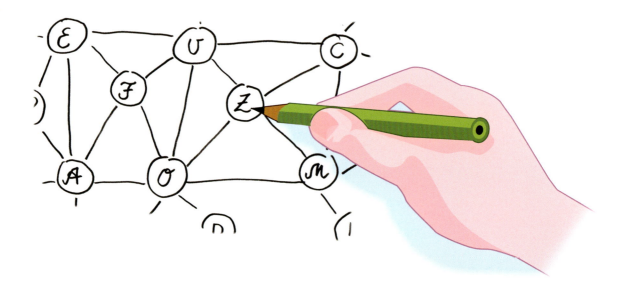

dichtes Netz aussieht. In jeden Kreis wird ein Buchstabe geschrieben. Das geht am besten so: Ein Spieler sagt das Abc auf, der andere trägt bunt durcheinander die Buchstaben ein.

So geht's

Jeder Spieler stellt seine Spielfigur auf einen beliebigen Buchstaben und sagt auch gleich ein Wort, das mit diesem Buchstaben anfängt. Die Spieler würfeln reihum und lassen ihre Figur entsprechend der Würfelzahl von einem Buchstabenkreis zum nächsten wandern, biegen auf den gezeichneten Wegen auch mal rechts oder links ab. Kommt eine Spielfigur auf dem nächsten Buchstabenkreis an, sagt der Spieler ein Wort mit diesem Anfangsbuchstaben. Weiß er eines, streicht er den Buchstabenkreis durch und bekommt einen Punkt gutgeschrieben. Fällt dem Spieler kein Wort ein, werden die Mitspieler gefragt und jeder bekommt einen Punkt, der ein Wort weiß – gleiche Wörter zählen jedoch nicht. Das Buchstabenfeld darf in diesem Fall nicht durchgestrichen werden.
Alle Spielfiguren dürfen auf allen Buchstabenfeldern umherwandern, egal, ob diese durchgestrichen sind oder nicht. Landet eine Spielfigur auf einem besetzten Buchstabenkreis, wird die andere Spielfigur hinausgeworfen und auf einen anderen Buchstabenkreis gestellt. Der Spieler dieser Spielfigur muss sich dann ein Wort mit dem neuen Buchstaben einfallen lassen. So wird reihum gespielt, bis alle Buchstabenfelder ausgestrichen sind. Sieger ist, wer die meisten Punkte bekommen hat.

Verbotene Wörter

Der Reporter muss die Mitspieler so geschickt interviewen, dass ihnen das verbotene Wort herausrutscht.

 ab 9 Jahren • mindestens 2 Kinder
5 Minuten • beruhigend • drinnen

So geht's

Die Spieler vereinbaren ein oder zwei Wörter, die ab sofort verboten sind. Das können die Wörter »ja« und »nein« sein, oder das Wort »ich«.

Ein Spieler ist Reporter und interviewt der Reihe nach seine Mitspieler. Er stellt an jeden eine oder zwei Fragen, die der Mitspieler beantworten muss. Dabei sind auch Lügengeschichten erlaubt, denn sie tragen zum Spaß des Spiels bei. Aber aufgepasst: Rutscht einem Spieler das verbotene Wort heraus, ist er der nächste Reporter!
5 Minuten ist eine gute Zeit für dieses Spiel. Denn so genau auf jedes Wort achten, das ist anstrengend.

Koffer packen

Wer kann aufzählen, was alles im Koffer ist? Wer nichts mehr weiß, muss ausscheiden.

 ab 6 Jahren • mindestens 3 Kinder
5 bis 10 Minuten • anregend • drinnen

So geht's

Der erste Spieler beginnt und sagt: »Ich packe meinen Koffer und nehme ein Buch mit.« Der nächste Spieler sagt: »Ich packe meinen Koffer und nehme ein Buch und Turnschuhe mit.« Immer wird alles wiederholt und um einen Gegenstand ergänzt. So wird der Koffer immer voller, bis jemand etwas vergessen oder ausgelassen hat oder sich verspricht oder nicht mehr weiter weiß. Diese Person scheidet aus. Sieger ist, wer als Letzter übrig bleibt.

Silbengeplapper

Alle reden durcheinander. Dabei sagt jeder eine Silbe. Wie heißt das Wort?

ab 9 Jahren • mindestens 5 Kinder
3 Minuten • anregend
drinnen • Spielleiter

So geht's

Ein Spieler geht vor die Tür. Die anderen überlegen sich ein mehrsilbiges Wort wie
Scho – ko – la – de
Au – to – rei – fen
Fens – ter – schei – be
Ra – dier – gum – mi
Ei – sen – bahn – wa – gen

SPRECH-, DENK- UND RATESPIELE

Die einzelnen Mitspieler einigen sich, wer welche Silbe sagt. Es können auch zwei Spieler die gleiche Silbe nehmen, dann wird das Raten schwieriger.
Der Spieler vor der Tür wird wieder hereingerufen. Und jetzt sagen alle gleichzeitig laut und deutlich ihre Silbe. Der Mitspieler geht von einem zum anderen, hört sich das Silbengeplapper an und versucht, das gesuchte Wort zusammenzusetzen. Hat er es gefunden, hält er die Hand hoch und sagt das gesuchte Wort. Hat er richtig gehört und geraten, wird ein anderer Spieler vor die Tür geschickt und das Spiel beginnt von vorn. Hat er falsch geraten, geht das Silbendurcheinander weiter.
Das Spiel ist zu Ende, wenn alle Spieler einmal mit dem Raten an der Reihe waren.

Wettspiel-Variante
Es werden zwei Spieler vor die Tür geschickt. Beide versuchen, so schnell wie möglich das Wort herauszubekommen. Wer es als Erster geraten hat, ist Sieger.

Teekesselchen

Hier werden zwei gleich klingende Worte mit verschiedenen Bedeutungen geraten.

 **ab 8 Jahren • mindestens 5 Kinder
5 bis 10 Minuten • beruhigend
drinnen • Spielleiter**

Gut vorbereitet
»Teekesselchen« – so heißen gleich klingende Worte mit verschiedenen Bedeutungen in diesem Ratespiel, zum Beispiel:

Birne   = Obst und Glühbirne
Hahn   = Tier und Wasserhahn
Brille   = Brille und Klobrille
Blume   = Pflanze und Schwanz des Hasen
Löffel   = Besteck und Ohren des Kaninchens
Blatt   = Buchseite und Blatt einer Pflanze
Bank   = Sitzbank und Geldbank
Gericht   = Menü oder Rechtsprechung
Schloss   = Gebäude oder Türschloss
Horn   = Musikinstrument oder Geweih

Der Spielleiter überlegt sich vorsichtshalber ein paar Teekessel-Wörter, mit denen er aber erst herausrückt, wenn den Spielern nichts mehr einfällt.

So geht's
Zwei Spieler ziehen sich zurück und besprechen leise, welches Teekesselchen sie nehmen und wer welche Bedeutung beschreibt. Dann gehen sie zu den anderen und schildern und erklären abwechselnd ihr Wort, ohne es selbst zu nennen. Stattdessen sagt man immer »Teekesselchen«. Geht es beispielsweise um das Wort »Birne«, sagt der Mitspieler: »Mein Teekesselchen kann heiß werden«, und meint damit die Glühbirne. Der Partner könnte sagen: »Mein Teekesselchen kann man aufschneiden«, und meint das Obst. Der Erste: »Mein Teekesselchen kann leuchten.« Der andere: »Mein Teekesselchen kann man kochen.«
Wer von den Mitspielern das »Teekessel-Wort« zuerst herausfindet, ist Sieger und als Nächster dran. Er wählt sich einen Spielpartner, die beiden überlegen sich ein neues Teekesselchenwort, und das Spiel beginnt von vorn.
Spätestens nach zehn Spielrunden fällt den Spielern meist nichts mehr ein. Dann ist es Zeit, ein neues Spiel auszusuchen.

Wortketten

Was des einen Schluss ist, ist des anderen Anfang. Dieses Kettenspiel besteht aus zusammengesetzten Hauptworten.

 **ab 7 Jahren • mindestens 3 Kinder
3 Minuten • beruhigend • drinnen**

So geht's
Der erste Spieler beginnt und sagt ein Wort, das aus zwei Begriffen zusammengesetzt ist, beispielsweise »Hosentasche«. Der zweite Spieler sagt nun ein zusammengesetztes Wort, das mit dem zweiten Wortteil beginnt, zum Beispiel »Taschenbuch«. Der

Wortspiele und Geschichten

nächste Spieler sagt »Buchseite«. Weitergehen könnte es mit: »Seiteneingang«, »Eingangstür«, »Türrahmen«. Wem nichts einfällt, der muss ein Pfand abgeben. Er bekommt es am Ende des Spiels nur zurück, wenn er etwas dafür tut (siehe Pfandspiele, Seite 19). So geht es reihum weiter. Nach 3 Minuten sollte Schluss sein, damit sich die Kinder von dieser Hirnakrobatik erholen können.

Wörterkreisel

Der tanzende Kreisel zeigt die Spielzeit an. Erst wenn dem Spieler die Worte fehlen, können die Mitspieler Wörterpunkte sammeln.

> ab 7 Jahren • mindestens 3 Kinder
> 10 Minuten • beruhigend
> drinnen • Spielleiter

MATERIAL: 1 Kreisel, 1 Blatt Papier, 1 Stift

Gut vorbereitet
Die Kinder sitzen rund um den Tisch. Jedes Kind probiert, den Kreisel so lang wie möglich tanzen zu lassen. Wer es am besten kann, der ist Spielleiter. Er schreibt auf einen Zettel alle Buchstaben und eine Namensliste der Mitspieler.

So geht's
Der Spielleiter nennt einen Spieler, wählt einen Buchstaben aus und dreht den Kreisel. Jetzt zählt der genannte Spieler schnell Wörter auf, die mit diesem Buchstaben anfangen. Hat der Spielleiter beispielsweise das »B« ausgesucht, kann der Spieler alle Wörter nennen, die mit »B« beginnen, wie blau, Baum, baden, Blume, Bauer, Bus. Fällt ihm kein Wort mehr ein, sind die anderen Mitspieler an der Reihe. Wer ein Wort weiß, sagt es schnell. Denn für jedes genannte Wort bekommt man einen Punkt. Ein Wort darf nur einmal genannt werden.

Das Spiel ist dann zu Ende, wenn auch der Kreisel seinen Tanz beendet hat und liegen bleibt. Jetzt streicht der Spielleiter auf seinem Notizblatt den gespielten Buchstaben durch und trägt auf der Mitspielerliste die Punkte ein.

Der Spielleiter sucht einen neuen Buchstaben, nennt einen neuen Mitspieler und das Spiel beginnt von vorne. Das Spiel ist zu Ende, wenn alle Buchstaben durchgespielt sind oder wenn die Spieler beschließen aufzuhören. Sieger ist, wer die meisten Punkte hat.

Was ist klebrig?

Was ist gefährlich? Was ist rau? Die Eigenschaftswörter müssen zu den Wörtern passen, dann gibt es Punkte.

> ab 6 Jahren • mindestens 2 Kinder
> 3 bis 5 Minuten • beruhigend
> drinnen • Spielleiter

MATERIAL: 1 Blatt Papier, 1 Stift, viele kleine Zettel oder Kärtchen, 1 Behälter, 1 Küchenwecker

Gut vorbereitet
Der Spielleiter braucht pro Spieler drei bis fünf Zettel oder Kärtchen. Auf jeden Zettel schreibt er ein Eigenschaftswort. Die Kinder helfen ihm beim Zusammensuchen der Wörter. Sie denken dabei an etwas, was sie hören, sehen, fühlen, tasten, riechen, schmecken, spüren und empfinden. Alle Zettel werden zusammengefaltet, gemischt und in den Behälter gelegt. Die Stoppuhr liegt bereit. Der Spielleiter schreibt auf einen extra Zettel die Namen aller Mitspieler.

133

SPRECH-, DENK- UND RATESPIELE

laut	eklig	grob
klein	kalt	scharf
klebrig	gefährlich	rau
spitz	warm	matschig
schmutzig	hoch	unangenehm
süßsauer	rissig	weich
hart	eckig	glatt
bitter	leise	fröhlich

So geht's
Ein Kind zieht einen Zettel, faltet ihn auf und liest das Wort laut vor. Kann es noch nicht gut lesen, liest der Spielleiter das Wort vor. Dann stellt der Spielleiter den Küchenwecker auf 1 Minute und das Kind zählt Dinge auf, auf die diese Eigenschaft zutrifft. Die anderen Kinder zählen leise die Wörter mit, während der Spielleiter aufpasst, ob die Begriffe passen. Wenn der Wecker schellt, ist die Spielrunde zu Ende. Die Mitspieler nennen die Anzahl der Wörter. Für jedes Wort gibt es einen Punkt. Unpassende Wörter werden wieder abgezogen. Der Spielleiter notiert das Ergebnis auf der Namensliste. Dann kommt ein anderer Spieler an die Reihe. Freiwillige vor!
Das Spiel ist zu Ende, wenn alle Zettel gezogen sind. Sieger ist, wer die höchste Punktzahl erreicht hat.

Tiere raten

Einer denkt sich ein Tier aus. Die anderen versuchen, es zu erraten.

 ab 7 Jahren • mindestens 3 Kinder
5 Minuten • beruhigend • drinnen

So geht's
Ein Kind denkt sich ein Tier aus, das die anderen erraten, indem sie Fragen stellen, und zwar so, dass man sie mit »Ja« oder »Nein« beantworten kann, zum Beispiel: »Hat das Tier vier Beine?«, »Hat das Tier Federn?«, »Ist das Tier größer als ich?«, »Frisst das Tier Pflanzen?«, »Kann das Tier schwimmen?« Ein Mitspieler beginnt und darf so lange fragen, bis die Antwort »Nein« heißt. Danach ist der nächste Mitspieler an der Reihe.

Wer das Tier erraten hat, denkt sich ein neues Tier aus, und das Raten beginnt von vorn. Nach sechs bis zehn Frageunden haben die meisten keine Lust mehr.

Varianten für ältere Kinder
Statt Tieren können auch Berufe, Städte oder Flüsse in Europa, Musikinstrumente und vieles mehr erraten werden.

Das Haus des hölzernen Mannes

In diesem Spiel entsteht eine endlose Genitivschlange – eine hervorragende Übung für Dritt- und Viertklässler.

 ab 9 Jahren • mindestens 3 Kinder
3 Minuten • beruhigend • drinnen

MATERIAL: 1 Streichholzschachtel

So geht's
Der erste Spieler hält die Streichholzschachtel hoch und sagt zu den anderen: »Dies ist das Haus des hölzernen Mannes!« Er gibt das »Haus« seinem Nebenmann. Dieser überlegt sich schnell eine Ergänzung zum Satzanfang und sagt dann zum Beispiel: »Dies ist das Fenster des Hauses des hölzernen Mannes.« Auch er gibt das »Haus« weiter und der Nächste

> **INFO Wesfall oder Genitiv**
>
> Der Baum, des Baumes – das Haus, des Hauses – die Frau, der Frau. Im Deutschen gibt es vier Fälle zur Beugung der Hauptworte. Um welchen es sich handelt, bekommt man durch Fragen heraus. Der Genitiv zeigt oft den Besitz an. Peters Jacke. Wessen Jacke? Das Haus des hölzernen Mannes. Wessen Haus? Der Griff des Fensters. Wessen Griff?

Wortspiele und Geschichten

muss sich wieder eine Erweiterung überlegen: »Dies ist der Griff des Fensters des Hauses des hölzernen Mannes.« So wird die Streichholzschachtel von Hand zu Hand weitergegeben und der Satz wird immer länger und länger.
Wer einen Fehler macht, muss ausscheiden. Sieger ist, wer zuletzt übrig bleibt. Er hat sich einen Siegerpreis wohl verdient.
Weitere Möglichkeiten für den Anfangssatz sind etwa: »Dies ist der Gartenzwerg des hölzernen Mannes.«; »Dies ist das Auto des hölzernen Mannes.«; »Dies ist die Aktentasche des hölzernen Mannes.«

Zeitungswörter

Bei den Zeitungswörtern kommt es diesmal nur auf die Endsilbe »-ung« an. Pech gehabt, wer kein Wort mehr weiß.

 ab 9 Jahren • mindestens 4 Kinder
3 Minuten • anregend • drinnen

MATERIAL: 1 Ball oder verknotetes Taschentuch

So geht's

Die Spieler dürfen nur Hauptwörter mit der Endsilbe »-ung« sagen, so etwa: Rechnung, Besserung, Aufregung, Versteigerung, Lesung.
Ein Spieler hält den Ball in der Hand und beginnt mit der Frage: »Was bringt die Zeitung?«
Dann wirft er den Ball einem Mitspieler zu. Dieser muss schnell ein Wort mit der Endsilbe »-ung« sagen und danach den Ball dem Nächsten zuwerfen mit der Frage: »Was bringt die Zeitung?« Wem vor Stress und Hektik kein Wort einfällt oder wer ein bereits genanntes Wort wiederholt, der gibt ein Pfand ab.
Das Spiel ist zu Ende, wenn alle Spieler ein Pfand abgegeben haben. Jetzt sind die Pfandspiele an der Reihe (siehe Seite 19).

Kettengeschichte

Die Geschichte wird länger und länger und wie es weitergeht, das weiß immer nur einer.

 ab 6 Jahren • mindestens 3 Kinder
3 bis 5 Minuten • beruhigend • drinnen

MATERIAL: 1 Ball oder Sofakissen

Gut vorbereitet

Die Kinder machen es sich gemütlich, setzen sich in eine Sofaecke oder an einen anderen bequemen Platz. Der Ball oder das Kissen liegt bereit.

So geht's

Ein Kind fängt an. Es nimmt den Ball und beginnt mit der Geschichte. Es sagt aber nur zwei oder drei Sätze, dann gibt es den Ball an den Nächsten weiter. Dieser fügt wiederum zwei oder drei Sätze hinzu und gibt den Ball dem Nächsten.
So wandert der Ball von einem zum andern. Wer ihn in der Hand hat, erzählt die Geschichte weiter, gerade so, wie es ihm gefällt. Alles ist richtig. Wem nichts mehr einfällt, der gibt den Ball einfach weiter, ohne etwas zu sagen.
Das Spiel ist zu Ende, wenn einem Mitspieler ein schöner Schluss für die Geschichte einfällt. Danach wirft er den Ball in die Höhe und fängt ihn auch wieder auf. Das ist das Zeichen für das Ende der Geschichte.
Wenn es den Kindern Spaß macht, können sie noch mehr Kettengeschichten erfinden.

Lügengeschichten

Dieses lustige Erzählspiel kann ganz schön quatschig werden und viel Spaß machen.

 ab 7 Jahren • mindestens 2 Kinder
10 Minuten • beruhigend • drinnen

So geht's

Einer erzählt etwas und der andere passt gut auf. Hört er etwas, was nicht stimmen kann, ruft er laut »Falsch!« und sagt auch, warum das falsch ist. Der Geschichtenerzähler stellt dann seine Aussage richtig

135

und erzählt weiter. Wenn einer der beiden Spieler die Rollen tauschen möchte, klatscht er in die Hände. Dann erzählt der andere die Geschichte weiter. Die Spielregeln bleiben gleich.
Wer will, erzählt einen Schluss, und das Spiel ist zu Ende. Oder die beiden einigen sich darauf, eine neue Lügengeschichte zu erfinden.

Beispiel für eine Lügengeschichte
Gestern Nachmittag flatterte ich mit meinen Flügeln zum Einkaufen. *(Falsch, kein Mensch kann fliegen!)* Ich kaufte Bonbons. Die habe ich alle auf einmal ausgetrunken. *(Falsch, Bonbons kann man nicht trinken!)* Dann watschelte ich zum Spielplatz und baute auf der Wiese mit Sand einen Schneemann. *(Falsch, ...)*

Geschichten aus drei Worten

Drei Worte als Vorgabe, ansonsten sind der Fantasie keine Grenzen gesetzt.

 **ab 7 Jahren • mindestens 2 Kinder
10 Minuten • beruhigend • drinnen**

MATERIAL: viele Zettel oder Kärtchen, Stifte

So geht's
Die Spieler überlegen sich ein paar Worte, die gut in eine Geschichte passen könnten. Jedes Wort schreiben sie einzeln auf einen Zettel.
Die Zettel werden wie ein Kartenspiel mit der Schriftseite nach unten gemischt. Der erste Geschichtenerzähler zieht drei Zettel und überlegt sich eine kurze Geschichte, in der diese drei Wörter vorkommen. Die Geschichte soll nicht sehr lange dauern und ist dann zu Ende, wenn das dritte Wort in der Geschichte vorkommt.
Dann ist der nächste Spieler an der Reihe, zieht wieder drei Zettel und erfindet eine neue Geschichte.
So geht das Spiel immer weiter, bis alle Zettel-Worte in Geschichten umgewandelt wurden.

Bärengeschichten

Was ein Teddybär so alles erlebt, das wissen die Kleinsten am besten zu berichten.

 **ab 4 Jahren • mindestens 2 Kinder
5 Minuten • beruhigend
drinnen • Spielleiter**

MATERIAL: 1 Teddybär, der herumgereicht wird

So geht's
Die Kinder setzen sich gegenüber oder im Kreis. Ein Kind allein spielt mit einem Elternteil. Das Bärchen erzählt, was es heute schon alles erlebt hat. Jedes Kind braucht nur einen Satz zu sagen. Dann reicht es das Bärchen weiter zum Nächsten. Der erzählt die Geschichte weiter.
Der Spielleiter macht den Anfang, beispielsweise so: »Ich bin heute ganz nass geworden; denn auf dem Weg zum Spielplatz war eine große Pfütze.« – »Da ist ein Kind in die Pfütze gesprungen. Es hat sehr gespritzt.« – »Ich habe mich sehr erschrocken, als ich einen Riesenschwall Wasser ins Gesicht bekam.« – »Da hat mich Mama getröstet und gleich trocken gerubbelt.« – »Und hinterher durfte ich in Mamas Manteltasche, damit ich nicht friere.« – »Zu Hause gab es warmen Kakao.« – »Danach legte ich mich mit einem Kissen auf die Heizung.« – »Das war sehr gemütlich.«
Was der Teddy aber wirklich erlebt hat, wissen allein die Kinder, die mitmachen. Und in einer Geschichte ist natürlich alles möglich.

»Was tun, wenn ...«

Von ehrgeizigen Streithähnen und sturen Böcken

Ehrgeiz und Sturheit können dem gemeinsamen Spiel im Wege stehen. Mit Hintergrundwissen und Tipps meistern Sie solche Situationen.

Was tun, wenn ein ehrgeiziges Kind nicht gewinnt und Streit anzettelt?

Die Kinder sitzen am Tisch und knobeln an der Lösung eines Denkspiels. Jeder will als Erster die Aufgabe herausbekommen. Da ruft ein Spieler: »Fertig!« Seine Begeisterung ist grenzenlos, stolz reckt er sich in die Höhe und trompetet lauthals: »Ich bin Sieger!« Die anderen Kinder reden durcheinander: »Lass mal sehen! Wie hast du das geschafft?« Sie drängeln sich um den Schlaumeier. Nur ein Spieler macht nicht mit. Seine Augen blitzen vor Ärger und mit hochrotem Kopf sagt er: »Zeig doch erst mal, was du gemacht hast, du Angeber!« Dann fügt er cool hinzu: »Protz nicht so herum! Die Aufgabe war ja babyleicht!« Jetzt ist es eine Sekunde still. Die Kinder schauen ihren Mitspieler überrascht an. Streit liegt in der Luft, das spüren alle. Reagieren Sie, bevor es so weit ist.

Woher kommt das?

Ehrgeizige Kinder ertragen es nicht, wenn andere besser sind. Sie sind gekränkt und fühlen sich minderwertig. Sie können sich nicht über den Erfolg eines anderen freuen und wollen deshalb die Leistung des anderen mit herablassenden Bemerkungen schmälern. Sie sind bereit zum Streit, um dem anderen seine Show zu vermiesen.

Was können Sie mit dem Streithahn tun?

Sagen Sie dem ehrgeizigen Kind etwas, das ihm sein Selbstwertgefühl wieder zurückgibt, etwa: »Du bist auch sehr schlau, das weiß ich! Lass doch dem Max jetzt seine Freude!« Lenken Sie das Kind ab, geben Sie ihm eine Aufgabe, die ihm gefällt: »Komm, hilf mir beim Austeilen der Getränke! Du bekommst vorher einen Extraschluck!« Beachten Sie auch den Sieger und freuen Sie sich mit ihm über seine besondere Leistung. Planen Sie jetzt ein Bewegungsspiel zum Herumtoben und miteinander Lachen (siehe Seite 110-111), dann ist die gute Spielstimmung wieder da.

Was tun, wenn ein Kind sich stur stellt und nicht mitmachen will?

Alle Kinder sind sich über die Spielregel einig. Nur ein Kind kennt eine andere Regel und möchte deshalb das Spiel anders spielen. Es stellt sich stur, verschränkt die Arme vor der Brust und zeigt demonstrativ, dass es nicht bereit ist, nachzugeben und mitzuspielen. Das Spiel kann nicht beginnen. Die anderen Kindern ärgern sich darüber.

Woher kommt das?

Manche Kinder sind verunsichert, wenn ihre gewohnten Spiele verändert werden. Sie befürchten, dass sie das Spiel nicht mehr verstehen, also verlieren und sich blamieren. Deshalb ziehen sie es vor, sich stur zu stellen und nicht mitzumachen. Denn dadurch bemerkt keiner das Problem.

Wie können Sie den »sturen Bock« mit einbeziehen?

Setzen Sie sich neben das Kind, machen Sie ihm Mut, vielleicht mit diesen Worten: »Wollen wir zusammenspielen? Ich mache bei dir mit. Zu zweit sind wir stark!« Beachten Sie dabei die Mitspieler. Sind die anderen Kindern damit einverstanden, dass Sie dem einen Kind helfen? Oder wollen jetzt auch die anderen eine Sonderregelung? Dann schlagen Sie vor, dass bei der ersten Spielrunde auch zwei Kinder zusammenspielen können, wenn sie wollen. Bei der zweiten Spielrunde allerdings spielen alle Kinder wieder allein, auch der kleine »sture Bock«.

SPRECH-, DENK- UND RATESPIELE

Ratespiele und Quizfragen für Schlaumeier

Ob als Kommissarin, Kaiser, Zollbeamter oder Reporterin: Immer müssen die Kinder eine knifflige Sache herausbekommen. Mit den Rollenspielen in diesem Kapitel haben kleine Schlaumeier alle Chancen, Fragegeschick und Ratetalent unter Beweis zu stellen.

Gelogen oder nicht gelogen?

Ist die Antwort nun wahr oder nicht? Das überlegen sich alle. Wer Recht hat, bekommt einen Punkt.

> ab 9 Jahren • mindestens 4 Kinder
> 5 bis 10 Minuten • beruhigend
> drinnen • Spielleiter

So geht's
Die Kinder sitzen zusammen. Einer von ihnen meldet sich freiwillig zum Interview. Er setzt sich auf einen extra Stuhl. Wer von den Mitspielern will ihm eine Frage stellen? Die Frage kann witzig oder frech, ernst oder heiter sein. Dazu ein paar Beispiele:
➤ Erzähle einen Streich, den du einmal gemacht hast.
➤ Bist du verliebt?
➤ Ist dir schon einmal etwas Dummes passiert?
➤ Was ist dein Lieblingsessen?
➤ Hast du mal gelogen und was ist dann passiert?
➤ Wird dir beim Karussellfahren schwindelig?

Der Gefragte überlegt kurz, ob er die Wahrheit oder eine tolle Lügengeschichte erzählen möchte. Auf jeden Fall sollte er nicht mit »Ja« oder »Nein« antworten, sondern eine kurze Geschichte als Antwort zum Besten geben.
Egal, ob diese Geschichte wahr ist oder nicht, sie sollte die anderen Mitspieler überzeugen. Als Geschichtenerzähler macht es Spaß, die Mitspieler an der Nase herumzuführen. Diese hören zu und überlegen, ob die Geschichte wirklich passiert sein könnte oder nicht. Nun wird mit Handzeichen abgestimmt. Der Spielleiter fragt die Mitspieler: »Wer glaubt, die Geschichte ist wahr?« Und als Gegenprobe: »Wer glaubt, die Geschichte ist nicht wahr?«
Danach muss der Geschichtenerzähler mit der Wahrheit herausrücken. Wer ihn richtig eingeschätzt hat, bekommt einen Siegerpunkt. Die Punkte notiert sich der Spielleiter.
Es sollten alle Spieler einmal interviewt werden. Wer zum Schluss die meisten Punkte hat, der ist Sieger und kann sich rühmen, seine Mitspieler am besten zu kennen.

Rate- und Quizspiele

Das Dingsda

Alle reden vom Dingsda. Wer gut fragt, bekommt schnell heraus, was es ist.

 ab 6 Jahren • mindestens 3 Kinder
3 Minuten • beruhigend • drinnen

So geht's

Die Kinder zählen einen Spieler aus, der vor die Tür geht. Die anderen überlegen sich einen Gegenstand, den sie beschreiben wollen. Es sollte etwas sein, das jeder kennt, beispielsweise eine Zahnbürste, ein Ball oder Wasserfarben.
Dann wird der Spieler hereingerufen. Er geht auf einen Mitspieler zu und fragt nach dem Dingsda: »Wie sieht dein Dingsda aus?« oder »Was machst du mit deinem Dingsda?« Der andere antwortet, darf aber das gesuchte Wort nicht sagen, sondern muss dafür ersatzweise von dem »Dingsda« reden, also zum Beispiel: »Mein Dingsda hat Borsten.« Oder: »Meine Mutter möchte, dass ich das Dingsda nach jedem Essen benütze!« So geht der Spieler von einem zum anderen und fragt jeden einzeln nach dem Dingsda. Nach jeder Antwort sagt er, was das Dingsda sein kann. Hat er das Dingsda herausgefunden, bestimmt er den neuen Spieler, der vor die Tür geht. Das Spiel beginnt von vorne. Die Kinder spielen so lange, wie ihnen das Spiel Spaß macht.

Zollkontrolle

Jeder darf nur besondere Sachen in seinem Reisegepäck mitnehmen. Der Zollbeamte weiß es – und bald merken es auch die anderen.

 ab 7 Jahren • mindestens 4 Kinder
3 bis 5 Minuten • beruhigend • drinnen

So geht's

Die Spieler nehmen Platz. Der Spieler, der das Spiel kennt, ist »Zollbeamter« und fragt reihum, was die Reisenden in ihrem Koffer haben. Diese nennen einen Gegenstand. Je nachdem, ob die Antwort richtig oder falsch ist, sagt der Zollbeamte: »Ja, das darfst du mitnehmen!« oder »Nein, das ist verboten!«

Es sollte mindestens ein Mitspieler dabei sein, der das Spiel kennt und dem »Zollbeamten« einen richtigen Gegenstand nennt. Paulina darf beispielsweise eine Puppe und Julius eine Jacke mitnehmen.
Das Spiel ist zu Ende, wenn alle Mitspieler die Lösung herausbekommen haben und dem Zollbeamten Sachen nennen, die sie mitnehmen dürfen.
Die Lösung: Man darf nur solche Sachen in seinem Reisegepäck mitnehmen, die mit dem gleichen Anfangsbuchstaben beginnen wie der eigene Name.

Was mag der Kaiser?

Der Kaiser mag vieles, und vieles nicht. Die Lösung des Rätsels müssen die Spieler durch gutes Zuhören herausfinden.

 ab 7 Jahren • mindestens 4 Kinder
5 bis 10 Minuten • anregend
drinnen • Spielleiter

So geht's

Es sollten mindestens zwei Spieler den Trick des Spiels kennen (siehe Seite 140). Sie beginnen das Spiel. Der Erste sagt zum Beispiel: »Der Kaiser mag ein Auto, aber keinen Wagen.« Das ist richtig. Der zweite Spieler sagt: »Der Kaiser mag ein Schloss, aber kein Museum.« Das ist richtig. Der Dritte meint:

SPRECH-, DENK- UND RATESPIELE

»Der Kaiser mag Brot, aber kein Obst.« Das ist falsch! Was der Kaiser sonst noch mag, das versuchen die Mitspieler herauszufinden. Jeder sagt einen Satz, in dem er aufzählt, was der Kaiser mag und was nicht. Die Mitspieler, die das Spiel kennen, kommentieren jeden Satz mit »richtig« oder »falsch«.
Das Spiel ist zu Ende, wenn auch der Letzte herausbekommen hat, was der Kaiser mag und was nicht.
Der Trick: In unserem Beispiel mag der Kaiser alle Dinge, die ein »O« im Namen tragen. Er könnte aber auch alles mit einem Doppelbuchstaben (Koffer, Boot) mögen oder Dinge, die mit einem Vokal beginnen (Aal, aber keinen Lachs). Das Spiel lässt sich so vielfältig immer wieder variieren.

Schwierige Flussüberfahrt

Wie kommen Bauer, Ziege, Wolf und ein Korb voller Kohlköpfe unbeschadet über den Fluss? – Ein Klassiker unter den kniffligen Aufgaben.

ⓘ ab 9 Jahren • 1 Kind oder mehr
5 bis 10 Minuten • beruhigend • drinnen

So geht's
Die Spieler lesen die Geschichte und überlegen, was der Bauer tun muss, um das Problem zu lösen. Machen mehrere Spieler mit, liest einer die Geschichte vor. Die Spieler können als Hilfsmittel Papier und Bleistift nehmen oder mit Spielsachen die Situation nachstellen.

Die Geschichte
Ein Bauer ist unterwegs mit einer Ziege, einem Wolf und einem Korb voller Kohlköpfe. Sein Weg führt ihn an einen breiten Fluss. Dort liegt ein kleiner Kahn zum Übersetzen. Doch leider ist in dem Kahn nur Platz für zwei, also für den Bauern und eines der beiden Tiere oder den Korb.
Wie er die Überfahrt bewerkstelligen will, muss der Bauer sehr gut überlegen: Denn wenn Wolf und Ziege allein gelassen werden, fällt der Wolf über die Ziege her. Und wenn Ziege und Kohl allein gelassen werden, frisst die Ziege natürlich den Kohl auf.
Doch der Bauer kann dieses Problem lösen. Er fährt mit dem Kahn mehrmals über den Fluss hin und her. Und kann unbeschadet mit seiner Ziege, dem Wolf und dem Korb voll Kohlköpfen weiterziehen. Wie macht er das wohl?
Hier müssen die Mitspieler systematisch überlegen, vielleicht sogar Notizen machen. Aber manche Kinder haben es schnell heraus!
Die Lösung finden Sie auf Seite 214.

Rate- und Quizspiele

Der Kommissar löst den Fall

Einzeltäter oder Diebesbande: Der Kommissar muss ganz schön knobeln.

 ab 7 Jahren • mindestens 5 Kinder
5 bis 10 Minuten • anregend • drinnen

So geht's
Ein Spieler ist Kommissar und muss für kurze Zeit aus dem Zimmer. Vorher werden jedoch die Regeln erklärt: Der Kommissar muss den Verbrecher finden. Er darf alle Mitspieler ausfragen, aber nur solche Fragen stellen, die von den anderen mit »Ja« oder »Nein« beantwortet werden. Und er darf einen Mitspieler nicht direkt fragen: »Bist du der Verbrecher?« Deshalb muss der Kommissar sich seine Fragen gut überlegen, um den Verbrecher, Dieb oder Mörder herauszubekommen. Es kann auch sein, dass er eine ganze Bande ausfindig machen muss.
Hat der Kommissar das Zimmer verlassen, denken sich die Mitspieler schnell eine Verbrechergeschichte aus und verteilen die Rollen an die Mitspieler. Dann wird der Kommissar hereingebeten und beginnt mit seinem Verhör, beispielsweise so: »Haben Sie gesehen, was passiert ist? Hatte der Täter Komplizen? Haben Sie mitbekommen, wie etwas gestohlen wurde? Handelt es sich um etwas Großes (Kleines, Wertvolles)? Hatte der Täter eine Waffe? War es ein Messer? Wurden Sie bedroht? Ist jemand gestorben?«

Eine »Verbrechergeschichte«
Ein Kunstwerk wurde aus dem Museum gestohlen. Dabei wurde der Museumswärter von einem Mittäter abgelenkt und in einem Nebenraum gefesselt und geknebelt. Ein zweiter Mittäter stellte den Strom der Sicherheitsanlage ab. Ein dritter Mittäter lenkte die Besucher ab. Doch ein Besucher war aufmerksam und telefonierte von seinem Handy aus mit der Polizei. Der Dieb hörte die Sirene des Polizeiwagens, versteckte das Kunstwerk in der Toilette und mischte sich unbemerkt unter die Museumsbesucher. Die Toilettenfrau entdeckt das Kunstwerk und hat es unter dem Arm.
Jetzt ist der Kommissar an der Reihe, mit seinen Fragen den Fall zu lösen.

Das Lexikon-Spiel

Ist das unbekannte Wort eine asiatische Katze, eine afrikanische Kopfbedeckung oder eine Hirtenflöte? Wer es weiß, bekommt einen Punkt.

 ab 8 Jahren • 4 bis 6 Kinder
5 bis 10 Minuten • anregend • drinnen

MATERIAL: 1 Kinderlexikon oder einbändiges Erwachsenenlexikon, 1 Blatt Papier, 1 Stift

Gut vorbereitet
Die Mitspieler teilen sich in zwei Gruppen auf, die sich abwechselnd die Fragen stellen. Das Lexikon liegt auf dem Tisch und darf beim Wörtersuchen von beiden Gruppen benützt werden.

So geht's
Eine Gruppe zieht sich in ein anderes Zimmer zurück. Die Spieler suchen im Lexikon ein unbekanntes Wort aus. Sie schreiben es auf ein Blatt Papier und schreiben auch mit wenigen Stichworten die Erklärung dazu. Dann denken sie sich noch zwei weitere Erklärungen aus, die aber falsch sind.
Ein Beispiel:
Das Wort heißt Limes.
➤ Ist es eine römische Grenze? (Ja)
➤ Ist es ein altgermanischer Jungenname?
➤ Ist es ein asiatischer Schmetterling?
Weitere Erklärungen könnten sein:
➤ Musikinstrument
➤ Gebirge
➤ Fluss
➤ Blume
➤ Tier
➤ Krankheit
➤ Berühmtes Gemälde
➤ Historisches Gebäude
➤ Kleidungsstück
➤ Schriftsteller

SPRECH-, DENK- UND RATESPIELE

- Ägyptische Stadt
- Seltener Fisch
- Ausgestorbener Dinosaurier

Haben die Spieler alle drei Erklärungen festgelegt, formuliert und aufgeschrieben, gehen sie zurück zu den anderen. Jetzt sagt einer aus der Gruppe das Lexikon-Wort und ein anderer liest die drei Erklärungen vor.

Danach stimmen die Zuhörer ab, welche Erklärung sie für die richtige halten. Haben die Spieler richtig geraten, bekommt die Gruppe einen Punkt. Haben die anderen falsch geraten, bekommt die Gruppe, die sich die Erklärungen ausgedacht hat, einen Punkt. Jetzt ist die andere Gruppe an der Reihe und wählt ein neues Lexikon-Wort aus. So geht das Spiel immer weiter.

Das Spiel ist zu Ende, wenn beide Gruppen fünf Mal an der Reihe waren. Sieger ist die Gruppe mit den meisten Punkten.

Reporter im Irrenhaus

Die Fragen sind einfach. Doch die Antworten sind irre. Was da nicht stimmt, muss der Reporter herausfinden.

 ab 9 Jahren • mindestens 5 Kinder
3 bis 5 Minuten • anregend • drinnen

Gut vorbereitet

Alle Spieler sitzen im Kreis. Einer, der das Spiel nicht kennt, verlässt als »Reporter« für kurze Zeit das Zimmer. Die anderen werden in die Spielregel eingeweiht: Jeder beantwortet die Frage, die eigentlich dem vorhergehenden Mitspieler gestellt wurde. Nur bei der ersten Frage antwortet der betreffende Mitspieler: »Wenn ich das wüsste!«

Ein Beispiel:

Der Reporter zum ersten Spieler: »Wie geht es dir?«
Der erste Spieler antwortet: »Wenn ich das wüsste!«
Der Reporter zum zweiten Spieler: »Warum bist du heute so spät gekommen?«
Der zweite Spieler antwortet: »Mir geht es prima!«
Der Reporter fragt den dritten Spieler: »Warum lachst du?«
Der dritte Spieler antwortet: »Weil meine Mutter noch etwas einkaufen musste, bevor sie mich mit dem Auto hergebracht hat.«
Der Reporter zum vierten Spieler: »Warum trägst du einen blauen Pullover?«
Der vierte Spieler antwortet: »Weil du heute so komische Fragen stellst.«
Der Reporter zum fünften Spieler: »Warum gehst du mit deiner Mutter einkaufen?«
Der fünfte Spieler antwortet: »Weil alle anderen in der Wäsche waren.«

So geht's

Der Reporter wird wieder ins Zimmer gerufen. Ein Mitspieler erklärt ihm das Spiel: Er darf als Reporter den anderen einzeln eine Frage stellen. Jede Frage wird ihm beantwortet. Die Antworten scheinen verrückt zu sein. Sind es aber nicht, denn alle beantworten die Fragen richtig. Rückfragen, zum Beispiel »Wie meinst du das?«, sind nicht erlaubt. Der Reporter muss herausbekommen, was da gespielt wird.

Rate- und Quizspiele

Schätz mal!

Alles können die Spieler genau anschauen, doch wie viele Sachen es sind, wie viel etwas wiegt oder wie lang etwas ist, das müssen sie schätzen.

 ab 8 Jahren • mindestens 4 Kinder
5 bis 10 Minuten • anregend
drinnen • Spielleiter

MATERIAL: 1 Blatt Papier, 1 Stift, verschiedene Sachen zum Schätzen und Raten (siehe unten).

Gut vorbereitet

Der Spielleiter bereitet die Sachen vor, die geschätzt werden sollen. Dafür braucht er sicher 15 Minuten Zeit. Beispiele:

➤ Aufgewickeltes Geschenkband: Wie lang ist es?
➤ Gummibärchen in der Tüte: Wie viele rote Gummibärchen sind in der Tüte?
➤ Luftballon mit Wasser gefüllt: Wie viel wiegt er?
➤ Postkartenstapel: Wie viele Postkarten sind es?
➤ Schale mit einem Apfel: Wie viel wiegt der Apfel?
➤ Bauklötze: Wie hoch wird der Turm, wenn man die gesamten Klötze aufeinandertürmt? Sie stehen dabei senkrecht.
➤ Getrocknete Erbsen im Glas: Wie viele sind es?
➤ Nadelkissen mit Stecknadeln: Wie viele Stecknadeln sind es?
➤ Geldbeutel: Wie viel Geld ist drin?

Der Spielleiter zählt, wiegt aus und misst ab. Die Ergebnisse notiert er auf einem Zettel und steckt diesen in seine Hosentasche.
Auf einem Tisch stellt er alles bereit. Das Spiel kann beginnen.

So geht's

Die Kinder stehen rund um den Tisch. Der Spielleiter hält einzeln die Stücke hoch und stellt die Schätz-Frage. Die Antworten der Spieler werden notiert.
Haben alle ihre Schätzung gemacht, verrät der Spielleiter die richtige Lösung. Der Spieler, der mit seiner Schätzung am nächsten liegt, bekommt einen Punkt. Er darf sich auch gleich ein Gummibärchen aus der Tüte nehmen.
Sieger ist, wer die meisten Punkte erhält. Er darf sich drei Gummibärchen aus der Tüte nehmen.

Verrücktes Ratespiel

Warum ist die Banane krumm? Bei der Antwort braucht keiner alles zu wissen, sondern nur viel Fantasie und Witz.

 ab 8 Jahren • mindestens 2 Kinder
5 bis 10 Minuten • beruhigend • drinnen

So geht's

Ein Spieler denkt sich eine verrückte Frage aus und wendet sich damit an einen Mitspieler.
Geeignete Fragen:
➤ Wozu braucht man einen Löffel?
➤ Warum ist der Apfel rund?
➤ Warum mögen Kinder Gummibärchen?
➤ Warum hat ein Hund vier Beine?
➤ Warum singt ein Vogel?
➤ Warum gibt es den Wind?

Der Mitspieler beantwortet nun die Frage. Dabei darf er auf keinen Fall die Sache richtig erklären, sondern denkt sich als Antwort etwas ganz Verrücktes aus. Ist der Fragende mit der Antwort zufrieden, werden die Rollen getauscht oder ein anderer Mitspieler denkt sich eine neue Frage aus.
Das Spiel dauert so lange, wie es den Kindern gefällt.

SPRECH-, DENK- UND RATESPIELE

Kniffelaufgaben für kluge Köpfe

Wer nicht allein am Bleistift kauen mag, tüftelt zusammen mit Freunden. Denn gemeinsam hat man mehr Ideen. Da rauchen die Köpfe, wenn Streichhölzer verlegt und Münzen verschoben werden, wenn Quadrate verschwinden und Rechnen zur Magie wird.

Drei Münzen

Da ist ein Trick dabei. Den gilt es herauszubekommen! Wer schafft das zuerst?

 ab 8 Jahren • 1 Kind oder mehr
3 bis 5 Minuten • beruhigend • drinnen

MATERIAL: 3 Münzen für jedes Kind, 1 Uhr

So geht's
Der Spieler legt drei Münzen nebeneinander in einer Reihe auf den Tisch.
Die Aufgabe: Wie kann man die mittlere Münze aus der Mitte herausbringen, ohne sie zu berühren? Spielen mehrere Kinder, können Sie sich in Gruppen zusammentun und gemeinsam rätseln, wie es geht, oder einzeln gegeneinander spielen. Wer zuerst den Trick heraushat, ist der Sieger.
Wenn Sie ein Wettspiel daraus machen, benötigen Sie immer dreimal so viele Münzen wie Spieler und eine Uhr mit Sekundenzeiger oder eine Stoppuhr.
Die Lösung steht auf Seite 214.

Das kann keiner!

Linien kringeln sich um Punkte. Nur wer sich genau auf die Linienführung konzentriert, kann sie nachzeichnen.

ab 8 Jahren • 1 und mehr Kinder
3 Minuten • beruhigend
drinnen • Spielleiter

MATERIAL: 1 Zettel, 1 Stift pro Kind, 1 Uhr

Gut vorbereitet
Der Spielleiter zeichnet auf ein Blatt die auf Seite 145 abgebildete Figur oder macht eine Kopie davon. Wichtig ist, dass man die Figur gut erkennen kann.

So geht's
Der Spielleiter zeigt den Mitspielern das Bild und stellt die Aufgabe: Zeichne vier Punkte und verbinde sie durch Linien, wie auf der Zeichnung abgebildet. Nach ein oder zwei Minuten verdeckt der Spielleiter das Bild. Erst jetzt dürfen die Spieler die Figur aus

Kniffelaufgaben

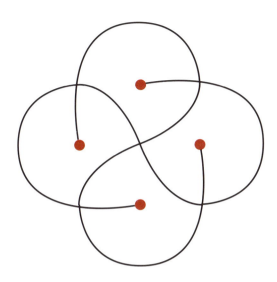

Leichte Streichholzspiele

Zuerst ist es einfach, doch dann wird es immer raffinierter.

 ab 8 Jahren • 1 Kind oder mehr
3 bis 5 Minuten • beruhigend • drinnen

MATERIAL: 1 Schachtel Streichhölzer für 2 Kinder

So geht's

Spielen mehrere Kinder mit, liest einer die Aufgaben vor, die anderen versuchen die Bilder zu legen, entweder allein oder alle zusammen oder in Gruppen. Die Lösungen stehen auf Seite 214. Aber erst nachschauen, wenn 3 Minuten vorbei sind!

➤ Mit 10 Streichhölzern

1a. Lege mit 10 Streichhölzern drei gleich große Quadrate.
1b. Lege mit 10 Streichhölzern zwei Quadrate.

➤ Mit 11 Streichhölzern

2. Lege mit 11 Streichhölzern drei gleich große Quadrate.

➤ Mit 12 Streichhölzern

3a. Lege mit 12 Streichhölzern vier Quadrate.
3b. Verlege davon vier Streichhölzer, so dass zwei Quadrate entstehen.

➤ Mit 16 Streichhölzern

4. Lege mit 16 Streichhölzern fünf Quadrate.

dem Gedächtnis aufzeichnen. Das ist fast unmöglich! Wer es dennoch schafft, darf stolz darauf sein und bekommt einen Preis.
Bei mehreren oder geübten Kindern kann zusätzlich der Zeitfaktor berücksichtigt werden: Der schnellste Mitspieler gewinnt.

Neun Sterne und vier Linien

Dieses Geduldspiel ist etwas für Superschlaue, die über die Vorgaben hinausdenken können. – Eine gute Beschäftigung etwa für eine längere Fahrt mit dem Zug.

 ab 9 Jahren • 1 Kind oder mehr
5 bis 10 Minuten • beruhigend • drinnen

MATERIAL: 1 Zettel, 1 Stift pro Kind, 1 Lineal

So geht's

Der Spieler malt neun Sterne in drei Reihen zu je drei Sternchen, so dass durch sie die Fläche eines Quadrates angedeutet wird.
Die Aufgabe heißt: Zeichne vier Geraden ein, die alle Sterne miteinander verbinden.
Noch kniffliger wird das Spiel mit einer Zeitvorgabe, bis wann die Lösung gefunden sein sollte.
Die Lösung steht auf Seite 214.

145

SPRECH-, DENK- UND RATESPIELE

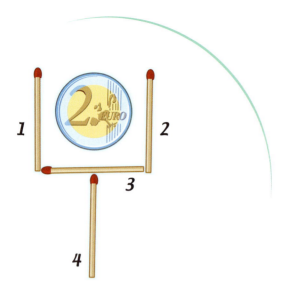

Die Münze auf der Schaufel

Mal ist die Münze auf der Schaufel, mal liegt sie daneben. Aber nur zwei Hölzchen dürfen bewegt werden!

ab 8 Jahren • 1 Kind oder mehr
3 bis 5 Minuten • beruhigend • drinnen

MATERIAL: 4 Streichhölzer, 1 Münze

So geht's

Ein Spieler legt aus der Münze und den Streichhölzern die »Geldschaufel«. Ein anderer liest die Aufgabe vor: Hier liegt eine Münze auf einer Schaufel. Lege zwei Streichhölzer um, so dass die Münze neben der Schaufel liegt.
Die Lösung steht auf Seite 214. Aber erst nach 3 Minuten nachschauen! Vielleicht klappt es aber mit folgendem Tipp: Eines der beiden Hölzchen muss nur ein wenig verschoben werden.

Seitenwechsel

Wie kommen wohl die schwarzen Figuren nach rechts und die weißen nach links?

ab 9 Jahren • 1 Kind oder mehr
5 bis 10 Minuten • beruhigend • drinnen

MATERIAL: 1 Blatt Papier pro Kind, 1 Stift, als Spielfiguren 3 weiße und 3 schwarze Chips, Dame- oder Schachfiguren (Bauern) oder entsprechende Knöpfe

Gut vorbereitet

Der Spieler zeichnet auf dem Papier sieben Kreise nebeneinander, so groß wie Münzen. Dann stellt er die drei schwarzen Figuren auf die linke Seite, die drei weißen Figuren auf die rechte Seite. Dazwischen ist ein Kreis leer.
Mehrere Kinder spielen entweder zusammen oder jeder knobelt für sich allein. Gewiefte können einen Spielleiter bestimmen, der die Zeit nimmt. Mal sehen, wer die Aufgabe zuerst rausbekommt.

So geht's

Ziel des Spiels: Die Figuren tauschen ihre Plätze, so dass am Schluss die schwarzen Figuren rechts und die weißen Figuren links stehen. Doch Achtung: Dabei sind folgende Regeln unbedingt einzuhalten:
Die Figuren dürfen nur vorwärts rücken, nicht rückwärts. Die Figuren dürfen einen Kreis überspringen, aber nicht zwei oder drei Kreise.
Die Lösung steht auf Seite 214.

Eine ausführliche Erläuterung der Lösungswege aus diesem Kapitel und die dazugehörigen Grafiken sind im Anhang ab Seite 214 zu finden.

Kniffelaufgaben

Mathematisches Rätsel

Das kann nicht sein und gibt es doch. Wer mitzählt, rechnet und genau zeichnet, glaubt bald an Zahlenzauberei.

  ab 9 Jahren • 1 Kind oder mehr
3 bis 5 Minuten • beruhigend • drinnen

MATERIAL: 1 Blatt Rechenpapier, 1 Stift, 1 Lineal, 1 Schere pro Kind

So geht's
Dieses Spiel macht besonders Spaß, wenn man sich zu zweit über das mathematische Rätsel hermacht und sich dann doppelt wundert.
Die Spieler lesen zuerst die Aufgabe durch, führen sie aus und zählen dann die Quadrate.

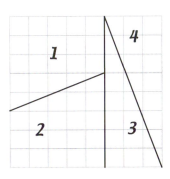

Die Aufgabe lautet: Es lässt sich geometrisch beweisen, dass 64 gleich 65 ist. Zeichne auf das Rechenpapier ein Quadrat, das in 8 mal 8 kleine Felder aufgeteilt ist. Zeichne mit dem Lineal vier Linien in das Quadrat ein, und nummeriere die Teile wie auf der Abbildung zu sehen ist. Schneide zuerst das Quadrat aus, dann schneide ganz genau an den vier gezogenen Linien entlang. Lege die vier ausgeschnittenen Teile zu einem Rechteck zusammen. Kommst du jetzt auch auf 65 Kästchen? Die Lösung findest du auf Seite 214.

Magische Zahlenquadrate

Die Zahlenreihen ergeben immer die gleiche Summe. Das ist nicht Magie, sondern Rechenkunst.

  ab 9 Jahren • 1 Kind oder mehr
5 bis 10 Minuten • beruhigend • drinnen
eventuell Spielleiter

MATERIAL: 1 Blatt Papier, 1 Stift pro Kind

Gut vorbereitet
Natürlich können die Kinder Aufgaben dieser Art allein austüfteln. Klären Sie, wenn Sie die Aufgabe vorgelesen haben, ob sie wirklich verstanden wurde. Lassen Sie sich zeigen, wo die waagerechten, senkrechten und diagonalen Linien im Quadrat sind. Als Hilfe zur Lösung können Sie die Summen nennen und/oder auch die Position einzelner Zahlen verraten, aber frühestens nach 3 Minuten.

So geht's
Diese Aufgabe kann ein Spieler allein lösen. Mehrere Kinder können sie lösen oder auf Zeit gegeneinander antreten. Wer zuerst fertig ist, ist Rechenmeister!

Einfache Aufgabe mit den Zahlen 1 bis 9
Verteile die Zahlen 1 bis 9 in die Kästchen des Gitters. In jedes Kästchen kommt eine Zahl, aber so, dass die Summe der waagerechten, senkrechten und der beiden diagonalen Reihen immer gleich ist. Das ist dann ein magisches Quadrat.

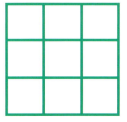

Schwierige Aufgabe mit den Zahlen 1 bis 16
Schreibe die Zahlen 1 bis 16 in ein quadratisches Gitter von 4 mal 4 Kästchen so, dass die Summe der waagerechten, senkrechten und der beiden diagonalen Reihen immer gleich ist. Lösungshilfen und die Lösung stehen auf Seite 215.

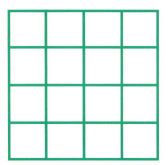

SPRECH-, DENK- UND RATESPIELE

Einstein lässt grüßen – Partyspaß für Schulkinder

Rate- und Rechenspaß für bis zu acht Kinder im Alter von sechs bis zehn verspricht dieses Fest. Verblüffend sind hier nicht nur die Einladung und Spiele, verblüffend einfach ist auch die Vorbereitung. Denn Einstein liebte es bequem.

Der große Physiker Albert Einstein hielt nicht viel von Prunk und Protz und zog am liebsten bequeme, einfache Kleidung an. Er liebte aber gutes Essen, Kuchen und Süßigkeiten – ganz besonders feine Pralinen. Und damit ist schon gesagt, auf was es bei dieser Einstein-Party ankommt: Keinen großen Aufwand treiben, bequeme Kleidung ist gefragt, die Spiele benötigen keine große Vorbereitung. Zu essen gibt es »Nervennahrung«, die sich gut vorbereiten lässt. In der Hauptsache kommt es auf die gute Laune der Gäste an, die Spaß am Knobeln mitbringen.

Das wird auch in der Einladung gleich so angekündigt.
Die folgenden Spiele benötigen eine Spielzeit von 1 bis 2 Stunden, je nachdem, wie schnell die Kinder die Lösungen herausfinden, wie oft sie ein Spiel wiederholen und wie lange sie sich zwischendurch unterhalten wollen. Wenn Sie noch Spiele für die Party suchen, schauen Sie in diesem Kapitel nach, denn alle Spiele sind bestens geeignet.

VERSCHLÜSSELTE EINLADUNG

Schon die Einladung verrät, dass es bei dieser Party viel zu raten gibt. Denn es sind nur Zahlenreihen zu sehen, die ahnen lassen, dass es sich hier um einen Brief handelt. Die Geheimschrift müssen die geladenen Gäste selbst entschlüsseln.
Des Rätsels Lösung: Alle Buchstaben sind durch Zahlen ersetzt. Wer die Buchstaben von A bis Z in eine Reihe schreibt und darunter eine Zahlenreihe, wird den Text entziffern können. Und genauso gehen die Kinder vor, die den Einladungstext schreiben.

Die Dekoration

Die Denksportaufgaben sind schon sehr spannend – da brauchen die kleinen Spieler keine besondere Dekoration. Wenn Sie trotzdem für »Party-Feeling« sorgen möchten, gefallen Ihnen und Ihren Kindern vielleicht die folgenden Bastelideen.

➤ Festliche Stimmung kommt auf bei bunten Luftballons, farbigen Girlanden und bunten Krepp-Papierbahnen, die Sie über die Wände spannen können. Ihre Kinder wissen sicher gleich, was die richtige Farbe für ein Wissenschaftslabor ist. Vielleicht Blau? Oder Arztkittel-Grün?

➤ Für das richtige »Labor-Feeling« können Ihre Kinder aus Glasbehältern (etwa gespülten Marmelade- oder Weckgläsern) »Präparate« erschaffen. Einfach mit Wasser füllen und jeweils mit einer anderen Lebensmittel- oder Wasserfarbe einfärben. Etwas Beleuchtung von hinten oder oben etwa mit einer Weihnachtslichterkette – schon wähnt man sich in Frankensteins Labor. Passen Sie aber bitte auf, dass die Gläser wirklich nur Deko sind und nicht für Getränke gehalten werden!

➤ Die Wände lassen sich gut mit großen Papierbögen und Wasserfarben verschönern. Ihre Kinder können sich auf dem Papier austoben und in vielen Farben verrückte Formeln und Zahlen-

SPRECH-, DENK- UND RATESPIELE

kolonnen aufmalen. Diese werden dann mit Nadeln oder Klebestreifen an den Krepp-Papierbahnen befestigt oder baumeln an Fäden von der Decke des Partyzimmers herab.

Die Eintrittsfrage
An der Tür des Partyzimmers wurde ein selbst gemachtes Poster angebracht mit dem weltberühmten Foto von Einstein mit herausgestreckter Zunge und strubbeligen Haaren. Dieses Foto können Sie dort kaufen, wo es humorvolle Postkarten gibt oder in Geschäften mit Dekomaterial und Postern.
Unter das Foto schreiben Sie oder Ihr Kind mit großer Schrift einen Text über Einstein, etwa so:
Albert Einstein ist ein berühmter Physiker. Er wurde 1879 in Ulm geboren, lebte in Deutschland, in der Schweiz und in den USA. 1921 erhielt er den Nobelpreis für Physik.
Seine Erkenntnisse waren sehr ungewöhnlich. Manche Formeln und Gleichungen der Physik mussten nach Einsteins Theorien korrigiert werden. Am bekanntesten ist Einsteins Relativitätstheorie, mit Gesetzen von Masse und Energie, Raum und Zeit.
Wie alt ist Einstein geworden?
Jeder Gast muss diese Frage beantworten, bevor er ins Zimmer eintreten darf. Alle Antworten schreibt das Gastgeberkind auf und verleiht demjenigen, der die richtige Antwort weiß, einen Preis: Eine unwiderstehlich leckere Praline, ganz so, wie Einstein sie geliebt hätte.

Weiß keiner der Gäste die richtige Antwort, wird das Spiel als Ratespiel im Zimmer fortgesetzt, bis ein Mitspieler die richtige Zahl nennt. Lassen Sie die Jahrzehnte einkreisen, wenn die Kinder völlig ahnungslos sind.
(Die Lösung: Einstein starb 1955 im Alter von 76 Jahren.)

Das Presse-Spiel zum Kennenlernen
Das Gastgeberkind – oder Mutter oder Vater als Spielleiter – erzählen vor jedem Spiel etwas über Einstein. So beginnt das erste Spiel mit dieser Erklärung: »Einstein fand die Reporter, die ihm überall auflauerten, lästig. Deshalb streckte er ihnen ja auch einmal die Zunge heraus. Er hätte es mit einem Pressesprecher einfacher gehabt. Denn der hätte stellvertretend für ihn vor die Kameras treten und an seiner Stelle die Fragen beantworten können. Dieses Spiel hätte ihm sicher sehr gefallen.«
Zuerst wird ein Spieler als »Reporter« ausgezählt. Abzählverse dafür stehen auf Seite 21. Der Reporter hat die Aufgabe, den Gästen Fragen zu stellen. Doch nicht der Gefragte darf antworten, sondern sein rechter Nachbar. Denn der ist sein »Pressesprecher« und erklärt und sagt, was er weiß. Er darf auch witzig-freche Fantasie-Aussagen machen und Großartiges über die gefragte Person berichten. Je ausgefallener seine Antwort ist, desto lustiger ist das Spiel. Der Gefragte selbst darf seinem »Pressesprecher« nicht ins Wort

Essen und Trinken mit Selbstbedienung
Auf einem kleinen Tisch oder Servierwagen wird ein Büfett zur Stärkung aufgestellt.
Bieten Sie eine bunte Mischung an mit Säften, Kuchen, Obst (schon in handliche Stücke geschnitten), Süßigkeiten und gesunden »Brain-Snacks« wie Trockenfrüchte und verschiedene Nuss-Sorten. Dazu Trinkgläser, Teller und Servietten.
Die Kinder bedienen sich selbst.

fallen, sondern muss geduldig und gefasst zuhören, was der andere über ihn berichtet. Besonders witzige Antworten werden von den anderen mit einem Applaus belohnt. Hier ein paar Beispiele für die Fragen des Reporters:
➤ Welchen Sport machst du?
➤ Wann machst du deine Hausaufgaben?
➤ In wen bist du verknallt?
➤ Welchen Popstar magst du?
➤ Welchen Film findest du gut?
Hat der Reporter an jeden eine Frage gestellt und haben alle Pressesprecher geantwortet, ist das Spiel zu Ende.

Zeitgefühl
Einstein hatte sich viel mit Zeit, Raum und Geschwindigkeit beschäftigt und die berühmte Gleichung herausgefunden: $e = mc^2$. Doch wusste er, ohne auf die Uhr zu schauen, wie lange 1 Minute wirklich dauert? Das ist nicht sicher und bei diesem Spiel würde Einstein vielleicht verlieren.

Die Spieler stellen sich startbereit vor ihre Stühle. Der Spielleiter macht mit ihnen die Zeit aus, die sie einschätzen wollen, beispielsweise 10, 25, 38 Sekunden oder sogar 1 Minute. Der Spielleiter gibt mit einem »Achtung, fertig, los!« das Startzeichen und schaut auf seine Uhr. Jeder Spieler setzt sich dann auf seinen Stuhl, wenn er meint, dass die vereinbarte Zeit abgelaufen ist. Wenn der Spielleiter »Stopp!« ruft, ist diese Zeit wirklich um. Und wer sich eine halbe Sekunde vorher hinsetzt, ist Sieger. Gibt es keinen Sieger, darf sich derjenige als Sieger betrachten, dessen Zeitschätzung der richtigen Zeit von allen am nächsten war.

Zahlenzauber

Einstein hatte ein hervorragendes Zahlengedächtnis. Ob er auch hinter diesen Trick des Zahlenzaubers gekommen wäre? Der Spielleiter erklärt, dass er Gedanken lesen und gedachte Zahlen erraten kann. Dann fordert er einen Mitspieler zum Mitmachen auf. Es sollte jemand sein, der gut im Kopfrechnen ist. Der Spielleiter stellt ihm diese Rechenaufgabe:
▶ Denke dir eine Zahl zwischen 2 und 10.
▶ Zähle 1 dazu,
▶ multipliziere mit 3,
▶ zähle 1 dazu,
▶ zähle noch einmal die gedachte Zahl dazu.
▶ Wie heißt das Ergebnis?
Das muss der Mitspieler nun verraten und der Spielleiter rechnet heimlich schnell weiter: Er zieht von dieser Zahl 4 ab, teilt das Ergebnis durch 4 und bekommt die gedachte Zahl heraus! Diese verkündet er laut dem erstaunten Mitspieler.
Ein Beispiel:
Die gedachte Zahl ist 2:
2 + 1 = 3, 3 x 3 = 9, 9 + 1 = 10, 10 + 2 = 12.
Das Ergebnis ist also 12.
Der Spielleiter rechnet weiter:
12 – 4 = 8, 8 : 4 = 2
Sicher wollen die anderen Spieler kontrollieren, ob der Spielleiter wirklich die gedachte Zahl herausbekommt. Folglich muss zum Spaß aller Mitspieler das Spiel mehrmals wiederholt werden.

Muschelsuche

Einstein hatte schon als Schüler Spaß an kniffligen Rechenaufgaben und hätte diese Aufgabe sicher schnell gelöst.
Versucht mehr als ein Spieler diese Rätselgeschichte zu lösen, dann liest einer die Geschichte vor. Danach teilen sich die Spieler in zwei Gruppen auf und besprechen die Lösung. Papier und Bleistifte liegen bereit, falls die Spieler die Aufgabe schriftlich durchrechnen wollen.
Die Geschichte: Jan und Hein gehen auf Muschelsuche. Als beide zusammen über zehn besondere Muscheln gefunden haben, beschließen sie, nach Hause zu gehen. Jan hat weniger Muscheln gefunden als Hein und sagt zu ihm: »Gib mir doch eine Muschel ab, dann haben wir beide gleich viele Muscheln!« Doch Hein lacht und sagt: »Gib du mir eine von deinen Muscheln, dann habe ich doppelt so viele Muscheln wie du!«
Wie viele Muscheln hat Jan und wie viele Hein?
(Die Lösung: Hein hat 7 und Jan hat 5 Muscheln gesammelt.)

Einstein-Andenken

Alle Gäste bekommen zum Abschluss der Party einen Einstein-Gedenk-Preis. Es ist eine Buchstabenkette mit dem Namen des Gastes, die die Gastgeberkinder vor dem Fest gebastelt haben. Allerdings steht der Name in verschlüsselter Zahlengeheimschrift auf den Perlen!
(Verwenden Sie denselben »Code« wie bei der Einladung.)
Für die Kette braucht man dicke, würfelförmige Holzperlen, einen wasserfesten Filzstift und eine dünne Lederschnur oder buntes Geschenkband mit 60 bis 80 Zentimetern Länge.
Auf die Perlen werden jeweils die Zahlen geschrieben. Dann werden sie in der richtigen Reihenfolge aufgefädelt und die Schnur zur Halskette verknotet.

6 Zauber, Theater, Tanz – Spiele voller Fantasie

Musik und Theater sind für Kinder die schönsten Spielwelten. Sie tauchen ab in das Reich der Fantasie: Groß und stark sein wie ein Löwe, schön sein wie eine Prinzessin, mutig wie eine Astronautin. Kleine Kinder spielen gern »Vater, Mutter, Kind«, »Verreisen« oder »Schule«. Fantasie und Wirklichkeit gehen dabei ineinander über. Größere Kinder hingegen erproben bewusst die Wirkung immer wieder neuer Posen und Kleider; heute wie ein Popstar tanzen, morgen wie ein Model gehen. Sie erleben sich in den unterschiedlichsten Rollen – und entdecken sich dabei selbst. Dieses Kapitel bietet für jede Altersgruppe die richtige Spielwelt, um sich auszuleben.

ZAUBER, THEATER, TANZ

So ein Theater!

Für kleine Kinder sind Theaterspiele Rollenspiele. Sie verarbeiten darin Lebenssituationen, als sei das Spiel Wirklichkeit. Ältere Kinder haben Spaß an skurrilen Übertreibungen, am Nachahmen bekannter Personen und an lustigen Szenen – Hauptsache, alle haben was zu lachen.

Vater, Mutter, Kind

Dieses Ur-Rollenspiel spielen die meisten Kinder von allein; aber besonders beliebt ist es, wenn Mami oder Papi als Kind mitspielen.

i ab 4 Jahren • mindestens 3 Kinder
20 Minuten • anregend
drinnen • Spielleiter

MATERIAL: ungefährliche Gegenstände aus dem Haushalt, eventuell Puppengeschirr

Gut vorbereitet
Hinter dem Sofa oder unter dem Tisch richten die Kinder ihre Wohnung ein: Kissen sind Stühle, eine Schachtel der Tisch, Kuschelhund und Schmusekatze die Haustiere. Danach verteilen die Kinder die Rollen: Mutter, Vater und Kind.

So geht's
Die Kinder spielen einen Familienalltag, gerade so, wie es ihnen in den Sinn kommt. Wenn die Kinder nicht so recht wissen, wie ihr Spiel beginnen könnte, kann der Spielleiter kleine Spielanregungen geben, indem er Fragen stellt wie: »Wer geht zur Arbeit?«; »Was macht er?«; »Wer geht einkaufen?«; »Darf das Kind mitgehen?«; »Welches Spielzeug braucht das Kind?« Oder der Spielleiter besucht als Nachbar die Familie. Er bringt Kakao und Kekse mit. Mit dem Puppengeschirr ist schnell der Tisch gedeckt und alle unterhalten sich miteinander. In der Rolle als Nachbar kann der Spielleiter den Kindern weitere Impulse für eine Fortsetzung ihres Spiels geben. Er sagt beispielsweise: »Jetzt ist es spät geworden, und ich möchte wieder gehen. Sicher muss das Kind jetzt ins Bett, und die Mama singt ein Schlafliedchen. Hat der Papa schon die Zeitung gelesen? Morgen ist Sonntag, da kann die Familie einen Ausflug machen und mich besuchen.« Das Spiel ist zu Ende, wenn den Kindern nichts mehr zum Spielen einfällt. Soll jetzt die Spielecke aufgeräumt werden oder wollen die Kinder morgen weiterspielen? Das bespricht der Spielleiter mit den Kindern, und entweder räumen sie auf oder sie dürfen alles liegen lassen.

Rollen- und Stegreifspiele

Rate, wer ich bin

Ist das nicht Pippi Langstrumpf oder doch eher die Mitschülerin Nina? Das bekommen die Zuschauer schnell heraus, denn ein Mitspieler zeigt es ihnen.

i ab 7 Jahren • mindestens 3 Kinder
3 Minuten • anregend
drinnen • Spielleiter

Gut vorbereitet
Wer von den Spielern möchte anfangen? Er geht mit dem Spielleiter vor die Tür. Dort besprechen die beiden die Rolle, die der Spieler darstellen wird, und ob er Verkleidung oder Gegenstände für sein Spiel benötigt.

So geht's
Der Spielleiter kündigt an, aus welcher Personengruppe die Rolle ausgesucht worden ist, etwa ein allen bekannter Lehrer. Dann gibt er das Zeichen für den Beginn des Spiels, zum Beispiel mit einem Glöckchen oder einem Gong, und der Spieler tritt auf und er spielt eine kleine Szene in der besprochenen Rolle (nachahmen, singen, …). Erst zum Schluss sagen die Zuschauer, welche Person sie in dem Spiel erkannt haben.
Unter den Kindern, die richtig geraten haben, wird der nächste Spieler ausgezählt, und das Spiel beginnt noch einmal von vorn.
Beispiele für verschiedene Rollen:
▶ eine Person, die alle kennen: Lehrer, Mitschüler, Hausmeister
▶ ein Superstar aus dem Fernsehen
▶ eine Person aus einem Lieblingsbuch der Kinder
▶ eine Märchenfigur: Dornröschen, Rotkäppchen, der Wolf, der Gestiefelte Kater
▶ ein Kinoheld

 Stegreifspiele
Stegreifspiele werden ohne große Vorbereitung und Absprachen aufgeführt. Die augenblickliche Stimmung bestimmt das Spiel. Die Zuschauer nehmen Platz, der Spielleiter kündigt das Spiel an, die Schauspieler treten auf, das Spiel beginnt.

Ein Hut für Tante Adelheid

Tante Adelheid kann man es nur schwer recht machen, was da alles passiert, kann keiner vorher wissen.

i ab 7 Jahren • mindestens 5 Kinder
5 Minuten • anregend
drinnen • Spielleiter

MATERIAL: Verkleidungskiste (siehe Seite 156)

Gut vorbereitet
Zwei Spieler melden sich freiwillig. Sie gehen mit dem Spielleiter vor die Tür und besprechen ihre Spielszene miteinander. Sie verteilen die Rollen, verkleiden sich und suchen aus der Wohnung die benötigten Requisiten zusammen.

So geht's
Beispiele für Spielszenen:
▶ **Im Hutsalon:** Tante Adelheid betritt das Hutgeschäft. Eine Verkäuferin ist übereifrig bemüht, ihre schicken Hutmodelle anzupreisen. Tante Adelheid ist sehr kritisch, nichts gefällt ihr, schließlich entdeckt sie einen verstaubten Herrenfilzhut im hintersten Regal, der gefällt ihr. Wird ihr dieses alte Modell tatsächlich verkauft?
▶ **Im Flohzirkus:** Der bescheidene Zirkusdirektor und seine eingebildete Assistentin zeigen die Künste der – für die Zuschauer nicht sichtbaren – Flöhe. Ein Floh reißt aus und landet bei einem Zuschauer. Wird er wieder eingefangen?
▶ **Beim Frisör:** Ein Herr oder eine Dame kommen zu einem berühmten Superstar-Frisör. Dieser berät den Kunden und verpasst ihm mit Kamm, Bürste, Klammern und Schleifchen eine verrückte, supermoderne Frisur. Danach traut sich der Kunde nicht mehr auf die Straße. Wie verändern sich die Stimmung und das Benehmen von Frisör und Kunde?
Am Schluss des Spiels klatschen die Zuschauer heftig Beifall. Danach werden neue Schauspieler für die nächste Vorstellung gesucht.
Schön wäre es, wenn die Kinder sich zum Abschluss, zum Beispiel bei einer Portion Eis, noch ein Weilchen über ihre Theaterspiele unterhalten und sich darüber amüsieren.

155

ZAUBER, THEATER, TANZ

Wer andern eine Grube gräbt

…, fällt selbst hinein. Die einen spielen Redewendungen mit oder ohne Worte vor, und die anderen schauen zu und raten.

> ab 8 Jahren • mindestens 6 Kinder
> 10 bis 15 Minuten • anregend
> drinnen • Spielleiter

MATERIAL: eventuell Verkleidung, Haushaltsgegenstände als Requisiten

Gut vorbereitet

Der Spielleiter sucht zwei oder drei Spieler aus, geht mit ihnen aus dem Zimmer und bespricht die Vorführung. Überlegen Sie auch, ob Sie die Szene lieber mit oder ohne Sprache spielen wollen. Die Spieler haben 3 Minuten Zeit, ihr Spiel vorzubereiten. Dann gibt der Spielleiter mit einem Gong oder einem Glöckchen das Zeichen für den Auftritt.

> **INFO** Verkleidungskiste
>
> Das ist eine große Kiste oder ein Koffer. Neben alten Kleidern für verschiedene Anlässe sind die kleinen Dinge fast wichtiger: eine alte Küchenschürze, Schals, vielleicht ein Paar Stöckelschuhe, eine Krawatte, auch Handtaschen, Handschuhe, Tücher, Gürtel, ausgedienter Modeschmuck und Faschingsverkleidung, ebenso wie Stoffreste, alte Vorhänge und vor allem viele alte Hüte.

So geht's

Ein Spieler tritt auf. Er hat eine kleine Gartenschaufel und tut so, als würde er ein Loch in den Boden graben. Er schwitzt, kommt außer Puste und probiert immer wieder, ob man in diese Grube gut hineinstolpern kann. Da tritt der andere Spieler auf. Er schlendert auf und ab, schaut sich in der schönen Landschaft um. Der erste Spieler bemüht sich, den anderen in die Grube zu locken. Er winkt ihn herbei, will ihm etwas sagen, eine Blume zeigen, auf einen Schmetterling aufmerksam machen. Der andere geht immer knapp an der Grube vorbei, sieht sie aber nicht. Schließlich ärgert sich der Erste so sehr über den anderen, dass er ihm nachrennen und in die Grube zerren will. Dabei stolpert er und fällt selber in seine Grube, der Schauspieler fällt also zu Boden. Ist das Spiel aus, gibt der Spielleiter ein Schluss-Signal. Der Applaus ist sicher. Erst danach darf die Lösung gesagt werden. Dann werden neue Schauspieler ausgesucht und das nächste Spiel beginnt. Dieses Theaterspiel ist zu Ende, wenn alle Spieler, die mitmachen wollen, einmal ihren Auftritt hatten. Sprichworte, Redewendungen und Lebensweisheiten zum Nachspielen:

➤ Morgenstund' hat Gold im Mund.
➤ Reden ist Silber, Schweigen ist Gold.
➤ Was der Bauer nicht kennt, das isst er nicht.
➤ Wer zuletzt lacht, lacht am besten.
➤ Der Klügere gibt nach.
➤ Erst die Arbeit, dann das Vergnügen.
➤ Ein Brett vor dem Kopf haben.
➤ Ein blindes Huhn findet auch mal ein Korn.

Krimi oder Liebesfilm?

Bei dieser Gruppenpantomime steht ausnahmsweise das Publikum im Mittelpunkt.

> ab 8 Jahren • mindestens 5 Kinder
> 5 Minuten • anregend
> drinnen • Spielleiter

Gut vorbereitet

Ein Spieler meldet sich freiwillig. Er geht vor die Tür und bekommt einen Kopfhörer aufgesetzt, damit er nichts hört.

 Pantomime – ein Spiel ohne Worte
Pantomime ist ein Theaterspiel nur mit Mimik und Gestik. Auch wenn in einer Pantomime nicht gesprochen wird, kommt es oft vor, dass die Kinder vor Begeisterung anfangen zu sprechen. Das stört nicht. Lassen Sie dem Theaterspiel seinen Lauf, denn die Hauptsache ist, dass den Kindern ihr Spiel gefällt. Aber Achtung: Die Lösung darf erst nach dem Spiel verraten werden.

Pantomimen

So geht's
Der Spielleiter leitet die Diskussion. Die Kinder sprechen ab, welche Szenen sie spielen. Dann holt der Spielleiter den Spieler vor der Tür ab und führt ihn zu seinem Zuschauerstuhl. Jetzt beginnt das Spiel. Danach applaudiert der Zuschauer und sagt, was er in dem Spiel erkannt hat. Hat er richtig geraten, bestimmt er den nächsten Spieler. Das Spiel geht so lange, wie die Kinder Lust dazu haben.
Spielszenen für die Gruppenpantomimen:
➤ Gruselfilm im Kino: Alle kommen nacheinander, setzen sich, essen Popcorn, lachen, erschrecken immer mehr, ängstigen und gruseln sich …
➤ Liebesfilm im Fernsehen: Alle kauern auf dem Boden, grinsen, kichern hinter vorgehaltener Hand, sind schließlich zu Tränen gerührt …
➤ Nachrichten-Sendung beim Abendessen: Vater schaut aufmerksam zu, Mutter teilt das Essen aus, Kinder langweilen sich und streiten, Oma versteht nichts und stößt Opa an, der soll ihr laut und deutlich erklären, was in der Welt los ist …
➤ Zuschauer bei Sportveranstaltungen: Die Sportfans trudeln ein, das Spiel beginnt, beim Tennisturnier schauen alle gleichzeitig links – rechts – links – rechts, beim Fußball bejubeln sie den Torschuss, beschimpfen das Foul, raufen sich die Haare und trommeln Beifall …
➤ Besucher von Museen und Konzerten: Im Museum gehen alle gemessenen Schrittes von einem Kunstwerk zum andern, legen vielleicht den Kopf schief beim Betrachten. Beim klassischen Konzert benehmen sich alle vornehm und lauschen andächtig, beim Rockkonzert stehen alle dicht beisammen, tanzen, klatschen und drängeln zur Bühne.

Die Kunstausstellung
Lebendige Standbilder werden aufgestellt und verharren versteinert in ihrer Position. Aber vorher sind die »Bildhauer« am Werk.

> ab 6 Jahren • mindestens 6 Kinder
> 5 Minuten • anregend
> drinnen • Spielleiter

MATERIAL: Hüte, Schals, Tücher, Stoffreste

Gut vorbereitet
Die Kinder bilden Paare und sprechen ab, wer Bildhauer ist und wer das Standbild wird. Die Gruppen verteilen sich so im Raum, dass alle genügend Platz haben, um ihre Figur zu bewegen.

So geht's
Jeder Bildhauer biegt seine Skulptur in eine komischlustige Pose. Dabei dreht er vorsichtig den Körper des Mitspielers in die gewünschte Position. Der Mitspieler muss wie versteinert in der Position verharren, die der Bildhauer ihm gibt. Zum Schluss setzt der Bildhauer der Skulptur einen Hut auf oder schmückt sie mit Schals und Tüchern. Sind alle Kunstwerke fertig, kündigt der Spielleiter den zweiten Teil des Spiels an. Jetzt gehen alle Bildhauer gemeinsam durch die Kunstausstellung und bewundern die Arbeit ihrer Kollegen. Der Applaus der Bildhauer erlöst die Versteinerten. Dann werden die Rollen gewechselt.

Spielvarianten mit Vorgaben für die Bildhauer
➤ Ein Tourist bewundert die Landschaft.
➤ Ein ängstlicher Mensch schaut um die Ecke.
➤ Ein Prahlhans erzählt von seinen großen Taten.
➤ Ein Philosoph denkt nach.

ZAUBER, THEATER, TANZ

Großes Zirkusspiel

Die Kinder verwandeln sich in Clowns, Jongleure, Seiltänzer und Dompteure. Das Programm ist kinderleicht – alles pantomimisch.

ℹ **ab 5 Jahren • mindestens 6 Kinder • 30 Minuten • anregend • drinnen oder draußen • Spielleiter**

MATERIAL: 1 Schnur oder Seil, 1 Schirm, 1 Besenstiel, 2 Schuhschachteln, 1 Ball, Schminke

Gut vorbereitet

Schon die Vorbereitung ist Teil des Spiels und kann 15 Minuten und länger dauern. Der Spielleiter stimmt die Kinder auf das Thema ein, indem er sie nach eigenen Zirkuserlebnissen fragt. Danach probieren alle Kinder verschiedene Kunststücke aus:

➤ Clowns machen Purzelbäume, stolpern, grinsen verlegen, machen Grimassen.
➤ Seiltänzer balancieren elegant über ein Seil (das auf dem Boden liegt), schwanken dabei hin und her, und halten einen (eventuell echten) Schirm in die Luft, um besser in der Balance zu bleiben.
➤ Gewichtheber stemmen einen Besenstiel mit Gewichten (Schuhschachteln) in die Höhe.
➤ Jongleure stehen breitbeinig und sicher da, werfen zuerst einen Ball in die Höhe, legen ihn weg, nehmen weitere (nicht vorhandene) Bälle auf und schauen mit den Augen hinterher.
➤ Löwendompteure gehen in den (nicht vorhandenen) Löwenkäfig, dann kommen ein oder zwei Löwen (von Kindern gespielt) dazu, der Dompteur macht vor oder zeigt mit Handbewegungen, was die Löwen machen könnten: durch einen (nicht vorhandenen) Feuerreifen springen, den der Dompteur hält, brav nebeneinander auf dem Boden liegen, ... Schließlich wählt jedes Kind für sich eine Rolle aus und schminkt sich entsprechend.

So geht's

Das Zirkusspiel beginnt. Der Spielleiter moderiert als Zirkusdirektor das Programm. Als Erstes bittet er die Kinder in die Arena. Alle setzen sich in einem großen Kreis auf den Boden. Dann kündigt er die einzelnen Programmpunkte an. Die Kinder, die ihren Auftritt haben, gehen mit gewichtiger Miene als Künstler oder Künstlerin in die Kreismitte. Der Zirkusdirektor bittet zur Begrüßung um Applaus, und der Künstler spielt seine Szene vor. Eventuell gibt der Zirkusdirektor leise Tipps, wenn der Spieler nicht mehr weiter weiß. Mit vielen Verbeugungen und unter Applaus geht der Künstler zurück an seinen Platz. Ist das Zirkusprogramm zu Ende, verabschiedet sich der Zirkusdirektor. Alle klatschen noch einmal Beifall.

Schatten raten

Experimente mit der Schattenbühne. Wer ist da zu sehen? Bewegung, Haltung, vielleicht die Form der Nase, geben Aufschluss darüber.

ℹ **ab 6 Jahren • mindestens 6 Kinder • 20 Minuten • anregend • drinnen • Spielleiter**

MATERIAL: Schattenbühne (siehe Seite 159), Verkleidungskiste mit Kostümen (siehe Seite 156)

Gut vorbereitet

Die Kinder bauen die Schattenbühne auf. Zuerst stellen Sie als Spielleiter den Scheinwerfer so ein, dass vom Spieler nur Gesicht und Schultern zu sehen sind. Für die Variante mit Verkleidung rücken Sie den Scheinwerfer so weit zurück, bis die ganze Person auf der Schattenwand zu sehen ist.
Die Kinder teilen sich in zwei Gruppen auf. Die einen verschwinden hinter der Leinwand, die anderen nehmen als Zuschauer Platz. Der Spielleiter schaltet die Beleuchtung des Schattentheaters ein und die Zimmerbeleuchtung aus. Das Spiel beginnt.

So geht's

Ein Kind aus der ersten Gruppe tritt in das Scheinwerferlicht vor die Schattenbühne. Es schaut zuerst mit dem Gesicht zur Schattenwand. Können die Zuschauer erkennen, wer es ist? Wenn nicht, dreht das Kind seinen Kopf zur Seite. Jetzt zeichnet sich sein Profil als Schattenbild auf der Wand ab. Spätestens jetzt wissen alle, wer es ist. Wer den Spieler als Erster erkennt, ruft laut dessen Namen. Die Kinder hinter der Leinwand antworten mit »Ja« oder »Nein«. Ist der Spieler erkannt, tritt der Nächste auf, und das Raten geht weiter. Waren alle Schattenspieler an der Reihe, tauschen die Gruppen ihre Plätze, und das Ratespiel beginnt von vorn.

Variante mit Hut
Ist die Spielergruppe klein, können alle zweimal auftreten und beim zweiten Mal einen Hut aufsetzen, um das Raten schwieriger zu machen.

Variante mit Verkleidung
Die Kinder hinter der Leinwand verkleiden sich. Diesmal ist ihr Schattenbild von Kopf bis Fuß zu sehen. Bei ihrem Auftritt tauchen sie an einer Seite der Leinwand auf, gehen langsam an der Wand entlang und verschwinden anschließend wieder im Dunkeln.

Märchenratespiel

Ist es Dornröschen, Schneewittchen oder Aschenputtel? Es kommt darauf an, was die Prinzessin macht.

> **ab 7 Jahren • mindestens 6 Kinder**
> **20 Minuten • anregend**
> **drinnen • Spielleiter**

MATERIAL: Schattenbühne, Verkleidungskiste mit Kostümen (siehe Seite 156), Karton, Pappe, mehrere Scheren, Klebstoff

Gut vorbereitet
Die Kinder helfen beim Aufbauen des Schattentheaters mit. Das Licht sollte so eingestellt sein, dass ganze Personen auf der Leinwand zu sehen sind. Dann werden die Kinder in Zweiergruppen eingeteilt. Beide Gruppen bekommen dieselbe Aufgabe, die der Spielleiter vorliest, beispielsweise: »Überlegt euch eine Szene aus einem Märchen, die ihr als Schattenbild darstellt. Sucht passende Kostüme und Requisiten aus. Wenn etwas fehlt, schneidet es aus Pappkarton aus. Es sieht dann im Schattenbild wie echt aus. Ihr habt jetzt 10 Minuten Zeit.«

> **INFO Schattenbühne**
>
> Spannen Sie ein Wäscheseil oder eine dicke Schnur quer durch das Zimmer. Befestigen Sie mit Wäscheklammern ein weißes Leinentuch oder eine Tischdecke. Der Stoff sollte bis auf den Boden reichen. Als Beleuchtung nehmen Sie eine Schreibtischlampe und drehen den Lampenschirm hoch, so dass der Lichtstrahl auf die Leinwand fällt. Auch ein Diaprojektor ist eine gute Lichtquelle. Beim Aufbau des Schattentheaters können die Kinder mitmachen und dann auch gleich ausprobieren, wie sie sich als Spieler ganz dicht vor die Leinwand stellen müssen, damit ihr Schatten klar umrissen zu sehen ist.

Die Gruppen gehen zur Besprechung in verschiedene Zimmer. Die Verkleidungskiste steht im Gang, so können alle darin wühlen und etwas aussuchen. Bastelsachen teilt der Spielleiter aus.
Der Spielleiter geht anfangs in jede Gruppe, um bei den Vorüberlegungen behilflich zu sein. Wenn einer Gruppe nichts einfällt, kann er Ideen einbringen.

So geht's
Die Gruppen treten der Reihe nach im Schattentheater auf. Sie spielen ihre Szene immer zu Ende. Erst nach dem Applaus darf die Lösung gerufen werden. Spielvorschläge:
➤ Das tapfere Schneiderlein sitzt auf dem Tisch, näht, klatscht sieben Fliegen mit einer Fliegenklappe.
➤ Schneewittchen bekommt von einer alten Frau einen Apfel geschenkt, beißt hinein, fällt um.
➤ Goldmarie ist bei Frau Holle und schüttelt ein Kissen, so dass es (Papierschnipsel-Schnee) schneit.
➤ Aladin reibt seine Wunderlampe und ein riesengroßer Geist erscheint.
➤ Eine Dienerin richtet der Prinzessin auf der Erbse ein Bett aus vielen Decken und schiebt eine Erbse darunter. Die Prinzessin kann nicht schlafen.

ZAUBER, THEATER, TANZ

Kasperle ist wieder da

»Tri-tra-tru-lala, Kasperle ist wieder da« und hat viele Fragen an die Kinder. Dann tritt eine weitere Figur auf und ein kleines Spiel beginnt.

ⓘ ab 4 Jahren • 1 Kind oder mehr
5 bis 10 Minuten • anregend
drinnen • Spielleiter

MATERIAL: Kasperlefiguren: Kasperl, Seppl, Großmutter, Polizist, Räuber; 1 Tasche oder Korb

Gut vorbereitet

Die Kasperlefiguren sind in einer Tasche versteckt. Der Spielleiter schlüpft in die Kasperle-Handpuppe, lässt den Kasperl aus der Tasche herausschauen und rufen: »Hallo, ist da wer?« Sofort sind die Kinder Feuer und Flamme – sie machen mit und reden mit dem Kasperl.

So geht's

Der Spielleiter spielt weiter: Der Kasperl springt aus der Tasche und fragt die Kinder so allerlei, etwa die Namen, das Alter und das Lieblingsessen. Dann stellt der Kasperl seinen Freund Seppl vor – und der Spielleiter gibt einem der Kinder die Seppl-Figur in die Hand. Jetzt geht das Gespräch zwischen Kasperl (dem Spielleiter) und Seppl (einem Kind) weiter. Spielen zwei Kinder mit, wird der Kasperl noch eine dritte Figur rufen und aus der Tasche holen, beispielsweise die Großmutter oder den Polizisten. Die Kasperlefiguren unterhalten sich ein kleines Weilchen. Es ist vor allem Kasperl (der Spielleiter), der die anderen mit seinen Fragen zum Reden ermuntert. Der Kasperl fragt beispielsweise
▶ die Großmutter, wann sie endlich wieder einen Kuchen bäckt und wen sie dann zum Kuchenessen einlädt,
▶ den Polizisten, ob er den Räuber gesehen habe und ihn nicht schnellstens fangen könnte, damit er der Großmutter nicht den Kuchen stiehlt.
Nach 5 Minuten ist das Spiel zu Ende. Dann schickt der Kasperl den Seppl und die anderen Handpuppen wieder in die Tasche und verschwindet schließlich selber darin.

Wollen die Kinder noch einmal mit dem Kasperl reden und spielen? Dann beginnt dasselbe Spiel von vorn. Denn kleine Kinder lieben Wiederholungen.

Zipfelkasper

So ein Zipfelkasper ist jederzeit zur Stelle und kann mit seinem Spiel Wartezeiten überbrücken.

ⓘ ab 4 Jahren • 1 bis 2 Kinder
5 Minuten • anregend • drinnen oder
draußen • Spielleiter

MATERIAL: 2 Stofftaschentücher oder kleinere Stoffservietten

Gut vorbereitet

Vor den Augen der Kinder verwandelt der Spielleiter sein Taschentuch in den Zipfelkasper: Er macht an einer Ecke des Taschentuchs einen Knoten, so dass ein kleiner Zipfel hinter dem Knoten hervorsteht. Den Knoten stülpt er über seinen Zeigefinger und aus dem Zipfel wird die Zipfelmütze. Daumen und Mittelfinger sind die Arme des Kaspers.

So geht's

Der Zipfelkasper (Spielleiter) beginnt ein Gespräch: Er möchte wissen, ob die Sonne scheint, warum das Kind gerade hier ist und nicht in Honolulu? Ob das Kind Himpelchen und Pimpelchen kennt? Nein? Dann will er sie dem Kind vorstellen. Jetzt knotet der Spielleiter einen zweiten Zipfelkasper und stülpt ihn über den anderen Zeigefinger. Dann geht das Spiel weiter:
Der erste Zipfelkasper stellt sich als Himpelchen vor und erklärt, dass der andere Zipfelkasper Pimpelchen ist. Und jetzt spricht und spielt der Spielleiter das bekannte Fingerspiel. Will das Kind noch einmal das Spiel sehen? Vielleicht hat es Lust, mit einem der beiden Zipfelkasper mitzuspielen? Wenn zwei Kinder mitmachen, bekommt jedes einen Zipfelkasper.

Figurentheater

Himpelchen und Pimpelchen

Himpelchen und Pimpelchen
saßen auf einem Berg.
Die Taschentuchkasper klettern einen unsichtbaren Berg hinauf.
Himpelchen war ein Heinzelmann,
und Pimpelchen war ein Zwerg.
Sie blieben lange da oben sitzen
und wackelten mit ihren Zipfelmützen.
Die Kasper wackeln mit ihren Zipfeln.
Doch nach 24 Wochen
sind sie in den Berg gekrochen.
Die beiden Kasper werden zusammengeknäuelt und zwischen beiden Händen des Spielleiters versteckt.
Sie schlafen dort in süßer Ruh.
Sei fein still und hör mal zu: chrrrrr.
Der Spielleiter hält die Hände mit den Zipfelkasper-Knäueln an das Ohr des Kindes und schnarcht laut.

Kleines Stabfigurentheater

Selbst gemachte Papierfiguren spielen auf der Besenstielbühne oder im Schachteltheater Geschichten nach.

> 4 bis 6 Jahre • mindestens 3 Kinder
> 20 Minuten • anregend
> drinnen • Spielleiter

MATERIAL: Schreibpapier, Malfarben, Scheren, Schaschlik-Stäbchen, Klebeband, 1 Schnur oder Besenstiel, 1 Bettlaken oder Tischtuch

Gut vorbereitet

Für die Vorbereitung sollte man mindestens 15 Minuten einplanen. Doch die Kinder machen mit, und so ist diese Zeit bereits eine Spielzeit für alle.
Der Spielleiter wählt mit den Kindern die Figuren aus, die in dem Theater auftreten werden, beispielsweise zwei Kinder und ein Hund. Und jetzt denken sich alle eine kurze Spielszene aus. Das braucht kein großes Abenteuer zu sein, sondern nur eine alltägliche Situation wie diese:

Kleine Spielszene

Die Kinder gehen mit dem Hund spazieren. Da riecht der Hund etwas Feines und nimmt Reißaus. Die Kinder suchen ihn, finden ihn aber nicht. Deshalb bleiben sie stehen und warten. Um sich die Zeit zu vertreiben, spielen sie »Ich sehe was, was du nicht siehst«. Da kommt schließlich der Hund angesprungen mit einer großen Wurst im Maul. Wo er die wohl herhat? Doch das finden die Kinder nicht heraus. Deshalb gehen sie wieder nach Hause.

Nach dieser Besprechung wissen die Kinder, was sie alles für ihr Figurentheater malen und basteln wollen:
➤ Die Figuren: zwei Kinder, ein Hund.
➤ Die Requisiten: eine große Wurst.
Das zeichnen die Kinder einzeln auf Papier, malen es an und schneiden es großzügig rundherum aus. Egal wie die Figuren aussehen, alles ist richtig. Kleine Kinder malen eben anders als die Großen. Die ausgeschnittenen Figuren kleben die Kinder mit Klebeband an Schaschlik-Stäbchen, so dass man sie von unten her halten und führen kann. Während die Kinder die Figuren basteln, baut der Spielleiter die Spielbühne auf. Er stellt zwei Stühle im Abstand von etwa 1 Meter auf, und zwar so, dass sie mit der Lehne zueinander stehen. Zwischen die Lehnen spannt er eine Schnur oder legt auf die Lehnen einen Besenstiel und befestigt ihn mit Klebeband. Darüber kommt ein Tuch, das bis zum Boden reicht.

So geht's

Die Kinder besprechen, wer welche Figur spielt.
Sie kauern hinter der Bühne und warten auf ihren Auftritt. Der Spielleiter erzählt die Geschichte. Die Kinder spielen mit ihren Figuren parallel dazu mit. Deshalb muss der Erzähler langsam sprechen und immer wieder Pausen einlegen. Zum Schluss dieser Geschichte klebt der Spielleiter mit Klebeband dem Hund eine Papier-Wurst hinter die Schnauze.

ZAUBER, THEATER, TANZ

Lasst uns alle tanzen und singen

Musikspiele sind für Kinder am schönsten, wenn sie spontan Klänge und Töne ausprobieren und dazu singen und tanzen – ohne Noten und ohne abgezählte Schritte. Es kommt einzig und allein auf die Freude an der Musik und auf die Begeisterung für Rhythmus und Bewegung an.

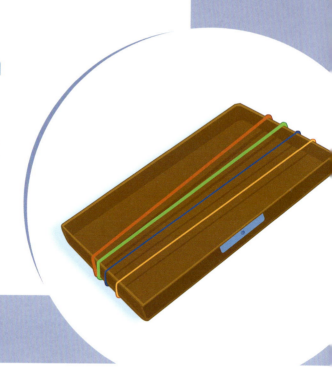

Solokonzert

Wer in den Kreis tritt, darf allein spielen und die anderen hören zu. Sonst machen alle gleichzeitig und zusammen Musik.

 ab 4 Jahren • mindestens 4 Kinder
3 bis 5 Minuten • beruhigend • drinnen

MATERIAL: Musikinstrumente, 1 Schnur

Gut vorbereitet
Jedes Kind wählt sich ein Instrument aus und probiert, wie man damit laute und leise Töne spielen kann. Dann legen die Kinder in der Mitte des Zimmers mit der Schnur einen Kreis von etwa 1 Meter Durchmesser aus. Das ist der Solistenplatz.

So geht's
Alle Kinder wandern musizierend im Zimmer umher, kreuz und quer. Alle spielen, was ihnen gefällt, das hört sich wie ein bunter Klangteppich an. Sobald ein Kind in den Solistenplatz tritt, bleiben aber die anderen Kinder stehen und hören mit ihrem Spiel auf. Jetzt darf nur noch der Solist oder die Solistin musizieren, die anderen lauschen gespannt. Sobald der Solist wieder aus dem Kreis heraustritt, können wieder alle auf ihren Instrumenten weiterspielen wie zuvor.
Das Spiel sollte nicht länger als 5 Minuten dauern, denn spielen und zuhören ist für kleine Musikanten durchaus anstrengend.

Die Vogelhochzeit

Die Kinder verkleiden sich und singen, spielen und feiern die große »Vogelhochzeit« nach dem nebenstehenden Lied.

 ab 5 Jahren • mindestens 8 Kinder
30 Minuten • anregend • drinnen oder draußen • Spielleiter

MATERIAL: Verkleidung (siehe Verkleidungskiste, Seite 156)

162

Musik- und Singspiele

Gut vorbereitet
Den Kindern machen diese Vorbereitungen großen Spaß, deshalb kann der Spielleiter dafür mindestens 20 Minuten einplanen. Der Spielleiter liest oder singt das bekannte Kinderlied vor. Die Kinder wählen die Strophen aus, die ihnen gefallen und die sie spielen wollen. Sie besprechen, wie sie das Singspiel aufführen können und wer welche Rolle übernimmt. Dann suchen sie sich passende Kostüme aus und helfen sich auch gegenseitig beim Anprobieren.

So geht's
Der Spielleiter und die Kinder, die das Lied kennen, singen die Strophen. Beim Refrain »Fidirallala...« stimmen alle Kinder mit ein und klatschen im Takt dazu. Während gesungen wird, treten gleichzeitig die jeweiligen Spieler auf und spielen, was in den Strophen gesungen wird. Zwischen den Strophen sollte den Kindern ausreichend Zeit gegeben werden, damit sie ihre Szenen zu Ende spielen können. Nach der letzten Strophe klatschen alle Kinder Beifall. Wie wäre es mit einem »Hochzeitsschmaus« – Kuchen und Kakao oder Saftschorle und Keksen?

Das Lied von der Vogelhochzeit
Ein Vogel wollte Hochzeit halten
in dem grünen Walde.
Refrain: Fidirallala, fidirallala, fidirallalalala.
    Die Drossel war der Bräutigam,
    die Amsel war die Braute.
Der Stare, der Stare,
der flocht der Braut die Haare.
    Der Seidenschwanz, der Seidenschwanz,
    der bracht' der Braut den Hochzeitskranz.
Die Lerche, die Lerche,
die führt die Braut zur Kerche.
    Die Meise, die Meise,
    die sang das Kyrieleise.
Der Auerhahn, der Auerhahn,
der war der würd'ge Herr Kaplan.
    Der Spatz, der kocht den Hochzeitsschmaus,
    sucht sich die besten Happen aus.
Die Elster, die ist schwarz und weiß,
die bracht' der Braut die Hochzeitsspeis.
    Der Pinguin, nicht spröde,
    der hielt die Hochzeitsrede.
Die Gänse und die Anten,
das war'n die Musikanten.
    Der Pfau mit seinem bunten Schwanz
    macht mit der Braut den ersten Tanz.
Der Kiebitz, der Kiebitz,
der macht so manchen dummen Witz.
    Frau Kratzefuß, Frau Kratzefuß,
    gab allen einen Abschiedskuss.
Brautmutter war die Eule,
nahm Abschied mit Geheule.
    Der Uhuhu, der Uhuhu,
    der macht die Fensterläden zu.
Nun ist die Vogelhochzeit aus,
und alle zieh'n vergnügt nach Haus.

Dirigentenspaß
Der Dirigent steht auf dem Stuhl, und alle Musikanten spielen nach seinen Handbewegungen.

 **ab 5 Jahren • mindestens 5 Kinder
2 Minuten • anregend • drinnen**

MATERIAL: Musikinstrumente, 1 stabiler Stuhl

So geht's
Alle Kinder stehen im Halbkreis um einen Stuhl. Ein Kind wird als Dirigent ausgezählt. Es klettert auf den Stuhl, stellt sich auf und beginnt zu dirigieren. Im

ZAUBER, THEATER, TANZ

> **INFO** — **Musikinstrumente**
>
> ▶ »Küchen-Instrumente«: Es gibt Topf-Trommeln, die mit Kochlöffeln und Schneebesen bespielt werden, Wassereimer-Bongos, Topfdeckel-Becken, Teebüchsen-Rasseln, Holzlöffel-Klopfstäbe und auch ein Gläser-Xylophon, das aus Gläsern mit unterschiedlicher Füllhöhe besteht, auf deren Rand man mit dem feuchten Finger Töne erzeugt.
> ▶ Selbst gebastelte Instrumente: Dies sind Büchsen-Rasseln, die mit wenig Reiskörnern oder ein paar kleinen Steinchen gefüllt sind, oder Zupf-Schachteln, über deren offene Seite Gummibänder zum Zupfen gespannt werden. Nicht zu vergessen die Tannenzapfen-Ratschen, bei denen man mit einem Stab an den offenen Schuppen entlangratschen kann.
> ▶ Orff'sche Instrumente: Triangel, Klanghölzer, Rasseln, Trommeln und Becken, Glockenspiele und Xylophone. Vielleicht können Sie ein paar Orff'sche Instrumente in Kindergärten, Schulen oder Musikschulen ausleihen.

Rhythmus seiner Handbewegungen spielen die Musikanten mit. Sobald er jedoch beide Hände in die Höhe streckt, müssen alle still sein. Jetzt zeigt der Dirigent auf ein anderes Kind, das als Nächstes dirigieren darf. Das Spiel ist zu Ende, wenn alle Kinder einmal Dirigent waren.

Im Duett

Musikalische Unterhaltung mit und ohne Worte, vor allem aber mit der Sprache der Musik.

 ab 6 Jahren • mindestens 4 Kinder
3 bis 10 Minuten • beruhigend • drinnen

MATERIAL: Musikinstrumente

So geht's

Alle Kinder nehmen sich ein Musikinstrument und stellen sich im Kreis oder Halbkreis auf. Ein Kind beginnt, geht auf ein anderes zu und sagt ihm etwas, beispielsweise: »Hallo, wie geht es dir?« Gleichzeitig begleitet es seine Worte mit einem Spiel auf dem Instrument. Das andere Kind antwortet und spielt auch mit seinem Instrument. Dann werden die Plätze getauscht und das Kind im Kreis spricht jemand an. So geht das Spiel immer weiter, bis alle an der Reihe waren.

Variante: Musik ohne Worte

Jetzt sprechen die Kinder nicht mehr, sondern lassen nur noch ihre Instrumente »zu Wort kommen«.

Variante: Im Duett

Ein Kind beginnt und spielt einem andern etwas vor. Dieses stimmt mit ein und beide spielen miteinander. Wenn einer der beiden nickt, ist es das Zeichen für den Schluss.

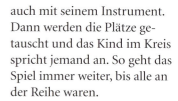

Klammertanz

Tanzen und dabei den anderen viele Wäscheklammern anhängen, das ist der Spaß bei diesem Tanzspiel, bei dem es zwei Sieger gibt.

 ab 6 Jahren • mindestens 5 Kinder
3 bis 5 Minuten • anregend
drinnen • Spielleiter

MATERIAL: viele Wäscheklammern, Tanzmusik, 1 Kassetten- oder CD-Spieler

So geht's

Jeder Tänzer bekommt fünf Wäscheklammern, die er beim Tanzen an der Kleidung seiner Mittänzer festklammern muss. Sobald die Musik erklingt, geht es los. Wer selbst eine Klammer verpasst bekommt, versucht, diese schnell wieder bei einem anderen anzuklammern. Nach 3 bis 5 Minuten stoppt der Spielleiter die Musik. Jetzt zählen alle die Wäscheklammern, die an ihrer Kleidung klemmen.
Tanzsieger ist, wer die wenigsten Wäscheklammern hat. Modesieger ist dagegen, wen die meisten Klammern schmücken.

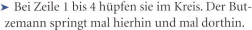

Tanz- und Singspiele

Schlangentanz

Die Schlange wird immer länger und tänzelt mit vielen Kinderbeinen durch den Raum.

 **ab 5 Jahren • mindestens 5 Kinder
3 Minuten • anregend • drinnen**

MATERIAL: Tanzmusik oder Kinderlieder, 1 Kassetten- oder CD-Spieler

So geht's

Ein Kind wird als »Schlangenkopf« ausgezählt. Es schaltet die Musik ein und wandert im Rhythmus der Musik durch den Raum. Bald klopft es einem anderen Kind auf die Schulter. Dieses reiht sich hinter dem »Schlangenkopf« ein, hält ihn an den Schultern fest und marschiert im Gleichschritt mit. Wieder tippt der »Schlangenkopf« einem Kind auf die Schulter, auch dieses reiht sich hinten an, hält sich an der Schulter des Vordermannes fest und wandert mit. So geht es immer weiter, bis alle Kinder in einer langen Schlange im Gleichschritt durch den Raum stapfen. Dann ist der Schlangentanz zu Ende. Und wenn die Schlange zwischendurch auseinanderfällt, ist das kein Problem, dann bleiben eben alle stehen, bis alle »Schlangen-Kinder« sich wieder eingereiht haben. Wollen die Kinder eine zweite Tanzrunde beginnen? Dann zählen sie zuerst einen neuen »Schlangenkopf« aus.

Es tanzt ein Bi-Ba-Butzemann

Der kleine Butzemann hüpft und tanzt und spielt alles, was die Kinder singen.

 **ab 4 Jahren • mindestens 5 Kinder
5 Minuten • anregend • drinnen
oder draußen**

MATERIAL: 1 Kissen

So geht's

Die Kinder stehen im weiten Kreis. Ein Kind wird als Butzemann ausgezählt, bekommt als »Säcklein« das Kissen und stellt sich in die Mitte des Kreises. Die Kinder singen das Lied vom Bi-Ba-Butzemann.

▶ Bei Zeile 1 bis 4 hüpfen sie im Kreis. Der Butzemann springt mal hierhin und mal dorthin.
▶ Bei der Zeile 5 und 6 bleiben die kleinen Sänger stehen, klatschen im Takt der Melodie und feuern den Butzemann zum Tanzen an, während er sich rüttelt und schüttelt und sein »Säcklein« hinter sich wirft. Ein Sänger fängt das »Säcklein« auf und wird als Nächster Butzemann.
▶ Bei Zeile 7 und 8 singen und hüpfen sie im Kreis weiter. Das Spiel macht gerade kleinen Kindern großen Spaß. Nach 5 Minuten folgt der Abschlusstanz: Alle halten sich an den Händen und singen, hüpfen und springen im Kreis herum, so schnell sie alle miteinander können. Danach ist Verschnaufpause.

Lied vom Butzemann

Es tanzt ein Bi-Ba-Butzemann
in unserm Haus herum, widibum.
Es tanzt ein Bi-Ba-Butzemann,
in unserm Haus herum.
Er rüttelt sich, er schüttelt sich,
er wirft sein Säcklein hinter sich.
Es tanzt ein Bi-Ba-Butzemann
in unserm Haus herum.

Tanzender Luftballon

Hüpfend und schaukelnd tanzt der Luftballon über den Köpfen der Tänzer mit.

 **ab 6 Jahren • mindestens 5 Kinder
3 bis 5 Minuten • anregend • drinnen oder
draußen • Spielleiter**

MATERIAL: aufgeblasene Luftballons, Tanzmusik oder Kinderlieder, 1 Kassetten- oder CD-Spieler.

So geht's

Ein Kind wird als »Fänger« ausgezählt. Der Spielleiter schaltet die Tanzmusik ein und wirft den Kindern den Luftballon zu. Die Kinder tanzen und lassen den Luftballon über ihren Köpfen mittanzen. Sie stupsen ihn immer wieder in die Höhe. Hat der »Fänger« den Luftballon erwischt, darf er ihn zerknallen, wenn er möchte. Mit einem neuen »Fänger« und einem neuen Luftballon geht dann das Spiel nach 5 Minuten weiter.

165

Robotertanz

Mit glitzernden Robotermasken und steifen Roboterbewegungen ist der Tanz perfekt.

i ab 7 Jahren • mindestens 4 Kinder
3 Minuten • anregend
drinnen • Spielleiter

MATERIAL: Tanzmusik, für die Maske: große Einkaufstüte aus Papier oder große Schachtel pro Kind, 1 Stift, 1 Schere, Alufolie, Glitzerpapiere und Klebstoff

Bastelanleitung für das Robotergesicht

Das Kind stülpt die Tüte oder Schachtel probeweise über sein Gesicht. Der Spielleiter markiert von außen, wo sich Stirn und Kinn befinden. Dann nimmt das Kind die Tüte oder Schachtel wieder ab. Der Spielleiter zeichnet nun einen Kreis zwischen den markierten Zeichen und schneidet ihn heraus. Beim Tragen dieser Maske schaut also das ganze Gesicht des Kindes heraus. Jetzt können die Kinder ihre Robotermasken fantasievoll bekleben.

Gut vorbereitet

Die Kinder überlegen, wie sie sich als Roboter bewegen würden, und probieren es auch gleich aus: Sie schlenkern ihre steifen Arme ruckartig auf und ab und staksen mit eckigem Gang und steifen Beinen umher, bleiben auch mal stehen, drehen sich um und gehen dann in eine andere Richtung weiter. Sind die Kinder mit ihren Roboterbewegungen zufrieden, kann der Tanz beginnen.

So geht's

Die Kinder setzen ihre Robotermasken auf. Der Spielleiter schaltet die Tanzmusik ein. Die Roboter bewegen sich ruckartig im Rhythmus der Musik. Wenn der Spielleiter einem Roboter auf die Schulter tippt, muss der Roboter in der Haltung, die er gerade eingenommen hat, stehen bleiben. Er darf erst wieder weitertanzen, wenn ihm der Spielleiter erneut auf die Schulter tippt. Nach etwa 5 Minuten sollte der Tanz beendet werden.

Hut-Tanz

Der den Hut aufhat, möchte ihn schnell wieder loswerden, denn sonst gibt es Punkte auf die Stirn.

i ab 4 Jahren • mindestens 4 Kinder
5 Minuten • beruhigend
drinnen • Spielleiter

MATERIAL: 1 Hut, Tanzmusik, 1 Schminkstift

So geht's

Ein Kind wird ausgezählt und bekommt als Erstes den Hut aufgesetzt. Der Spielleiter schaltet die Musik ein und alle tanzen. Aber der »Hutbesitzer« sorgt für Unruhe und setzt den Hut einem anderen auf. Das ist gar nicht so einfach, denn alle tanzen schnell in eine andere Richtung, wenn sich der Hutbesitzer nähert. Sobald der Hutbesitzer den Hut einem Mitspieler übergestülpt hat, versucht auch dieser, den Hut weiterzugeben. So wandert der Hut von einem Kopf zum anderen. Bis der Spielleiter die Musik stoppt. Wer jetzt den Hut in der Hand oder auf dem Kopf hat, der bekommt vom Spielleiter mit dem Schminkstift einen Punkt auf die Stirn gemalt. Der Tanz geht weiter, doch bald wird wieder die Musik gestoppt. Insgesamt wird etwa 5 Minuten getanzt. Sieger ist, wer die wenigsten Punkte hat.

»Was tun, wenn ...«

Von aufgedrehten Kasperln und selbstbewussten Bestimmerinnen

Die einen kaspern herum und die anderen bestimmen, wo es langgeht. Reagieren Sie flexibel, um beiden Gemütern gerecht zu werden.

Was tun, wenn ein Kind aufgedreht ist und nur noch herumkaspert?

Gerade noch waren alle Kinder mit großer Aufmerksamkeit beim Spiel. Da springt ein Kind auf, macht Faxen, freut sich, dass die anderen herschauen. Und schon beginnt ein anderes Spiel, es heißt »Quatsch machen« und geht so: Die Kinder balgen miteinander, schubsen sich gegenseitig, liegen kichernd auf dem Boden und denken sich lauter Unsinn aus. Das Spiel ist unterbrochen.

Wie kommt das?

Spielen ist anstrengend, wenn Konzentration und Ausdauer, Kondition und schnelle Reaktion gefordert sind. Manche Kinder halten das nicht lange aus. Sie fühlen sich schnell überfordert, werden müde und unzufrieden. Ohne es zu merken, sind sie überdreht und finden dann kein Ende mit der Kasperei.

Was tun Sie mit dem überdrehten Quatschmacher?

Brechen Sie einfach das begonnene Spiel ab und machen Sie etwas ganz anderes. Sind die Kinder bei einem wilden Tanzspiel ausgerastet, dann kann ein ruhiges Spiel Ausgleich schaffen. (Eine Spieleauswahl für den Anlass finden Sie im Quickfinder auf Seite 206.) Sind die Kinder bei einem konzentrierten Denkspiel ausgeflippt, dann ist jetzt ein lustiges Bewegungsspiel dran. (Spieletipps finden Sie im Quickfinder auf den Seiten 207 und 212.) Bleiben Sie mit der Auswahl der Spiele flexibel. Betrachten Sie es nicht als Misserfolg, wenn Sie ein Spiel abbrechen. Das hat nichts mit Ihnen zu tun! Kinder sind manchmal anders, als man denkt. Zeigen Sie den Kindern, dass es Ihnen nichts ausmacht, jetzt ein anderes Spiel zu organisieren. Dann sind auch die Kinder wieder dabei, die mit der verrückten Kasperei nichts anfangen konnten und verunsichert sind.

Was tun, wenn ein Kind immer alles bestimmen will?

Die Kinder besprechen ein kleines Theaterspiel. Sie tauschen eifrig und lautstark ihre Ideen aus. Da wird eine Stimme immer lauter, lässt keinen mehr zu Wort kommen. Wie ein Regisseur bestimmt jetzt ein Spieler den weiteren Spielverlauf. Oft hat er zwar gute Ideen und kann eine Kindergruppe so beeinflussen, dass alle Mitspieler tun, was er sagt. Aber auf der anderen Seite kann er sich nur schwer in eine Gruppe einordnen.

Wie wirkt sich das aus?

Nicht alle Kinder sind von dieser Bevormundung begeistert. Manche haben jetzt keine große Lust mehr weiterzumachen. Sie stehen herum, denken nicht mehr mit und warten ab, was der »Bestimmer« sagt. Langsam macht sich Langeweile breit und vertreibt die Spiellaune. Deshalb sollten Sie jetzt eingreifen.

Was können Sie tun?

Suchen Sie nach zwei oder drei Spielen, bei denen ein Spielleiter gebraucht wird. Geben Sie dem »Bestimmer« diese Rolle. Er wird seine Aufgabe gut machen, denn das kann er. Und die anderen Kinder fühlen sich im Spiel nicht eingeschränkt und bevormundet. Hat der Wortführer ein Weilchen seine Spielleiter-Rolle genossen, ist er eher bereit, sich bei einem Spiel in die Gruppe einzugliedern. Wenn nicht, suchen Sie für ihn weitere Sonderaufgaben, wie etwas vorbereiten oder Getränke ausschenken. Loben Sie ihn für seine gute Arbeit. Er wird sich freuen, und seine gute Laune steckt auch die anderen Kinder an.

ZAUBER, THEATER, TANZ

Freche Tricks und Budenzauber

Geht es hier mit rechten Dingen zu? Führen Sie Ihre Kinder ein wenig an der Nase herum, indem Sie die Tricks zuerst vormachen. Die Kinder werden herumknobeln und nicht lockerlassen, bis sie wissen, wie es geht. Denn wer will nicht als geheimnisvoller Zauberer bestaunt werden?

Scherzkekse mit Spaßvogel

Drei Kekse unter einem Hut? Nichts einfacher als das, wenn sie verspeist sind.

> ab 7 Jahren • 1 Kind oder mehr
> 3 Minuten • anregend
> drinnen • Spielleiter

MATERIAL: 3 Kekse, 3 Hüte

Gut vorbereitet

Lachen Sie gerne und haben Sie Spaß an verrückten Spielen und lustigen Wetten? Dann sind Sie für die Rolle des »Spaßvogels« bestens geeignet. Wenn Ihre Kinder Ihnen bei Ihrem ersten Auftritt zuschauen, können sie beim nächsten Mal selber »Spaßvögel« sein und die Scherzspiele den Freunden oder Großeltern vorführen.
Der Spielleiter schlüpft in die Rolle des »Spaßvogels«. Er legt drei Kekse auf den Tisch und stülpt über jeden Keks einen Hut. Dabei tut er geheimnisvoll, um die Neugierde zu schüren.

So geht's

Der »Spaßvogel« greift unter jeden Hut und isst vor den Augen der Zuschauer alle drei Kekse auf. Dann behauptet er, dass jetzt alle drei Kekse unter einem der Hüte sind. Er fordert sogar einen Zuschauer auf, ihm den Hut zu zeigen. Mit den Worten »Ja, unter diesem Hut sind alle drei Kekse!« setzt der »Spaßvogel« den Hut auf. Klar, dass jetzt unter dem Hut die Kekse sind, auch wenn sie im Bauch des »Spaßvogels« liegen. Er hat Recht behalten.

Stühle schnüffeln

Nur kurz geschnuppert, schon weiß der »Schnüffler«, auf welchem Stuhl jemand Platz genommen hat. Der Trick ist einfach.

> ab 8 Jahren • mindestens 3 Kinder
> 3 Minuten • anregend • drinnen
> Spielleiter

MATERIAL: 3 bis 5 Stühle

Scherzspiele

Gut vorbereitet

Der Spielleiter wählt unter den Mitspielern einen »Schnüffler« aus und geht mit ihm kurz aus dem Zimmer, um ihn in das Geheimnis des Stuhl-Schnüffelns einzuweihen.

So geht's

Der Spielleiter stellt drei, vier oder fünf Stühle nebeneinander in eine Reihe. Jetzt muss der »Schnüffler« das Zimmer verlassen. Der Spielleiter verkündet, dass der »Schnüffler« erschnuppern kann, auf welchem Stuhl er Platz genommen hat. Dann setzt sich der Spielleiter für zwei Sekunden auf einen Stuhl. Danach ruft er den »Schnüffler« wieder ins Zimmer. Der schnüffelt kurz an jedem Stuhl und sagt ohne Zögern, auf welchem Stuhl der Spielleiter gesessen ist.
Das Spiel wird ein paar Mal wiederholt. Der »Schnüffler« erschnuppert immer den richtigen Stuhl. Sogar dann, wenn sich ein Zuschauer kurz auf einen der Stühle setzt. Werden die Zuschauer den Trick herausbekommen?
Die Lösung: Die Zahl der Wörter, mit denen der Spielleiter den »Schnüffler« hereinruft, verrät, welcher Stuhl, von links nach rechts gezählt, der richtige ist, zum Beispiel: »Komm bitte herein!« bedeutet, es ist der dritte Stuhl.

Der Knoten

Was wird zuerst verknotet, die Schnur oder die Arme? Damit ist der Trick bereits verraten.

> ab 7 Jahren • 1 Kind oder mehr
> 3 Minuten • anregend • drinnen oder draußen • Spielleiter

MATERIAL: 1 Meter lange Schnur

So geht's

Der Spielleiter fragt die Zuschauer nach diesem Kunststück: »Wer kann in diese Schnur einen Knoten machen, ohne die Hände von den beiden Enden der Schnur loszulassen?«
Die Kinder probieren es aus. Sie fassen die Schnur an beiden Enden fest und knäueln und winden sie hin und her. Doch ein Knoten kommt bei all diesen Versuchen leider nicht zustande. Nach einiger Zeit zeigt der Spielleiter den Trick.
Die Lösung: Man verschränkt die Arme und greift mit jeder Hand nach einem Schnurende. Danach zieht man die Arme auseinander, ohne die Schnur loszulassen.

Der Postkartentrick

Man braucht nur eine Schere, um damit – gewusst wie – die Postkarte einzuschneiden. Schon zerfällt sie zu einem Kreis, durch den man hindurchsteigen kann.

> ab 8 Jahren • 1 Kind oder mehr
> 3 Minuten • anregend • drinnen oder draußen • Spielleiter

MATERIAL: Postkarten oder Foto-/Postkartenkarton (Papier ist zu dünn), 1 Schere

So geht's

Der Spielleiter erklärt, er könne durch eine Postkarte klettern. Die Kinder rätseln. Erst nach einigem Hin und Her zeigt der Spielleiter sein Kunststück.

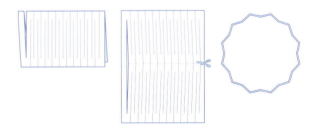

Die Lösung: Die Postkarte wird der Länge nach gefaltet und abwechselnd vom Falz und von der offenen Seite her eingeschnitten, wie auf der Zeichnung zu sehen ist. Man beginnt und endet mit den Einschnitten von der Falzkante aus. Die Schnitte sind etwa 5 Millimeter voneinander entfernt. Dann schneidet man das ganze Gebilde am Falz entlang auf, aber nicht am Rand, der wie ein Rahmen stehen bleibt. Nun lässt sich die Postkarte zu einem dünnen Papierkreis auseinander ziehen, durch den man tatsächlich hindurchsteigen kann.

ZAUBER, THEATER, TANZ

INFO — Der Auftritt des Zauberers

Die Zauberspiele beeindrucken die Kinder noch viel mehr, wenn Sie als Spielleiter aus den einfachen Spielen eine geheimnisvolle Zauberszene machen:
➤ mit einem Zauberhut, den Sie zur Faschingszeit in einem Spielwarengeschäft kaufen können oder aus Pappe selber basteln,
➤ mit einem dunklen Tuch als Zaubermantel,
➤ mit schwarzen oder weißen Zauberhandschuhen,
➤ mit einem kleinen Tisch, einem Tischtuch, das bis auf den Boden reicht, und über das Tuch gestreuten Glitzersternen (in Bastelgeschäften zu kaufen),
➤ mit einem geheimnisvoll vorgetragenen Zauberspruch,
➤ mit bedeutungsvollen, langsamen Bewegungen,
➤ mit Augenrollen und einschüchterndem, starrem Blick auf die Zuschauer.

Die Zuschauer dürfen höchstens drei Schritte vom Zaubertisch entfernt stehen. Nach der Aufführung des Zaubertricks verbeugt sich der »Zauberer«, nimmt seine Zaubergegenstände und verschwindet aus dem Zimmer. Er erklärt nicht gleich seinen Trick. Sonst verliert sich die geheimnisvolle Stimmung so schnell. Und manchen Trick verrät ein Zauberer nie!

Klapperschachtel

Mal klappert die Schachtel, und mal nicht. Hat das etwas mit dem Zauberspruch zu tun?

ℹ ab 6 Jahren • mindestens 2 Kinder
2 Minuten • anregend
drinnen • Spielleiter

MATERIAL: 4 Streichholzschachteln, 1 Gummiring, Buntpapier, Klebstoff, 1 langärmeliges Hemd von Papa oder Bluse von Mama

Gut vorbereitet

Die Vorbereitung dauert etwa 5 Minuten. Kein Kind darf dabei zuschauen, das macht der Spielleiter allein: Er leert die Streichholzschachteln aus, beklebt drei davon rundum mit Buntpapier, so dass man sie nicht mehr öffnen und hineinschauen kann. In die vierte Schachtel füllt er zuvor so viele Streichhölzer, dass sie beim Schütteln laut klappert. Das muss er ausprobieren. Dann klemmt er die Klapperschachtel mit einem Gummiband an seinen rechten Arm. Zum Schluss zieht der Spielleiter ein langärmeliges Kleidungsstück an. Die Ärmel sollten so weit und lang sein, dass die Schachtel nicht zu sehen, aber umso besser zu hören ist.
Ein andermal kann ein Kind als »Zauberer« das Hemd anziehen.

So geht's

Der Spielleiter tritt als Zauberer auf. Er legt die drei kleinen Schachteln nebeneinander auf den Tisch. Er nimmt mit der rechten Hand eine Schachtel und schüttelt sie. Das Klappern ist deutlich zu hören. Dann nimmt er mit der linken Hand eine andere Schachtel und schüttelt sie ebenfalls. Kein Klappern ist zu hören. Jetzt fragt er die Zuschauer, welche Schachtel klappert.
Ein Kind darf herkommen und die vermeintlichen Schachteln schütteln. Nichts wird zu hören sein. Nun beginnt die Zauberkunst:
Der Zauberer hält seine Hände über alle drei Schachteln und sagt einen Zauberspruch:

Welche Schachtel macht Rabatz,
wechselt heimlich ihren Platz?
Hokus, Pokus, eins, zwei, drei,
was du siehst, ist Zauberei.
Klapperschlange, Ringelschwein,
diese Schachtel soll es sein.

Nun nimmt der Zauberer mit der rechten Hand eine andere Schachtel und schüttelt sie kräftig – und sie klappert laut.
Dieses Spiel wird der Zauberer wiederholen und jedes Mal eine andere Schachtel zum Klappern bringen. Dann ist Schluss! Der Zauberer wird den Trick nicht verraten.

Zauberspiele

Der gefesselte Ring

Von Zaubersprüchen begleitet, wird der gefesselte Ring unter dem Tuch hervorgeholt. Das kann nur ein Zauberer. Oder?

i ab 6 Jahren • mindestens 2 Kinder
3 Minuten • anregend
drinnen • Spielleiter

MATERIAL: 1 Ring, etwa 2 Meter lange Schnur, 1 Halstuch oder kleine Tischdecke

So geht's

Der Spielleiter ist der Zauberer und knüpft vor den Augen der Kinder den Ring so an die Schnur, wie auf der Zeichnung zu sehen ist. Dann fordert er zwei Kinder auf, die Schnur und den Ring genau zu überprüfen. Danach bittet er die beiden, jeweils ein Ende der Schnur festzuhalten und soweit zurückzugehen, dass die Schnur leicht gespannt ist. Jetzt behauptet der Zauberer, den Ring mit einem Zauberspruch befreien zu können. Er legt das Tuch über den Ring, hält unter dem Tuch den Ring fest, sagt einen Zauberspruch und löst dabei den Ring von der Schnur, wie im letzten Bild zu sehen ist.

Hokus, Pokus, eins, zwei, drei,
Zaubergeister, kommt herbei,
macht den Ring mir wieder frei!

Danach hält der »Zauberer« den Ring in die Höhe und die beiden Kinder, die die Schnur festhalten, wundern sich.

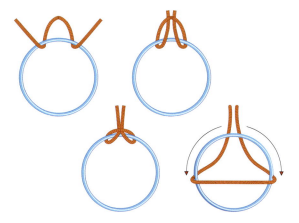

Der Kerzentrick

Zuerst brennt die Kerze, und dann isst der Zauberer sie einfach auf. Das kann doch nicht mit rechten Dingen zugehen!

i ab 8 Jahren • 1 Kind oder mehr
3 Minuten • anregend
drinnen • Spielleiter

MATERIAL: 1 großer Apfel, 1 Apfelkernhaus-Ausstecher oder Messer, 1 Mandelsplitter, 1 Feuerzeug

Gut vorbereitet

Diesen Zaubertrick bereitet der Spielleiter heimlich vor. Er sticht mit dem Ausstecher oder schneidet mit dem Messer eine runde Stange aus dem Apfelfleisch heraus (nicht das Kernhaus!) Dann schneidet er die beiden Enden der Stange so zurecht, dass sie wie eine Kerze aussieht, aufrecht stehen kann und auch keine Apfelschale mehr zu sehen ist. Er nimmt einen Mandelsplitter und schnitzt diesen so zurecht, dass er dünn und gerade wie ein Kerzendocht ist. Diesen steckt er als Docht oben in die »Apfelkerze«.

So geht's

Der Spielleiter tritt mit Kerze und Feuerzeug auf. Er bittet alle Zuschauer, ganz still zu sein und zuzuschauen. Er wird nämlich diese Kerze verschwinden lassen. Er zündet den Mandelsplitter-Docht an, lässt ihn kurz brennen (dieser brennt tatsächlich), und bläst die »Kerze« aus. Dann hält er seine Hände über die Kerze und sagt einen Zauberspruch:

Hokus, Pokus, Fidibus,
Eulenschrei und Kratzefuß.
Zauberei, nimm' deinen Lauf,
diese Kerze ess' ich auf!

Und jetzt steckt der Zauberer die Kerze wirklich in den Mund und isst sie auf. Den Zuschauern wird vor Staunen der Mund offen bleiben. Erst nach langem Zögern verrät der Zauberer sein Geheimnis. Das ist wichtig, damit die Kinder den Trick kennen und nicht auf gefährliche Ideen kommen!

ZAUBER, THEATER, TANZ

Von Fröschen und Prinzessinnen – ein zauberhaftes Märchenfest

»Es war einmal ...«, so beginnen viele Märchen und versetzen uns in andere Welten. Welches Kind möchte nicht gern einmal Froschkönig, Dornröschen oder Goldmarie sein? Mit diesem Fest für Vier- bis Achtjährige tauchen Sie einen Nachmittag lang ganz in die Märchenwelt ein.

Fantasievolle Märchenwelten

Schneewittchen, Rotkäppchen, Dornröschen, Sterntaler, Aschenputtel, Hans im Glück, Hänsel und Gretel, der Gestiefelte Kater oder die sieben Geißlein und der böse Wolf – schon bei den Namen der Märchenfiguren steigen Erinnerungen in uns auf. Noch schneller als wir sind die Kinder in der Märchenwelt – im Wald beim Hexenhaus, im Königsschloss oder in geheimnisvollen Schatzkammern unter der Erde. Manche Kinder würden sofort losspielen, die Szene erklären, Rollen verteilen, und schon stecken sie mitten drin in der fantasievollen Traumwelt. Andere Kinder brauchen einige Anregungen, oder sie sind vielleicht in der Märchenwelt nicht so zu Hause? Für ein Märchenfest benötigen Sie deshalb unbedingt ein Märchenbuch oder noch besser eine Märchenerzählerin. Wenn Sie keine engagieren möchten, überlegen Sie, wer in Ihrem Bekannten- und Verwandtenkreis diese Erzähl- oder Vorleserolle gut übernehmen könnte. Wählen Sie mit ihr zusammen gekürzte und sprachlich vereinfachte Fassungen, sonst dauert das Vorlesen zu lange. Sie

ROSENDUFT-EINLADUNG

Für die Einladung brauchen Sie gutes Schreibpapier und Goldfolie, dazu Samt- oder Geschenkband. Sie können zum Verzieren auch Spitzenschleifen verwenden.
Um den Einladungstext malen die Kinder hübsche Rosengirlanden, und eine der gemalten Rosen bekommt einen kleinen Tupfer Rosenduft oder ein anderes Parfüm. Das fertige Blatt wird in Goldfolie eingerollt und mit den dekorativen Bändern zusammengebunden.

können Kopien anfertigen und in das mit Goldfolie eingeschlagene Buch legen oder selbst eine Kurzfassung schreiben. Die Kinder akzeptieren es, wenn ihre bekannten Märchen nicht so ausführlich wie gewohnt vorgetragen werden, weil die »Märchenfrau« jemand Besonderes ist und mehr als ein Märchen erzählen will.

Schaffen Sie eine besondere Atmosphäre für die Erzählerin. Sie hat einen besonderen Platz im Märchenstuhl, einem großen, kuscheligen Sessel, der für diesen Tag fantasievoll verhüllt wurde. Und sie trägt einen besonders prunkvoll geschmückten Umhang, während sie dort vorliest. Aber sie fängt erst an, wenn alle Kinder am Boden sitzen und mucksmäuschenstill sind.

Märchenhafte Dekotipps

Mit den folgenden Deko-Ideen können Sie schnell eine märchenhafte Traumwelt schaffen:
➤ Schmucktücher, Tischdecken oder Faschingsstoffe, Goldborten und Glitzerschmuck, Schleifen und Geschenkbänder für den Umhang der Märchenerzählerin
➤ Märchenbuch in Goldfolie einschlagen
➤ Schatzkiste für Gewinnpäckchen mit Glitzer und Gelstiften, Knöpfen, Spitzenschleifen und Folie dekorieren
➤ Schlossatmosphäre bekommen Sie mit Spitzenvorhängen, Chiffontüchern, Krepp-Papierbahnen, Bastelperlenketten und etwas Weihnachtsschmuck.

Märchenspiele

Der folgende Vorschlag für den Ablauf eines Märchennachmittags sieht einen Wechsel von Märchenerzählungen und dazugehörigen Spielen vor. Die Krönung ist das Mitmach-Theaterspiel zu Dornröschen, das mit einem Hochzeitsschmaus endet. Die Spiele werden nacheinander gespielt, können aber auch einzeln ausgewählt werden. Vor jedem neuen Spiel treffen sich die Kinder beim Märchenstuhl. Die Märchenfrau fasst mit ein paar Sätzen das Wichtigste aus dem jeweiligen Märchen zusammen. Dann geht sie mit den Kindern an den Platz, an dem das entsprechende Spiel bereitliegt. Dort baut sie mit den Kindern das Spiel auf und organisiert als Spielleiterin den reibungslosen Verlauf des Spiels.

Nach jedem Spiel treffen sich alle wieder vor dem Märchenstuhl. Das nächste Märchen wird wieder nur mit ein paar Sätzen skizziert und anschließend das dazugehörige Spiel erklärt. So wechseln sich kurze Märchengeschichten und Spiele ab. Zwischendurch können sich die Kinder mit Sternenplätzchen stärken oder etwas vom Hexenhäuschen knabbern.

Froschkönig

Material: Für dieses Spiel benötigen Sie einen Ball, Goldfolie, einen Papierkorb, Packpapier, Wasserfarben und Pinsel und Klebstoff.

Wickeln Sie schon vor dem Fest den Ball in stabile Goldfolie ein. Er ist die goldene Kugel aus dem Märchen. Als Brunnen wird ein Papierkorb mit Packpapier umwickelt und dieses festgeklebt. Darauf sind mit Wasserfarben die Brunnensteine aufgemalt. Nun geht der Spieler fünf Schritte zurück und versucht, die »Goldene Kugel« in den Brunnen zu werfen. Jeder darf fünf Mal werfen. Gezählt werden die Treffer. Der Sieger nimmt sich ein Päckchen aus dem Märchenschatz.

Sechse kommen durch die Welt

Zehn kleine Spielzeugfiguren, mehr braucht man nicht für dieses Spiel. Sie werden etwa 50 Zentimeter von der Tischkante entfernt auf dem Tisch in einem Halbkreis aufgestellt. Der Spieler versucht, von der Tischkante aus mit kräftigem Pusten so viele Figuren wie möglich umzublasen. Gezählt werden die Figuren, die umgefallen sind. Wer die meisten Figuren umgepustet hat, ist Sieger in diesem Spiel und darf sich aus dem Märchenschatz ein Päckchen nehmen.

Der Fischer und seine Frau

Material: Für diese Bastelarbeit benötigen Sie Papier, Buntstifte, Schere, Blumendraht, eine Gartenschere, einen Laternenstab, eventuell eine Zange, etwas Wellpappe, Wasserfarben, einen Pinsel und eine Stoppuhr.

Auf Papier wird der »Butt«, also ein großer Fisch, gemalt und ausgeschnitten. Aus Blumendraht biegt man eine etwa 4 Zentimeter hohe Schlaufe, sticht mit den beiden Drahtenden durch das Maul des Papierfisches und biegt die Drahtenden so um, dass die Schlaufe absteht. Der Laternenstab wird zur Angel, indem man die Drahtschlaufe, die zum Aufhängen der Laterne vorgesehen ist, zu einem Angelhaken biegt. Die blau angemalte Wellpappe ist das Meer.

Leckere Schleckereien

Gaumenschmaus wie aus dem Märchen werden Ihre kleinen Gäste ganz bestimmt begrüßen! Es gibt Sternenplätzchen (Zimtsterne oder Ausstecher aus Mürbeteig) aus dem Märchen »Sterntaler«. Die Kinder können sie mit einem Löffel Zwetschgen-Mus (gekauft) vom »Tapferen Schneiderlein« bestreichen. Wer will, kann auch vom süßen Brei (Pudding oder Griesbrei mit Honig) aus dem Märchen »Der süße Brei« naschen oder am Hexenhäuschen von »Hänsel und Gretel« knabbern. In der Küche von Dornröschens Schloss wartet der Koch. Er trägt eine hohe Kochmütze und weiße Schürze. Er wird zum Hochzeitsfest von Dornröschen den Gästen die süßen Pfannkuchen aus dem Märchen »Vom dicken, fetten Pfannkuchen« zubereiten.

Für das Spiel selbst legen Sie das »Meer« auf den Tisch oder den Boden, darauf »schwimmt«, also liegt, der Fisch. Der Spieler versucht mit der Angel, den »Butt« so schnell wie möglich zu angeln, vom Angelhaken zu lösen und mit einer Hand hochzuhalten. Diese Zeit stoppt der Spielleiter. Sieger ist, wer das am schnellsten geschafft hat. Er darf sich aus dem Märchenschatz ein Päckchen nehmen.

Dornröschen – Ein Mitmach-Theater-Spiel für Kinder

Das Mitmach-Theater ist der Abschluss und Höhepunkt des Märchenfestes. Die Märchenfrau wird diesmal ausführlich und stimmungsvoll das ganze Märchen von Dornröschen erzählen. Zwischendurch wird sie als Spielleiterin ein paar Szenen aus dem Märchen mit den Kindern durchspielen. So werden die Kinder abwechselnd zuhören und mitspielen, sich schließlich verkleiden und zum Schluss miteinander das große Fest im Dornröschen-Schloss feiern.

Die Kostüme

Die Verkleidungen stellen sich die Kinder aus der Verkleidungskiste (siehe Seite 156) zusammen, oder sie ziehen ihr mitgebrachtes Kostüm an. Zusätzlich können weitere Sachen bereitliegen, beispielsweise Tücher, Klammern, Bänder und Kordeln, goldene Papierkronen, Faschingskronen, Sonnenhüte, kurzum: alles, was königliche

Hexenhaus
Basteln Sie mit Ihren Kindern ein Haus aus Pappe. Dann bereiten Sie einen Zuckerguss aus zwei Eiweiß und 500 Gramm Puderzucker zu. Dabei schlagen Sie das Eiweiß zuerst zu festem Schnee und rühren dann nach und nach den Puderzucker unter, bis die Masse dick ist. Mit einem Backpinsel verstreichen Sie sie auf dem Pappehäuschen, so dass es ganz verschneit aussieht. Und wer darf die Süßigkeiten und Lebkuchen darauf andrücken? Aber genascht wird erst am Märchenfest!

Gäste beim großen Hochzeitsfest von Dornröschen tragen und mit dem sie sich schmücken können.

Die Erzählung und das Spiel
Auch wenn die Märchenfrau das Märchen ausführlich erzählen wird, sind nachfolgend nur Stichworte zum Inhalt angeführt.
Märchen: Die Märchenfrau erzählt, wie sich die Königin und der König sehr über ihr neugeborenes Kind freuen und deshalb ein Fest feiern. Sie laden auch die zwölf weisen Frauen ein, damit diese dem Kind »Wundergaben« schenken, wie Schönheit und Klugheit.
Spiel: Die Märchenfrau fragt die Kinder, was sie dem kleinen Kind schenken würden. Wer etwas weiß, steht auf, legt sich einen festlichen Umhang um die Schultern und sagt seinen Wunsch für die kleine Prinzessin.

Märchen: Doch die 13. weise Frau ist nicht eingeladen worden. Darüber ist sie erbost. Sie erscheint dennoch und wünscht der Prinzessin, dass sie sich an ihrem 15. Geburtstag an einer Spindel stechen und tot umfallen soll. Doch diesen bösen Wunsch verwandelt die letzte weise Frau, die noch keinen Wunsch ausgesprochen hat, um und sagt: Es soll kein Tod sein, sondern ein hundertjähriger Schlaf.
Die Zeit vergeht. An ihrem 15. Geburtstag will die Prinzessin einmal das ganze Schloss anschauen und sehen, was die Leute machen.
Spiel: Die Kinder spielen pantomimisch Arbeiten, die eine Dienerschaft in einem Schloss verrichtet, wie kochen, Tisch decken, servieren, Betten machen, waschen, putzen. Die Pantomimespieler treten einzeln oder in kleinen Gruppen auf und spielen den Zuschauern ihre Szene vor.
Märchen: Schließlich kommt die Prinzessin an eine Kammer, in der eine alte Frau sitzt und mit einer Spindel spinnt. An dieser Spindel sticht sich Dornröschen, fällt in einen tiefen Schlaf und der ganze Hofstaat mit ihm.
Spiel: Alle Kinder spielen, als würden sie schlafen, während die Märchenfrau weitererzählt.
Märchen: Jetzt wächst um das Schloss eine Dornenhecke. Mancher Prinz will durch die Hecke ins Schloss vordringen. Doch das gelingt keinem. Nach hundert Jahren versucht es ein Prinz wieder einmal. Da treibt die Dornenhecke blühende Rosen und

120 Sternenplätzchen
Bereiten Sie einen Mürbeteig aus 500 Gramm Mehl, 1/2 Päckchen Backpulver, 250 Gramm Margarine, 150 Gramm Zucker und 2 Eiern. Rollen Sie den gekühlten Teig auf einer bemehlten Fläche aus. Und spätestens beim Ausstechen mit der Sternenform ist Ihr Kind mit dabei. Die Sternenplätzchen werden etwa 10 Minuten bei 175 °C gebacken.

biegt sich wie von selbst auseinander. So kann der Prinz ungehindert ins Schloss kommen. Er findet Dornröschen und küsst es wach. Der böse Zauber ist vorbei, der ganze Hofstaat wacht wieder auf, und dann wird ein großes Hochzeitsfest gefeiert.
Spiel: Auch die Kinder wachen wieder auf. Sie werden zum Hochzeitsfest eingeladen und verkleiden und schmücken sich jetzt festlich. Sie haben dafür mindestens 15 Minuten Zeit. Währenddessen deckt die Märchenfrau den Tisch für die »Gäste«. Die »Hochzeitsgesellschaft« zieht feierlich mit Musik durch das Schlosszimmer und nimmt dann am gedeckten Tisch Platz. Dort bekommen die Kinder vom Koch des Schlosses Pfannkuchen, Waffeln und Kakao serviert.

7 Spielen mit allen fünf Sinnen

Mit diesem Kapitel machen Sie einen Ausflug in die Welt der Wahrnehmung. Regen Sie Ihr Kind zum Ausprobieren kleiner Tricks und Kunststücke an, zum Entdecken von Klängen und Geräuschen, Farben und Bildern. Oder führen Sie die Kinder lieber mit Düften und Geschmacksrichtungen an der Nase herum und freuen Sie sich über den Aha-Effekt. Eine ganz andere Welt bieten die Kuddel-Muddel- und Kribbel-Krabbel-Spiele: Die Kinder erleben, wie es sich anfühlt, wenn man einander vertraut und achtsam miteinander umgeht. Damit fördern Sie das Selbstwertgefühl und legen einen wichtigen Baustein für das Sozialverhalten Ihres Kindes.

MIT ALLEN SINNEN

Gewusst wie –
Geschicklichkeitsspiele

Wie stolz sind Kinder, wenn sie ein Kunststück zeigen können. Von anderen lernen und anderen etwas beibringen ist dabei genauso wichtig wie die Freude über den eigenen Erfolg. Übrigens: Einige Geschicklichkeitsspiele werden niemandem gelingen. Aber welche, das ist eine Überraschung.

Münzen rollen

Ziel ist es, die Münzen möglichst in die Nähe der gegenüberliegenden Tischkante zu rollen, ohne dass sie herunterfallen.

> ab 5 Jahren • 2 Kinder
> 5 Minuten • anregend • drinnen

MATERIAL: 10 verschiedene Münzen

Gut vorbereitet
Die beiden Kinder schauen zuerst die Münzen genau an und entscheiden, wer mit welchen fünf Münzen spielt. Dann setzen sich die Kinder nebeneinander an dieselbe Tischseite und das Spiel kann beginnen.

So geht's
Abwechselnd lassen die Kinder ihre Münzen über den Tisch rollen. Wo eine Münze landet oder hinfällt, bleibt sie liegen.
Das Spiel ist zu Ende, wenn alle Münzen ausgespielt sind. Sieger ist, wessen Münze am nächsten an der gegenüberliegenden Tischkante liegt. Münzen, die über die Tischkante hinausgerollt sind und auf dem Boden liegen, gelten nicht.

Drei Knöpfe fangen

Mit einer Hand drei Knöpfe jonglieren, das ist schon ein echtes Kunststück!

> ab 7 Jahren • 1 Kind oder mehr
> 2 Minuten • anregend • drinnen

MATERIAL: 3 Knöpfe oder Münzen oder kleine Steinchen oder Damesteine

Gut vorbereitet
Wer will, kann zuerst das Knopfwerfen ein paar Mal üben. Dabei den Knopf in die Handinnenfläche legen, hochwerfen und wieder mit der geöffneten Hand auffangen. Wer das gut und sicher kann, hat auch eine echte Chance, das folgende Jonglierspiel zu meistern.

So geht's

Die drei Knöpfe liegen nahe an der Tischkante. Der Spieler nimmt den ersten Knopf, wirft ihn hoch und fängt ihn auf. Dann wirft er den Knopf ein zweites Mal hoch, greift mit derselben Hand blitzschnell den zweiten Knopf und fängt den ersten Knopf wieder auf. Jetzt hat er zwei Knöpfe in der Hand. Diese wirft er hoch, greift mit derselben Hand den dritten Knopf und fängt die beiden anderen Knöpfe wieder auf. Jetzt wirft er alle drei Knöpfe in die Höhe und fängt sie alle mit einer Hand auf. Wer das schafft, verdient von den Zuschauern Applaus!

Und wer traut sich das Spiel jetzt rückwärts zu? Also nur noch zwei Knöpfe hochwerfen und dabei den dritten Knopf mit Ringfinger und kleinem Finger auf die Handinnenfläche drücken und festhalten. Jetzt schnell diesen dritten Knopf auf den Tisch legen und die anderen beiden Knöpfe auffangen. Dann einen Knopf werfen und den anderen ablegen. Zum Schluss den letzten Knopf auf den Tisch legen. Fertig!

Wer das schafft, bekommt Sonderapplaus!

Münzensprung vom Ellbogen

Die Münze wird vom Ellbogen aus mit Schwung in die Luft geworfen. Wer schnell genug reagiert, kann sie wieder auffangen.

> ab 7 Jahren • 1 Kind oder mehr
> 3 bis 5 Minuten • beruhigend • drinnen oder draußen • Spielleiter

MATERIAL: pro Spieler 1 Münze (mit kleineren Münzen geht es leichter)

So geht's

Der Spielleiter zeigt den Kindern, wie es geht: Den Arm anwinkeln, so dass der Ellbogen nach vorn zeigt und die Hand hinter dem Ohr liegt. Die Münze auf den Ellbogen legen. Dann den Arm mit Schwung nach vorn und unten strecken und gleichzeitig die zu Boden fallende Münze mit der Hand auffangen. Sieger ist, wer das zuerst schafft.

Handwaage

Nicht sehen, sondern spüren soll man, ob in beiden Händen gleich viele Sachen liegen.

> ab 6 Jahren • mindestens 2 Kinder
> 2 Minuten • beruhigend • drinnen

MATERIAL: Bauklötze oder dicke Schrauben oder große Muttern, Gegenstände gleicher Größe

So geht's

Ein Spieler schließt die Augen und streckt seine Hände aus. Ein Mitspieler gibt ihm in die eine Hand Bauklötze. Nicht einzeln abgezählt, da sonst der Spieler die Anzahl mitzählen kann. Dann legt der Mitspieler ihm in die andere Hand einzeln und nacheinander Bauklötze in derselben Größe. Wenn der Spieler das Gefühl hat, dass er in beiden Händen gleich viele Bauklötze hält, dann sagt er es und öffnet seine Augen. Hat er Recht? Wenn ja, werden die Rollen getauscht. Außerdem können immer neue Gegenstände ausprobiert werden. Sieger ist, wer am häufigsten das gleiche Gewicht richtig gespürt hat.

MIT ALLEN SINNEN

Fingerspiele für kleine Kinder

Übung macht den Meister – das gilt auch für diese Fingerspiele, und das Gewurschtel vorher, bevor es klappt, ist recht lustig.

ab 5 Jahren • 1 Kind oder mehr • 3 bis 10 Minuten • anregend • drinnen • Spielleiter

So geht's
Der Spielleiter zeigt den Kindern das Spiel und fordert sie auf, es nachzumachen. Die Kinder probieren es so lange aus, bis es ihnen auch gelingt. Haben sie es einmal geschafft, macht es ihnen viel Spaß, ihr Können zu zeigen und das Ganze auf Schnelligkeit zu üben.

Finger strecken sich
Das geht so: Eine Hand hochhalten und nacheinander immer zwei Finger gleichzeitig auseinanderspreizen, und zwar in dieser Reihenfolge:
➤ Daumen und Zeigefinger
➤ Zeige- und Mittelfinger
➤ Mittel- und Ringfinger
➤ Ringfinger und kleiner Finger

Die anderen Finger bleiben geschlossen. Sieger ist, wer das zuerst fehlerlos schafft.

Trommel-Spiel
Die Kinder sitzen am Tisch und legen ihre Hände auf die Tischkante. Dann geht das Spiel los. Nacheinander klopfen sie mit einzelnen Fingern auf den Tisch, und zwar wie folgt:
➤ nur mit dem Daumen
➤ nur mit Zeige- und Mittelfinger
➤ nur mit Zeigefinger und kleinem Finger
➤ dann mit der ganzen Faust

Nach etwas Übung kommt Schwung in das Spiel. Die Kinder klopfen im gleichen Rhythmus und werden dabei immer schneller.
Sieger ist, wer bis zuletzt durchhält und nicht aus dem Takt kommt.

Der Blinde

Voller Vertrauen lässt sich der »Blinde« führen und mit Geschick lenkt ihn der »Blindenführer« an allen Hindernissen vorbei.

ab 6 Jahren • mindestens 2 Kinder • 3 Minuten • beruhigend • drinnen oder draußen • Spielleiter

MATERIAL: 1 Tuch als Augenbinde

Gut vorbereitet
Die beiden Kinder machen miteinander aus, wer der »Blinde« und wer der »Blindenführer« ist. Sie vereinbaren auch die Wegstrecke und nennen Start und Ziel. Der Weg kann zum Beispiel durch die Wohnung führen, um den Wohnzimmertisch herum, auf den Balkon und wieder zurück oder auch in einem Teil des Gartens sein.

So geht's
Der »Blinde« bekommt die Augen verbunden. Der »Blindenführer« reicht ihm die Hände oder stellt sich hinter ihn und führt ihn geschickt an den Schultern. Mit vorsichtigen und langsamen Schritten wandern sie die ausgemachte Wegstrecke ab.

Variante: Hereingelegt!
Wenn das letzte Kind dran ist oder wenn es den Kindern langweilig wird, können Sie als Abschluss diese Variante spielen: Alle helfen dabei, schnell ein paar Hindernisse aufzubauen, zum Beispiel aus Flaschen, Büchern oder Sofakissen. Der Spieler geht mit offenen Augen die Hindernisstrecke ab. Dann werden ihm die Augen verbunden und ein Blindenführer begleitet ihn auf der Strecke. Allerdings haben einige Mitspieler die Hindernisse leise entfernt. Zur Gaudi der Zuschauer bemüht sich nun der »Blinde«, die vermeintlichen Hindernisse fehlerlos zu bewältigen. Zum Schluss, wenn er seine Augenbinde wieder abgenommen hat, merkt er, über was sich die anderen so amüsiert haben: über die gelungene Täuschung! Ob es ihm da gelingt, »gute Miene zum bösen Spiel« zu machen? Nur starke Kinder schaffen es, als verlachte Verlierer noch zu grinsen.

Geschicklichkeitsspiele

Das geht nicht

Der Spaß ist so groß wie die Überraschung, denn diese scheinbar so einfachen Bewegungen kann keiner ausführen.

i ab 7 Jahren • 1 Kind oder mehr
3 Minuten • anregend
drinnen • Spielleiter

So geht's

Freiwillige vor! Der Spielleiter sucht für jedes Spiel einen Mitspieler aus und erklärt ihm genau, was zu tun ist, beispielsweise so:

➤ **Das Geheimnis des Ringfingers**
Lege deine Hand auf den Tisch, schiebe den Mittelfinger unter die Handfläche. Strecke nacheinander die anderen vier Finger hoch. Das geht bei dem Daumen, dem Zeigefinger und dem kleinem Finger. Doch der Ringfinger bleibt wie angewurzelt liegen.
(Wie das? Weil Mittelfinger und Ringfinger mit derselben Sehne verbunden sind! Aber das verrät der Spielleiter erst nach dem Spiel.)

➤ **An der Wand angeklebt?**
Stelle dich ganz dicht an die Wand, so dass Fersen und Waden die Wand berühren. Versuch, dich nach vorn zu beugen.
(Wer nicht aufpasst, fällt um! Denn die Körperbalance kommt aus dem Gleichgewicht.)

➤ **Da bocken die Beine**
Stelle dich ganz dicht mit dem Rücken an die Wand, so dass du von Kopf bis Fuß die Wand spürst. Vor allem der Rücken sollte ganz an der Wand anlehnen. Nur die Arme und Hände dürfen die Wand nicht berühren. Jetzt versuche ein Bein hoch zu heben.
(Der Körper streikt und verweigert jede Beinbewegung. Denn auch hier kann man den Körper nicht ausbalancieren.)

Jetzt wollen sicher alle anderen Spieler ihre Geschicklichkeit unter Beweis stellen und die Spiele ausprobieren. Doch es bleibt dabei: Auch ihnen wird es nicht gelingen.

Verflixter Ballon

Ein harmlos aussehender Ballon entpuppt sich als Zauberding.

i ab 5 Jahren • mindestens 2 Kinder
3 Minuten • anregend
drinnen • Spielleiter

MATERIAL: 2 Luftballons, 1 kleiner Trichter, Wasser

Gut vorbereitet

Der Spielleiter baut den »verflixten Ballon« allein, so dass die Kinder nicht hinter das Geheimnis kommen. Er schiebt den einen Luftballon in den anderen, und zwar so, dass das Mundstück noch herausschaut. Dann steckt er den Trichter in dieses Mundstück und füllt etwa 10 Milliliter Wasser in den inneren Ballon. Danach bläst er den mit Wasser gefüllten Ballon auf, bis dieser so groß wie ein Tennisball ist. Er verknotet das Mundstück dieses Ballons und schiebt ihn in den »Bauch« des äußeren Ballons. Der zweite Ballon sollte so groß wie ein Gymnastikball aufgeblasen werden, damit man den inneren Ballon nicht mehr bemerkt.

So geht's

»Wetten, dass du diesen Ball nicht auf deiner flachen Hand balancieren kannst?« Mit diesen Worten macht der Spielleiter die Kinder neugierig. Wer die Wette eingeht, der wird sich wundern. Denn sobald der Spielleiter ihm den Luftballon auf die Hand legt, wird dieser wie von Zauberhand geführt gleich wieder herunterrutschen. Jedes Kind probiert seine Balancier-Geschicklichkeit aus.
Weitere Geschicklichkeits-Spiele:
➤ Zwei Kinder werfen sich den Ballon zu.
➤ Mit dem Ballon wird ein Sofakissen getroffen.
➤ Der Ballon wird auf einem Finger balanciert.
Wer errät den Zaubertrick? Wenn die Kinder dem Rätsel auf die Spur gekommen sind, wollen sie sicher noch weitere »verflixte Ballons« bauen.

MIT ALLEN SINNEN

Ich sehe was, was du nicht siehst!

Was ist da zu sehen, hören, schmecken, riechen, fühlen, tasten? Wahrnehmungsspiele sind eine spannende Entdeckungsreise. Je öfter Sie diese Spiele machen, desto besser können Ihre Kinder sich Formen, Geräusche und Stoffe merken. Ein Beweis mehr, dass Spielen Kinder fördert.

Schau genau hin

Was ist verschwunden und was liegt wo? Kimspiel-Varianten für jüngere Kinder.

i ab 4 Jahren • mindestens 2 Kinder
3 bis 10 Minuten • beruhigend
drinnen • Spielleiter

MATERIAL: 10 kleine Gegenstände für Kimspiele (siehe Seite 183)

So geht's

Auf dem Tisch liegen zehn kleine Gegenstände. Die Kinder schauen sich alles genau an und schließen die Augen oder drehen sich um. Der Spielleiter nimmt einen Gegenstand weg und versteckt ihn, zum Beispiel in seiner Hand oder Hosentasche, unter seinem Pullover oder einem Sofakissen. Mit seinem Ruf »Fertig!« dürfen die Kinder wieder schauen. Was fehlt? Wer es zuerst herausfindet, wird Spielleiter. Nach der dritten Spielrunde können zwei oder mehr Sachen weggenommen werden.

Variante: Was liegt wo?

Gespielt wird nach den gleichen Spielregeln, doch dieses Mal legt der Spielleiter einen Gegenstand an eine andere Stelle. Nach der dritten Spielrunde können zwei Dinge miteinander vertauscht oder drei Sachen verlegt werden. Will man den Schwierigkeitsgrad erhöhen, könnte der Spielleiter die Varianten »verschwunden« und »vertauscht« auch verknüpfen. Dann sollte aber jeweils nur ein Gegenstand versteckt beziehungsweise an eine andere Stelle gelegt werden.

 Wer ist Kim?
Von dem Jungen Kim erzählt der englische Schriftsteller Rudyard Kipling in seinem gleichnamigen Roman. Dort zeigt ein Händler Kim das Juwelenspiel: Auf einem Tablett liegt eine bestimmte Anzahl von Edelsteinen und Schmuck. Nur kurz darf Kim auf das Tablett schauen. Als Kim beschreiben soll, was unter dem Tuch liegt, merkt er, dass der Sohn des Händlers dieses Spiel viel besser kann als er, und nimmt sich vor zu üben.

Sehspiele

Kimspiel

Wie der Junge Kim muss man sich die Sachen auf dem Tablett gut einprägen.

ℹ ab 7 Jahren • mindestens 2 Kinder
3 bis 10 Minuten • beruhigend
drinnen • Spielleiter

MATERIAL: 10 kleine Dinge, wie in der Materialliste vorgeschlagen, Tablett, kleines Tuch oder Stoffserviette, Zettel und Stifte

Gut vorbereitet
Der Spielleiter legt zehn Dinge auf das Tablett, ohne dass die Spieler sehen können, was dort liegt, und deckt alles mit einem Tuch ab. Jeder Spieler nimmt sich Zettel und Stift.

So geht's
Die Spieler sitzen rund um den Tisch und warten gespannt auf den Augenblick, in dem der Spielleiter das Tuch abdeckt. Jetzt versuchen die Spieler sich möglichst viele Gegenstände auf dem Tablett zu merken. Nach kurzer Zeit legt der Spielleiter das Tuch wieder zurück. Die Spieler schreiben aus dem Gedächtnis auf, an was sie sich erinnern.
Der Spielleiter beendet das Spiel, wenn den Kindern nichts mehr einfällt und sie nur noch angestrengt nachdenken. Sieger sind diejenigen, die alle zehn Sachen auf ihrer Liste aufgeführt haben.

Ich sehe was, was du nicht siehst!

Dieses Ratespiel kennt fast jeder. Hier noch einmal die Spielregeln mit Hilfen für Kleinere.

ℹ ab 5 Jahren • mindestens 2 Kinder
2 Minuten • beruhigend • drinnen oder draußen

So geht's
Ein Kind schaut sich nach einem Gegenstand um, den die anderen erraten sollen.
Das Kind beginnt das Spiel mit den Worten: »Ich sehe was, was du nicht siehst!«, und fügt beispielsweise hinzu: »Und das ist rot!« Reihum raten jetzt die anderen und stellen Fragen wie: »Ist es das Kissen?« oder: »Sind es die Schuhe?« Das Kind darf nur mit »Ja« oder »Nein« antworten. Lässt sich der Gegenstand nicht schnell genug erraten, oder sind die Mitspieler jünger, kann man nach der ersten Fragerunde um ein weiteres Merkmal ergänzen. Das Kind sagt dann beispielsweise: »Ich sehe was, was du nicht siehst, und das ist rot und rund.« Bei jeder neuen Fragerunde fügt das Kind etwas hinzu.
Das Spiel ist zu Ende, wenn ein Kind den Gegenstand erraten hat. Dieser Sieger sucht sich einen neuen Gegenstand aus, und das Spiel beginnt von vorn.

Knopfmuster

Knöpfe sind für Kinder ein Schatz. Wer sich das Muster genau anschaut und merkt, kann welche gewinnen.

ℹ ab 6 Jahren • mindestens 2 Kinder
3 Minuten • beruhigend
drinnen • Spielleiter

MATERIAL: ca. 30 Knöpfe, Perlen oder Kieselsteine

INFO **Kimspiele**

Materialliste
➤ Spielsachen wie Murmel, Bauklotz, Spielzeugauto, Knete, Perle, ...
➤ Schulsachen wie Radiergummi, Bleistift, Pinsel, Bleistiftspitzer, Zettel, Lineal, Tintenkiller, Buntstifte in verschiedenen Farben, ...
➤ Küchensachen wie Korken, Bierdeckel, Flaschenöffner, Eierlöffel, ...
➤ Sachen aus Mamas Handtasche wie Kamm, Taschenspiegel, Lippenstift, Parfümfläschchen, ...
➤ Naturmaterialien wie Kieselstein, Kastanie, Eichel, Muschel, Schneckenhäuschen, Blatt, Rindenstückchen, Blüte, ...

MIT ALLEN SINNEN

Gut vorbereitet
Der Spielleiter legt in einer bestimmten Anordnung die Knöpfe auf den Tisch. Zum Beispiel:
➤ 3 Reihen mit jeweils 3 Knöpfen
➤ 5 Knöpfe im Innen- und 8 Knöpfe im Außenkreis
➤ 15 Knöpfe in einer Dreieck-Linie

So geht's
Die Kinder schauen sich das Legebild genau an. Vor allem beachten sie, wo im Muster die einzelnen Knöpfe liegen. Dann drehen sie sich um, und der Spielleiter vertauscht zwei Knöpfe oder legt ein bis zwei Knöpfe an eine andere Stelle. Mit seinem Ruf »Fertig!« dürfen die Kinder wieder schauen. Wer zuerst erkennt, welche Knöpfe woanders liegen, bekommt als Siegerpunkt einen Knopf. Eine neue Spielrunde beginnt, und der Spielleiter legt ein anderes Muster. Nach zehn Spielrunden ist das Spiel zu Ende. Sieger ist, wer die meisten Knöpfe besitzt.

100 Sachen suchen

Schnellsuche: Zuerst werden 100 gleiche Sachen versteckt, und dann geht die Suche los!

ⓘ **ab 5 Jahren • mindestens 2 Kinder
5 Minuten • beruhigend
drinnen • Spielleiter**

MATERIAL: mindestens 100 Wattebällchen oder Wäscheklammern oder Kieselsteine, für jedes Kind einen kleinen Behälter zum Einsammeln

Gut vorbereitet
Der Spielleiter versteckt im Zimmer 100 gleiche Sachen. Gute Verstecke sind hinter Stuhlbeinen und Blumentöpfen, unter Schränken und Sofas, hinter Sofakissen und Vorhängen, in Vasen, zwischen Büchern und Zeitschriften, auf Kerzenständern, an Fenster- und Schubladengriffen.

So geht's
Sind alle Sachen versteckt, werden die Kinder ins Zimmer gerufen und die Sucherei beginnt. Jedes Kind sammelt für sich. Nach drei Minuten ist Pause. Die Kinder leeren ihre Behälter aus. Miteinander zählen sie ab, wer am meisten gesammelt hat, und addieren, um festzustellen, ob noch etwas fehlt. Gegebenenfalls geht die Suche weiter.
Das Spiel ist zu Ende, wenn alle 100 Sachen gefunden wurden. Sieger ist, wer am meisten erbeutet hat.

Klimperkasten

Es klimpert und klappert, rasselt und klickt. Und wie das Geräusch entsteht, das wird geraten und nachgespielt.

ⓘ **ab 4 Jahren • mindestens 2 Kinder
5 bis 10 Minuten • beruhigend
drinnen • Spielleiter**

MATERIAL: 2 Schuhkartons, Buntpapier, Klebstoff, jeweils 2 gleiche Sachen zum Geräuschemachen, wie zum Beispiel: Glöckchen, Steine, Löffel, Bauklötze, Flaschenöffner, Marmeladenglas, Deckel, Papier, Klapper, Holzstab

Gut vorbereitet
Die Kinder basteln den Klimperkasten selber. Sie bekleben die zwei Schachteln mit Buntpapier und füllen in jede Schachtel dieselben Sachen.

So geht's
Zwei Kinder bekommen je einen Klimperkasten. Während das eine Kind in seinem offenen Klimperkasten mit den Spielsachen ein Geräusch macht, hält das andere Kind sich die Augen zu oder es dreht sich um und lauscht. Hat es das Geräusch erkannt, pro-

biert es das Klappern in seinem eigenen Kasten nachzuspielen. Erst wenn das gelingt, werden die Rollen getauscht. Spielen mehrere Kinder mit, werden beim nächsten Spiel zwei neue Klimperkasten-Musikanten ausgesucht.
Hier eine Sammlung von Klimperkasten-Tönen:
- mit dem Löffel auf dem Flaschenöffner herumklimpern
- mit dem Stein auf den Deckel klickern
- mit dem Bauklotz im Marmeladeglas klappern
- das Papier zusammenknäueln
- mit dem Deckel auf das Glas klopfen

Zischen und Schnalzen

Pusten, Prusten, Schnauben ... immer zwei machen das Gleiche und einer muss die Paare suchen und finden.

> ab 7 Jahren • mindestens 7 Kinder
> 5 Minuten • anregend
> drinnen • Spielleiter

Gut vorbereitet
Ein Spieler wird ausgezählt und geht vor die Tür. Die anderen stellen sich paarweise zusammen und überlegen sich ein Geräusch, das sie mit dem Mund machen können, also Zischen, Pfeifen, Pusten, Schnalzen, Gurgeln, Schnauben und so weiter. Jedes Paar muss ein anderes Geräusch machen.

So geht's
Der Spieler wird wieder ins Zimmer gerufen, dann geht es los: Alle »Geräuschemacher« wandern einzeln und kreuz und quer durch den Raum und machen ihre Geräusche. Der Spieler muss genau hinhören, die unterschiedlichen Geräusche erkennen und die Paare herausfinden. Wenn er ein Paar gefunden hat, stellt er diese nebeneinander, tippt ihnen auf die Schulter und gibt damit das Zeichen, dass die beiden still sein müssen. Das Spiel ist zu Ende, wenn alle Paare gefunden sind. Sicher wollen die Kinder noch eine Geräusche-Runde spielen. Dazu wird ein neuer Spieler ausgezählt.

Variante für jüngere Kinder
Anstatt der Geräusche ahmen die Kinder Tierlaute nach, wie Hunde, Katzen, Pferde, Kühe, Schafe, Frösche, Mäuse, Esel, Papageien oder Löwen.

Schleichkatzen

Wenn der Wachhund nicht wäre, kämen die Schleichkatzen besser an ihren Futternapf.

> ab 4 Jahren • mindestens 3 Kinder
> 5 Minuten • beruhigend
> drinnen • Spielleiter

MATERIAL: Zeitungspapier, Pappdeckel, Plastikfolie und -tüten, kleine Schüssel mit Bonbons oder anderen süßen Sachen

Gut vorbereitet
Die Kinder legen mit Papier, Pappe und Plastikfolien einen Weg durch das Zimmer aus. Am Ende des Weges ist der »Futternapf« mit dem »Katzenfutter« aufgestellt, also die Schüssel mit den Süßigkeiten.

MIT ALLEN SINNEN

So geht's
Ein Kind wird ausgezählt und ist der »Wachhund«. Mit dem Rücken zum ausgelegten Weg und etwa zwei Meter davon entfernt sitzt der Wachhund und horcht aufmerksam, ob er eine »Katze« vorbeischleichen hört. Alle anderen Kinder sind Katzen und stellen sich am Anfang des Weges auf. Sie wollen zum Futternapf und müssen dabei an dem Wachhund vorbeischleichen, ohne bemerkt zu werden. Der Spielleiter zeigt auf eine Katze. Diese macht sich auf leisen Sohlen auf den Weg. Der »Wachhund« bellt, sobald er etwas hört, und zeigt in die Richtung, aus der das vermeintliche Geräusch kommt. Hat er richtig gehört, tauschen die beiden ihre Plätze. Das Spiel geht weiter, indem eine andere Katze versucht das Futter zu erreichen.
Wenn eine Schleichkatze am Futternapf ankommt, darf sie sich geräuschvoll über das Katzenfutter hermachen. Das Spiel ist zu Ende, wenn alle etwas zum Naschen abbekommen haben.

Wortsalat

Wie heißt das, was man schmeckt und kostet? Hier gibt es eine große Wortauswahl zum Aussuchen und Raten.

> ab 7 Jahren • mindestens 4 Kinder
> 5 Minuten • beruhigend
> drinnen • Spielleiter

MATERIAL: viele unterschiedlich schmeckende Nahrungsmittel, Zettel oder kleine Karteikarten, Stift

Gut vorbereitet
15 bis 20 Minuten sollten Sie für diese heimliche Vorbereitung einplanen. Schreiben Sie Worte, die Geschmack und Eigenschaft der Nahrungsmittel beschreiben, einzeln und deutlich auf Zettel oder Karteikarten. Die Nahrungsmittel werden alle in sehr kleine Stückchen geschnitten und wie ein bunter Salatteller angeordnet.

So geht's
Die Spieler sitzen um den Tisch, vor ihnen aufgedeckt die Wortzettel und der »Salatteller«. Einer wird

süß	trocken	hart
sauer	pampig	zäh
salzig	saftig	schmierig
scharf	knusprig	knautschig
bitter	weich	knackig

als Vorkoster ausgezählt. Alle schließen die Augen. Denn auch die Mitspieler sollten nicht sehen, was der Spielleiter vom Teller nimmt und dem Vorkoster in den Mund schiebt. Dann ruft er »Fertig!«, und alle Spieler öffnen wieder die Augen. Der Vorkoster darf erst einmal genüsslich kauen und lutschen und kosten. Währenddessen schaut er die Wortzettel durch und entscheidet sich für zwei Zettel, die am treffendsten den Geschmack und die Beschaffenheit des Leckerbissens in seinem Mund beschreiben. Er tippt auf die ausgewählten Kärtchen und legt sie neben die anderen. Jetzt geht das Raten los. Auf welches Nahrungsmittel passt die Beschreibung am besten? Wer es zuerst geraten hat, darf sich als Gewinn ein Stückchen vom Teller nehmen und bestimmen, wer als nächster Spieler an der Reihe ist. Das Spiel ist zu Ende, wenn alles aufgegessen ist.

Naschkatzen-Fütterung

Diesmal wird der Nachtisch zum lustigen Schmeckspiel.

>
> ab 6 Jahren • mindestens 2 Spieler
> 15 Minuten • beruhigend • drinnen

MATERIAL: verschiedene Leckereien, beispielsweise Obststückchen, Nüsse, Pudding, Jogurt, Quark; kleine Schüsseln oder Dessertschalen, Teelöffel

Gut vorbereitet
Bei der Zubereitung der Leckereien helfen die Kinder mit. Das ist gar nicht schwer. Aber es ist natürlich nicht erlaubt, vorher zu naschen. Die Kinder füllen die süßen Speisen einzeln in Schüsseln oder Dessert-

Schmeck- und Tastspiele

schalen und stellen die süße Mahlzeit auf den Tisch. Je nachdem, wie viele Kinder mitspielen, wird die Menge des Nachtischs pro Kind kleiner oder größer ausfallen.

So geht's
Immer zwei Kinder spielen zusammen und setzen sich nebeneinander an den Tisch. Sie machen miteinander aus, wer als »Naschkatze« beginnt und vom anderen gefüttert wird. Die »Naschkatze« sagt, was sie essen möchte, und der »Diener« führt löffelweise die Wünsche aus. Hat einer von beiden genug von diesem Spiel, ruft er »Fertig!«, und die beiden tauschen die Rollen. Das Spiel ist zu Ende, wenn die Schüsseln geleert sind.

Getränkebar

Alle Gläser sind mit Wasser gefüllt und sehen gleich aus. Ob der Inhalt auch gleich schmeckt?

ab 5 Jahren • 1 Kind oder mehr
3 bis 5 Minuten • beruhigend
drinnen • Spielleiter

MATERIAL: 4 Glaskrüge oder Flaschen, stilles Mineral- oder Leitungswasser, Zucker, Salz, Zitrone, Teebeutel mit Pfefferminzblättern, mehrere Trinkgläser

Gut vorbereitet
Der Spielleiter füllt die Krüge mit Wasser. In jeden Krug mixt er etwas anderes: zwei Teelöffel Zucker, ein Viertel-Teelöffel Salz, ein paar Tropfen Zitronensaft; den Pfefferminzteebeutel taucht er 3 Minuten lang ein. Dann ist die Getränkebar eröffnet.

So geht's
Die Kinder trinken von jedem Glas und raten, nach was das Wasser schmeckt. Das Spiel ist zu Ende, wenn sich jedes Kind für vier unterschiedliche Geschmacksrichtungen entschieden hat. Sieger sind diejenigen, die alles richtig geraten haben. Sie bekommen als Erste ein Extragetränk serviert.

Mit Fingerspitzengefühl

Was im Taschentuch-Säckchen verborgen ist, können die Kinder fühlen.

ab 4 Jahren • 1 Kind oder mehr
5 bis 10 Minuten • beruhigend
drinnen • Spielleiter

MATERIAL: viele Taschentücher, Wolle oder Schnur, jeweils 2 gleiche kleine Sachen, wie etwa: Murmeln, Radiergummis, Tischtennisbälle, kleines Spielzeug

Gut vorbereitet
Die Kinder helfen dem Spielleiter, die kleinen Sachen einzeln in ein Taschentuch einzupacken und die Säckchen mit einem Wollfaden zuzubinden.

So geht's
Alle Säckchen liegen auf dem Tisch. Der Spielleiter nimmt eines davon, tastet es ab und sagt, was drin ist. Dann nickt er einem Kind zu. Dieses tastet die anderen Säckchen ab und sucht nach dem gleichen Gegenstand. Die beiden gleichen Säckchen werden auf die Seite gelegt und danach neue Säckchenpaare gesucht. Mehrere Kinder wechseln sich in der Rolle des Spielleiters ab.

MIT ALLEN SINNEN

Taps- und Tastweg

Mit verbundenen Augen und nackten Füßen spüren die Kinder bei jedem Schritt etwas anderes.

> ab 5 Jahren • mindestens 2 Kinder
> 5 Minuten • beruhigend
> drinnen • Spielleiter

MATERIAL: mindestens 10 alte Teppichfliesen oder dicke Pappe, 40 x 40 cm groß, Klebepistole, verschiedene Sachen wie glatter Stoff, flauschiger Stoff, Wollfäden, Papierschnipsel, Wellpappestreifen, Knöpfe, Plastikfolie, Sägespäne, Schmirgelpapier

Gut vorbereitet

Der Tastweg entsteht so: Die Kinder legen die Fliesen als Weg. Auf jede Fliese kommt anderes Material, das der Spielleiter mit der Klebepistole festklebt. Wenn alles getrocknet ist, probieren die Kinder den Weg aus, indem sie barfuß darauf laufen, so oft sie wollen.

So geht's

Ein Kind bekommt die Augen verbunden und wird vom Spielleiter an den Anfang des Tastwegs geführt. Der Spielleiter vertauscht dann ein paar Fliesen und stellt danach die Aufgabe, wie: »Suche die Wollfäden!« Das Kind tastet sich nun mit den Füßen auf dem Fliesenweg vor und bleibt auf der gesuchten Stelle stehen. Die anderen klatschen Beifall. Das Kind nimmt die Augenbinde ab und schlüpft in die Rolle des Spielleiters. Das heißt, es bestimmt jetzt den nächsten Spieler. Das Spiel dauert so lange, wie es den Kindern gefällt.

An der langen Leine

Spannend bis zur letzten Minute: mit verbundenen Augen ertasten, was da hängt, und nachher alles aufzählen.

> ab 6 Jahren • 1 Kind oder mehr
> 3 bis 5 Minuten • beruhigend • drinnen
> oder draußen • Spielleiter und Helfer

MATERIAL: Augenbinde, 15 bis 20 Meter Schnur, Filzstift, viele Kleinigkeiten, die man an der Schnur befestigen kann, wie Naturmaterialien (Blatt, Gras, Zweig, ...) oder Spielsachen (Sandschaufel, Spielzeugauto, ...) oder nützliche Dinge (Taschentuch, Kamm, Teelöffel, ...) oder witzige Sachen (Schnuller, Gummihandschuhe, ...)

Gut vorbereitet

Dieses Spiel müssen Sie unbedingt heimlich vorbereiten, am besten in einem separaten Zimmer oder in einer versteckten Gartenecke. Binden Sie zehn oder mehr Gegenstände im Abstand von mindestens 1 Meter an die Schnur, und spannen Sie die Schnur drinnen im Zimmer oder draußen im Garten. Sie kann auch im Zickzack oder im Kreis geführt werden. Und alles muss so tief hängen, dass die Kinder es gut abtasten können.

So geht's

Niemand darf die Tastschnur sehen. Sie bitten die Spieler einzeln zu sich, verbinden ihnen die Augen und führen sie nacheinander langsam an der Schnur entlang. Das Kind muss sich merken, welche Gegenstände es fühlt. Bevor Sie die Augenbinde abnehmen, drehen Sie das Kind so, dass es mit dem Rücken zur Schnur steht, während Sie die Schnur im Blick haben. Ohne auf die Tastschnur zu gucken, sagt das Kind, was es an der Schnur gefühlt hat. Für jede richtige Antwort bekommt es mit dem Filzstift einen Punkt auf die Hand.
Spieler, die an der Reihe waren, dürfen zuschauen, aber nur, wenn sie nichts dazu sagen. Das Spiel ist zu Ende, wenn auch der letzte Spieler seine Punkte auf der Hand hat. Sieger ist, wer die meisten Punkte hat.

Schnupperdosen

Aus jedem Döschen strömt ein anderer Geruch. Und den gilt es zu erraten.

> ab 5 Jahren • 1 Kind oder mehr
> 3 bis 5 Minuten • beruhigend
> drinnen • Spielleiter

MATERIAL: leere, möglichst schwarze, Filmdöschen, Sachen zum Riechen aus Küche und Bad wie Zitrone, Schokolade, Tee, Kaffee, Zwiebel, Kräuter, Essig, Wurst, Käse oder Seife, Zahnpasta, Badeöl, Rasierwasser

»Was tun, wenn …«

Von scheuen Angsthasen und vorlauten Draufgängern

Wenn ein ängstliches Kind oder ein Energiebündel das Spiel in der Gruppe stört, haben Sie mit den folgenden Tipps schnell wieder alle bei der Sache.

Was tun, wenn ein Kind aus Angst nicht mehr mitmacht?

Die Zimmerbeleuchtung ist abgedunkelt. Gerade lassen Sie einen ekligen »Fühlsack« kreisen. Da stockt das Spiel. Ein Kind will nicht mitmachen. Es versteckt die Hände hinter dem Rücken, hofft, dass keiner hinschaut und dieses schreckliche Spiel endlich aufhört. Doch die anderen sind wie verhext: Es reizt sie, den Ängstlichen noch mehr zu erschrecken. Sie fangen an, ihn zu ärgern und auszulachen.

Was tun Sie mit dem ängstlichen Kind?

Egal, was Sie mit den Kindern gerade spielen, brechen Sie das Spiel ab. Am wichtigsten ist jetzt, das ängstliche Kind zu beruhigen. Versuchen Sie auch, die Kinderschar zu bändigen. Diese Worte können ein ängstliches Kind beruhigen: »Wenn du Angst hast, dann hast du einen Grund dafür. Das ist o.k.! Wer Angst spürt, der soll gut aufpassen, was um ihn herum passiert! Diese Achtsamkeit schützt dich vor Gefahren!«

Völlig unpassend wäre jetzt der Kommentar: »Du brauchst doch keine Angst zu haben!« Die Angst ist schließlich da.

Wie gehen Sie mit dem Thema Angst in der Gruppe um?
Das können Sie tun:

Reden Sie nicht nur mit dem ängstlichen Kind, sondern mit allen Kindern. Erklären Sie, dass Angst normal und lebenswichtig ist. Denn dieses Gefühl mahnt zur Vorsicht und erhöht die Aufmerksamkeit. Wer seine Angst nicht beachtet, der lebt gefährlich. Während Sie mit den Kindern reden, setzen Sie sich neben das ängstliche Kind. Streichen Sie ihm über den Rücken. Dieser Körperkontakt gibt »Rückendeckung«, macht ein bisschen mutiger und stärker. Geben Sie dem Kind ein »Mut-Bonbon« aus dem »Notfallkoffer« (siehe Seite 17). Fragen Sie es, vor was genau es Angst hat. Überlegen Sie miteinander, ob das, was es befürchtet, wirklich eintreffen könnte. Bieten Sie auch den anderen Kindern ein »Mutmach-Bonbon« an. Mut kann schließlich jeder brauchen. Und damit haben Sie die Kinder wieder auf einer Ebene.

Fragen Sie das ängstliche Kind, unter welchen Umständen es wieder mitmachen möchte: mit einer neuen Spielregel, zusammen mit einem Mitspieler oder mit Ihnen.

Was tun, wenn ein Kind rücksichtslos und unbeherrscht ist?

Die Kinder warten geduldig auf den Beginn des Spiels. Ein Kind kann es nicht mehr aushalten, drängelt nach vorn, will als Erster starten. Seine »Power« scheint grenzenlos. Das Kind merkt nicht, dass es dabei andere Kinder zur Seite schiebt, verärgert und einen Streit provoziert. Die Mitspieler ziehen sich zurück, nehmen den Angeber jetzt nicht mehr ernst. Der scheint das zu spüren und legt noch mehr los. Denn er wünscht sich am meisten, von den anderen bewundert zu werden.

Das können Sie tun:

Bewundern Sie wenigstens einmal lautstark das kleine Energiebündel, wenn es eine gute Leistung erbracht hat. Diese »Streicheleinheiten« halten lange vor. Der Draufgänger ist nun zufrieden und wieder bereit, sich in die Gruppe einzuordnen. Geben Sie dem Draufgänger auch Extraaufgaben wie: schwere Getränkekisten zu schleppen oder die Laufstrecke für ein Wettrennen zu markieren. Dann ist ihm auch die Aufmerksamkeit und Anerkennung der anderen sicher.

MIT ALLEN SINNEN

Gut vorbereitet
Der Spielleiter füllt die Filmdöschen vorher allein mit verschiedenen Sachen und schließt die Deckel. Während des Spiels achtet er darauf, dass die Döschen schnell wieder geschlossen werden, damit sich die Gerüche nicht zu stark ausbreiten und in der Luft vermischen. Für die Memory-Variante werden jeweils zwei Döschen mit denselben Düften gefüllt und alle bunt gemischt auf den Tisch gestellt.

So geht's
Alle sitzen um den Tisch. Das erste Kind öffnet den Dosendeckel nur halb und hält seine Nase an den Spalt. So kann es den Inhalt nicht sehen, aber riechen. Was ist drin? Wenn es richtig rät, darf es die Dose behalten. Wenn es den Geruch nicht zuordnen kann, stellt es die Dose geschlossen wieder zurück. Und das nächste Kind ist mit Raten dran. Sieger ist, wer die meisten Döschen einkassiert hat.

Variante: Schnupper-Memory
Ein Kind beginnt und riecht an zwei Döschen. Sind es verschiedene Gerüche, schließt es die Deckel wieder und stellt die beiden Döschen zurück. Ist das Geruchspaar aber gefunden, darf es die Döschen behalten und weiterspielen. Sieger ist, wer die meisten Döschen erbeutet hat.

Socken schnüffeln

Die Socken hängen duftend an der Wäscheleine. Schnuppernd finden die Kinder die gleich riechenden Sockenpaare.

> ab 5 Jahren • 1 Kind oder mehr
> 3 bis 5 Minuten • beruhigend • drinnen oder draußen • Spielleiter

MATERIAL: viele Socken, Wäscheklammern, Wäscheleine oder Schnur; Flüssigkeiten und Cremes sowie Duftöle (z. B. Lavendel, Orange, Zitronenmelisse), Parfüms, Babycreme, Sonnencreme, Körperlotion

Gut vorbereitet
Der Spielleiter bereitet die duftende »Sockenparade« allein vor. Dafür sollte er etwa 15 Minuten Zeit einplanen. Er legt zuerst die Socken bunt gemischt auf den Tisch. Je mehr Socken er hat, desto lustiger das Spiel. Er tupft oder träufelt auf jeden Socken einen kleinen Tropfen eines Duftstoffes. Jeweils zwei Socken bekommen dieselbe Duftmarke. Allerdings sollten die Socken unterschiedlich aussehen. Dann spannt der Spielleiter die Wäscheleine quer durch das Zimmer, beispielsweise vom Fenstergriff zum Tischbein oder von der Tür zur Vorhangschiene. Mit den Wäscheklammern hängt er die Socken auf die Leine. Das Spiel kann auch im Freien gespielt werden. Dann wird die Wäscheleine zwischen Büsche oder Bäume gespannt.

So geht's
Alle Kinder wandern gleichzeitig los und beschnüffeln eine Socke nach der anderen. Wer den gleichen Duft gefunden hat, nimmt die beiden Socken von der Leine und übergibt sie dem Spielleiter zur Schnupperkontrolle. Hat das Kind richtig geschnuppert, legt es die Socken an einem eigenen Sammelplatz zur Seite. Hat es sich geirrt, hängt es die Socken wieder an den Platz zurück.
Das Spiel ist zu Ende, wenn alle Socken von der Leine abgehängt sind. Sieger ist, wer die meisten richtigen Duftsocken-Paare eingesammelt hat. Das überprüft zum Schluss noch einmal der Spielleiter. Der Sieger darf sich seinen Lieblingsduft auswählen und sich damit ausgiebig betupfen.

Spiele zur Körperwahrnehmung

Kuddel-Muddel und Kribbel-Krabbel

Wie fühlt sich das an, wenn man in einem großen Kuddel-Muddel mit anderen Kindern verknotet ist und sich zu einem Kreis entwirrt? Oder wenn jemand sanft dem anderen über den Rücken streicht? Die Spiele zur Körperwahrnehmung sind eine tolle Erfahrung für Groß und Klein.

Kuddel-Muddel-Knoten

Es geht drunter und drüber und durcheinander. Aber nach und nach löst sich der Knoten.

> ab 7 Jahren • mindestens 8 Kinder
> 3 Minuten • anregend • drinnen
> oder draußen • Spielleiter

So geht's

Je mehr mitmachen, desto spannender wird das Spiel. Alle Spieler stehen im Kreis und schließen die Augen. Dann gehen sie in die Kreismitte und strecken ihre Hände aus. Wenn sie eine andere Hand spüren, packen sie zu und halten sie fest. Dann erst dürfen sie die Augen wieder öffnen.
Der Spielleiter schaut, ob sich alle Spieler an den Händen festhalten und der Kuddel-Muddel-Knoten geschlossen ist. Dann gibt er das Zeichen zur Fortsetzung des Spiels: die Auflösung des Kuddel-Muddel-Knotens.
Jetzt gehen die Spieler langsam auseinander und schauen, wie man den Knoten entwirren kann: etwa über die Arme eines anderen steigen oder darunter durchkriechen, sich drehen oder bücken. Nur die Hände dürfen die Spieler nicht loslassen.
Aber Vorsicht! Wenn einem eine Bewegung weh tut, ruft er laut »Stopp«. Dann bleiben alle stehen und überlegen, welche Bewegung jetzt ansteht, um den Knoten weiter aufzulösen. Der Spielleiter sollte möglichst nicht eingreifen.
Zum Schluss werden die Spieler in einem oder in zwei Kreisen dastehen. Ein tolles Gefühl für die Gruppe, wenn es geklappt hat.

Variante für jüngere Kinder

Ein Kind wird ausgezählt. Es hat die Aufgabe, das Kinder-Knäuel aufzulösen. Das Kind stellt sich vor das Kinder-Knäuel und zieht vorsichtig die Kinder auseinander. Dabei löst es die eine oder andere Hand, entwirrt die ausgestreckten Arme und fügt andere Hände zusammen. Zum Schluss stehen alle Kinder im Kreis.
Dann wird ein anderes Kind ausgezählt und das Getümmel beginnt wieder von vorn.

MIT ALLEN SINNEN

INFO Snoezelen

Beim »Snoezelen« sitzt man gemütlich zusammen, rekelt sich in Schmusedecken und weichen Sitzkissen, hört ruhige Musik, schaut zarten Lichtspielen zu, riecht angenehme Düfte und lässt feine Leckereien auf der Zunge zergehen.
Snoezelen spricht man wie »Snuselen« aus, mit der Betonung auf der ersten Silbe. Das Wort kommt aus dem Holländischen. Es ist ein neu erfundenes Wort, zusammengesetzt aus den beiden Wörtern »snuffelen«, das heißt mit allen Sinnen wahrnehmen, auch schnuppern, und »doezelen«, das heißt träumen, sich entspannen, dösen.

Snoezelen-Räume

Räume (und Ecken) für das Snoezelen sind sparsam ausgestattet. Um die Sinne nicht zu überreizen, sind beispielsweise die Wände weiß, die Fenster zugehängt, das Licht gedämpft. Es gibt ausschließlich Materialien und Spiele zur sensiblen Sinneswahrnehmung. Die Spielsachen werden einzeln angeboten und wieder weggeräumt. So braucht sich das Kind nur auf eine Sache zu konzentrieren und kommt zur Ruhe. Dabei lässt sich beobachten, dass gleichzeitig die Lernbereitschaft und Kreativität zunehmen. Geeignete Spiele finden Sie unter anderem in diesem Kapitel (Wahrnehmungsspiele), es bieten sich aber auch Musikspiele an (siehe Seite 162 f.).

Selbst gebaute Snoezelen-Ecken

Wollen Sie für Ihr Kind eine Möglichkeit zum Snoezelen einrichten? Dies kann ein Extraraum oder eine Ecke sein. Sie können diese Nische für immer beibehalten oder nach ein paar Wochen wieder abbauen. Es macht großen Spaß und das Einrichten ist wie ein Familienspiel, das einige Tage dauert.

Kleines Schlaraffenland

Einfach sitzen und umfallen und die Augen schließen. Doch was passiert dann?

ab 5 Jahren • mindestens 3 Kinder
3 Minuten • beruhigend
drinnen • Spielleiter

MATERIAL: für jedes Kind 5 Süßigkeiten, auch Nüsse und Rosinen, alles ohne Raschelpapier, Behälter

Gut vorbereitet
Die Kinder und der Spielleiter suchen eine Ecke im Zimmer aus, wo sich alle Kinder auf den Boden legen können. Eventuell wird noch eine Decke ausgebreitet. Die Naschereien kommen in einen Behälter.

So geht's
Die Kinder setzen sich auf den Boden und machen es sich gemütlich. Der Spielleiter geht um die Kinderschar herum. Wenn er einem Kind seine Hand sanft auf den Kopf legt, kippt sich dieses Kind zur Seite, lehnt sich an den anderen an und schließt die Augen, bis sich alle aneinanderkuscheln.
Nun verteilt der Spielleiter die Süßigkeiten. Mal hier, mal da legt er ganz leise und möglichst unbemerkt etwas Leckeres auf den Boden. Ab und zu dürfen die Kinder blinzeln und nachschauen, ob schon fünf Süßigkeiten vor ihnen liegen. Denn erst dann darf sich ein Kind wieder aufrichten und die Süßigkeiten nehmen. Dabei löst es sich vorsichtig aus dem »Kinder-Knäuel« und sagt kein Wort. Das Spiel geht so lange, bis sich das letzte Kind aufgerichtet hat.

Stille Bilder-Post

Hier geht auf dem Rücken der Kinder die Post ab. Und welches Bild kommt dabei heraus?

ab 6 Jahren • mindestens 5 Kinder
3 Minuten • beruhigend
drinnen • Spielleiter

So geht's
Alle Kinder liegen nebeneinander auf dem Bauch. Der Spielleiter malt dem ersten Kind ein Bild auf den

Spiele zur Körperwahrnehmung

Rücken, vielleicht eine Sonne, eine Blume, ein Gesicht. Dieses Bild malt nun das erste Kind auf den Rücken seines Nachbarn. Dabei muss es allerdings liegen bleiben. Es hält also nur seine Hand über den Rücken des anderen. Dazu braucht es etwas Geschick, aber dadurch macht das Spiel Spaß. Wenn das letzte Kind an der Reihe ist, setzen sich alle auf. Es malt das Rückenbild, das bei ihm angekommen ist, in die Luft, und alle wundern sich, was aus dem Anfangsbild geworden ist.

Bierdeckeldecke

Schön ist es zu spüren, wie ein Bierdeckel nach dem anderen sanft aufgelegt wird.

 ab 5 Jahren • 2 Kinder
3 Minuten • beruhigend • drinnen

MATERIAL: ca. 50 Bierdeckel

Gut vorbereitet
Die Kinder suchen sich einen Platz aus, wo keiner sie stört und es schön gemütlich ist.

So geht's
Ein Kind legt sich auf den Bauch. Wenn es mag, kann es die Augen schließen. Das andere Kind setzt sich daneben und legt vorsichtig einen Bierdeckel nach dem anderen auf das Kind. Es beginnt bei den Füßen und endet am Kopf. »Fertig«, ruft es dann. Das andere Kind darf jetzt ein Weilchen so liegen bleiben. Wenn es den Kopf schüttelt, ist dies das Zeichen dafür, dass das andere Kind die Bierdeckel wieder einsammelt, und die Rollen werden getauscht.

Fühlen, wo die Punkte sind

Wo ist der Farbtupfer auf dem Arm? Mit geschlossenen Augen soll das Kind die Stelle finden.

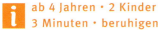 **ab 4 Jahren • 2 Kinder**
3 Minuten • beruhigend • drinnen

MATERIAL: wasserlösliche Fingerfarben oder Schminkstifte

So geht's
Ein Kind streckt dem anderen den Arm hin und schließt fest die Augen. Eventuell muss es vorher den Ärmel hochkrempeln. Das andere Kind tupft nun mit der Farbe einen zarten Punkt auf den Unterarm. Danach versucht das »blinde« Kind bei geschlossenen Augen, mit seinem Finger auf diesen Punkt zu tippen. Hat es die richtige Stelle getroffen? Das Kind darf jetzt die Augen aufmachen und nachsehen. Immer wieder tauschen die beiden Kinder die Rollen, bis eines genug Punkte hat und aufhören will. Mit Wasser lassen sich die Tupfer wieder wegwischen.

Autowaschanlage

Mit vielen Streicheleinheiten wird das »Auto-Kind« von den anderen gewaschen, gerade so, wie es ihm gefällt.

 ab 5 Jahren • mindestens 4 Kinder
3 bis 5 Minuten • beruhigend
drinnen • Spielleiter

Gut vorbereitet
Wer will als Erster in die Autowaschanlage? Die anderen Kinder stellen sich in einer Reihe auf und besprechen, wer welche Aufgabe in der Waschanlage übernimmt. Der Spielleiter spielt als »Mechaniker« mit

MIT ALLEN SINNEN

und passt auf, dass alles klappt. Spielen mehr als zehn Kinder mit, können immer zwei Kinder einander gegenüberstehen und die gleiche Arbeit verrichten. Das »Auto« geht dann mitten durch die Reihe durch.

So geht's

Das »Auto« kommt mit einem lauten »Tut-tut« angefahren und geht oder krabbelt durch die Waschanlage. Es bewegt sich so langsam oder schnell, wie es will. Die Kinder der Waschanlage arbeiten fleißig, solange das »Auto« vor ihnen steht. Sie hören erst dann damit auf, wenn das Auto sich weiterbewegt.

Das Waschprogramm könnte so ablaufen:

➤ mit Wasser besprühen (mit den Fingerspitzen tupfen)
➤ einschäumen (mit flachen Händen kreisen)
➤ bürsten (mit den Fingern sanft kratzen)
➤ abduschen (mit lockerer Hand abstreifen)
➤ trocknen (mit den Händen Luft zuwedeln)
➤ wachsen (mit den Fäusten sanft klopfen)
➤ polieren (mit den Händen langsam kreisen)

Das Spiel dauert so lange, bis alle Kinder in den Genuss der »Waschstraße« gekommen sind.

In der Kribbel-Krabbel-Stadt

Der Weg durch die Kribbel-Krabbel-Stadt wird kribbelig und kitzelig, denn Kinderfinger tippeln auf Kinderrücken.

i ab 5 Jahren • 1 Kind oder mehr
3 bis 5 Minuten • beruhigend
drinnen • Spielleiter

Gut vorbereitet

Diese Vorbereitung gilt für alle Spiele auf dieser Doppelseite. Der Spielleiter beschreibt den Weg durch die Kribbel-Krabbel-Stadt mit einer Geschichte. Als Anregung macht er während der Erzählung mit seinen Händen in der Luft die Bewegungen vor. Damit die Kinder Zeit genug zum Ausspielen der unterschiedlichen Bewegungen haben, legt der Spielleiter zwischen den Sätzen eine kleine Pause ein.
Wenn die Geschichte bereits bekannt ist, müssen Sie nichts vormachen. Variieren Sie stattdessen die Geschichte oder lassen Sie die Kinder eine Variante erfinden. Nur länger sollte sie nicht werden.

> **INFO** **Mitmachen ist freiwillig**
>
> Wenn ein Kind bei diesen Kribbel-Krabbel-Spielen nicht mitmachen will, hat es seine Gründe. Es ist vielleicht solche Körpernähe nicht gewohnt, mag keinen intensiven Körperkontakt, hat vielleicht einen schlechten Tag und möchte lieber für sich allein sein, oder befürchtet, dass die andern nicht vorsichtig sind und ihm weh tun. Machen Sie kein Aufhebens davon. Erklären Sie dem Kind in aller Ruhe, dass es auch zuschauen kann, wenn ihm das lieber ist.
> Besser wäre, Sie könnten dem Kind eine zusätzliche fantasievolle Rolle oder Aufgabe geben, etwa Mechaniker in der Waschstraße sein, oder Fotograf in der Kribbel-Krabbel-Stadt, der pantomimisch viele Aufnahmen macht, oder Musikmeister, der für das Ein- und Ausschalten einer leisen Hintergrundmusik verantwortlich ist. Die Hauptsache dabei ist, das Kind fühlt sich nicht ausgeschlossen, sondern in seiner Sonderposition von allen akzeptiert.

Aufteilung: Es spielen immer zwei Kinder miteinander. Bleibt ein Kind über, spielt der Spielleiter mit dem Kind.

So geht's

Der Spielleiter erzählt eine Fantasiegeschichte, beispielsweise diese:

➤ »Wir wollen in die Kribbel-Krabbel-Stadt gehen« (Finger wandern auf dem Rücken).
➤ »Da ist das große Tor, durch das wandern wir hindurch« (beide Hände zeichnen ein Tor auf den Rücken).
➤ »Wir kommen in die Streichel-Straße« (den Rücken entlangstreicheln).
➤ »Jetzt stehen wir auf dem Kitzel-Platz« (an einer Stelle sanft kitzeln).

Spiele zur Körperwahrnehmung

➤ »Wir stapfen den Klopf-Weg weiter« (vorsichtig mit den Fäusten über den Rücken klopfen).
➤ »Da ist die Finger-Tippel-Gasse, die tippeln wir weiter hinunter« (mit zwei Fingern den Rücken entlangtippen).
➤ »Wir erreichen den Patsch-Weg und gehen dort weiter« (mit flacher Hand quer über den Rücken »patschen«).
➤ »Da kommen wir am Rutsch-Buckel an« (mit flacher Hand den Rücken abwärtsstreifen).
➤ »Weil das so lustig war, rennen wir den Buckel wieder hinauf und rutschen noch einmal herunter« (mit den Fingern den Rücken hochtippen und mit flacher Hand geht es wieder herunter).
➤ »Jetzt ruhen wir auf einer Bank aus« (flache Hand an eine Stelle legen).
➤ »Wir spüren, wie uns die Sonne wärmt, und bleiben noch ein Weilchen sitzen« (die Hand erwärmt tatsächlich ein wenig den Rücken).
➤ »Nun wandern wir wieder mit großen Schritten zum Stadttor zurück« (mit zwei Fingern kreuz und quer über den Rücken staksen).
➤ »Wir gehen wieder durch das Tor« (mit den Händen das Tor auf den Rücken zeichnen).
➤ »Jetzt bummeln wir gemütlich nach Hause« (mit langsamen Fingerbewegungen über den Rücken).
➤ »Und nun ist die Geschichte aus« (mit einem kleinen Klaps auf den Rücken verabschieden).

Regenwetter auf dem Rücken

Es tröpfelt, gießt und donnert, und das ganze Unwetter spielt sich auf dem Rücken ab.

> ab 5 Jahren • mindestens 6 Kinder
> 3 bis 5 Minuten • beruhigend
> drinnen • Spielleiter

Gut vorbereitet
Die Kinder sitzen oder stehen in einem Kreis, und zwar so, dass jeder auf dem Rücken des Vordermannes das »Regenwetter« mit beiden Händen spielen kann.

So geht's
Der Spielleiter erzählt die Regenwetter-Geschichte und alle Kinder spielen gleichzeitig mit.
➤ »Die Sonne scheint – und wir malen auf den Rücken eine große Sonne mit vielen Sonnenstrahlen.«
➤ »Da kommt Wind auf – wir streichen mit den Händen über den Rücken.«
➤ »Regenwolken ballen sich zusammen – wir kreisen mit beiden Fäusten auf dem Rücken.«
➤ »Regentropfen fallen – wir tupfen mit den Fingerspitzen sanft auf den Rücken.«
➤ »Der Regen wird stärker – wir tippen immer schneller mit den Fingerspitzen.«
➤ »Es gießt heftig – wir fahren mit den ganzen Fingern über den Rücken.«
➤ »Es donnert – wir stampfen mit den Füßen auf den Boden.«
➤ »Es blitzt – wir zeichnen auf den Rücken einen Blitz.«
➤ »Es regnet weiter – wir trommeln mit den Fingern auf den Rücken.«
➤ »Der Regen lässt nach – wir lassen die Finger langsam von oben nach unten über den Rücken gleiten.«
➤ »Es fallen noch ein paar letzte Regentropfen – wir tippen mal da, mal dort sanft auf den Rücken.«
➤ »Der Regen ist vorbei – wir bleiben stehen.«
➤ »Die Sonne scheint wieder – wir malen langsam auf den Rücken eine Sonne mit vielen Sonnenstrahlen.«

MIT ALLEN SINNEN

Von **Nachtgespenstern** und Monsteraugen – das schaurig-schöne **Gruselfest**

Nicht nur zu Halloween oder Karneval ist eine Gruselparty mit Geistern und Gespenstern und glitschig-ekligen Überraschungen im Dunkeln für Neun- bis Zehnjährige ein Riesenspaß. Lassen Sie sich von der Gruellaune Ihrer Kinder anstecken!

Unheimliche Gruselkammer
Schön gruselig soll das Party-Zimmer sein. Darin sind sich große und kleine Partyplaner mit Sicherheit einig. Überlegen Sie mit Ihren Kindern gemeinsam ein paar Tage vorher, wie Sie das Fest im Einzelnen gestalten möchten, was Sie kaufen und was Sie selber machen können und welches Zimmer Sie in der Mitte der Wohnung frei räumen und verdunkeln wollen. Feiern Sie an Halloween oder zu Fasching, dann erübrigt sich das Verdunkeln der Fenster mit schwarzen Tüchern, weil es schon am Nachmittag dämmrig genug ist. Aber Spinnennetze – mit Spinnen natürlich – und Geister sind ein Muss für jede Gruselstimmung!

Es liegt bei Ihnen als Planerin oder Veranstalter der Party einzuschätzen, wie viel Grauen erregendes Gruseln Ihre Gäste mögen. Je versteckter und überraschter bestimmte Effekte auftreten, desto unheimlicher. Spielen Sie hingegen mit offenen Karten, lassen beispielsweise die Kinder selbst Geräusche auf Ton-

GLIBBER-EINLADUNG

Schon die Einladung lässt ahnen, dass dieses Fest etwas anders ist: Der Umschlag ist mit dicker schwarzer Wolle wild umwickelt, eine aufgeklebte Gummispinne lauert obenauf. Wer mutig den Umschlag öffnet, wird in glibberige Wabbelmasse greifen. Doch die lässt sich leicht abstreifen, das weiß jedes Kind. Diese Einladung basteln die Kinder selber, denn mit Spinnen und Glibber kennen sie sich besser aus als die Erwachsenen. Zu kaufen sind sie in Bastel- und Spielwarenläden. Man braucht nur wenig Glibbermasse abzuzupfen und über die Karte oder den Brief zu schmieren.

Grässliche Geisterfratzen

Diese fiesen Fratzen sind schnell und leicht zu basteln: Füllen Sie mithilfe eines Trichters fünf bis zehn Esslöffel Sand in einen Luftballon ein. Danach wird der Ballon aufgeblasen und so verknotet, so dass der Knoten oben wie ein Haarzipfel absteht. Mit dicken Filzstiften malen die Kinder jetzt noch scheußlich-schöne Gespenstergesichter auf. Außerdem können sie ein Haarbüschel aus Bastfäden anbringen. Weil Sand im Ballon ist, bleiben die Gespenstergesichter so liegen, wie man sie hinsetzt.

Gigantische Spinnennetze

Diese übergroßen Spinnweben aus dicker, flauschiger, schwarzer Wolle machen Eindruck. Sie wer-

band aufnehmen und abhören, ist der Schreck viel kleiner, als wenn Sie selbst ein Tonband erstellen und ablaufen lassen. Auch beim Licht können Sie bestimmen, wie schaurig das Ganze werden soll. Wählen Sie für kleinere Kinder eine orangefarbene Glühbirne, sie taucht alles in schummriges Licht, während die Schwarzlicht-Lampe Weiß und Neonfarben grell leuchtend hervorhebt, also eine irritierende Verzerrung bewirkt. Da verblassen die Gesichter der Kinder, aber ihre Zähne blinken grellweiß. Geben Sie den Kindern Neon-Schminkfarben. Der ganze Gruselspuk muss richtig Spaß machen. Deshalb sollten die Kinder etwa neun Jahre alt sein. Kleinere haben so viel Fantasie, dass sie den Spuk für echt halten.

den in Zimmerecken, zwischen Vorhängen und Stoffbahnen befestigt. Dabei helfen die Kinder bestimmt gern. Der Wollfaden wird kreuz und quer, hin und her gespannt, dann kommen ein paar Querfäden hinzu und eine Spirale wird eingewoben. Zum Schluss wird das Ganze mit der Spirale gespannt und aufgehängt.
Die Spinnen entstehen aus einer schwarzen Pappscheibe als Spinnenkörper, etwa so groß wie ein Bierdeckel. Die Kinder stechen mit der Schere oder Ahle seitlich jeweils vier Löcher in den Rand der Scheibe und klemmen dort acht lange Pfeifenputzer-Spinnenbeine ein. Die Spinnenaugen sind aus Zahnpasta-Tupfern. Als Überraschung bereiten Sie heimlich kleine Geschenke vor, die Sie in schwarzes Papier einwickeln und in den Spinnweben befestigen. Die Gewinner mancher Spiele dürfen sich hier ein Päckchen aus dem Netz holen.

Geistergeräusche
Mit dem Kassettenrecorder Gruselgeräusche aufnehmen, das macht auch ängstlichen Kindern Spaß. Mit diesen unheimlichen Geräuschen ist der Gruselspaß garantiert:
➤ mit Besteck rasseln
➤ altes Glas im Mülleimer mit dem Hammer zertrümmern
➤ Plastikeimer über den Kopf stülpen und laut hässlich lachen
➤ Plastikbeutel vor dem Mikrofon zusammenknäulen
➤ Klospülung drücken
➤ in einen Blecheimer jaulen
➤ an Heizkörper klopfen
➤ dünnen Holzstab abbrechen
➤ leeren Jogurtbecher mit einer Hand zusammenquetschen
➤ Lineal zur Hälfte über die Tischkante legen, gut festhalten, das überstehende Teil nach unten biegen und loslassen
➤ über einen Flaschenhals blasen
➤ Kuchenblech mit dem Schneebesen bearbeiten
Wieder zurück im Geisterzimmer werden die Kinder mit Spannung auf das Hörerlebnis warten. Dazu können Sie folgendes Spiel anregen:
Die Kinder raten alle Geräusche. Wer beim Zuhören als Erster sagt, was das für ein Geräusch ist, bekommt einen Siegerpunkt. Wer die meisten Punkte hat, darf sich aus dem Spinnennetz ein Päckchen holen.

Gejaule beim Gespenstertanz
Die Kinder zählen einen Spieler aus, der sich als Gespenst in ein altes Bettlaken oder einen Vorhangstoff einhüllt. Das Licht wird abgedunkelt. Wenn die Musik erklingt, fangen alle an zu tanzen, und das Gespenst versucht, einen Tänzer zu erwischen. Der gefangene Tänzer darf gruselig heulen und schauerlich jammern. Das Gespenst muss erraten, wer es ist. Hat es richtig geraten, werden die Rollen getauscht. Hat es falsch geraten, johlen und kreischen alle Mitspieler ganz laut, und das Spiel geht weiter.

Orakel aus Geisterhand
Für dieses Spiel brauchen Sie zur Vorbereitung ein paar Blatt Papier, den Saft einer ausgepressten Zitrone und einen Pinsel. Während des Spiels benötigen Sie eine Lampe – idealerweise eine Stehlampe – mit einer 100-Watt-Birne. Dieses Spiel müssen die Gastgeber heimlich vorbereiten: Schreiben Sie mit einem Pinsel und Zitronensaft auf einige Zettel das Wort »Ja«, auf andere das Wort »Nein«.
Das Spiel geht folgendermaßen: Das Gastgeberkind ist Spielleiter, umhüllt sich mit einem weißen Laken und lädt zum Orakelspiel ein. Die Lampe ist aufgestellt, die Zettel liegen bereit. Wer will dem Geisterorakel eine Frage stellen? Die Frage muss so gestellt werden, dass sie mit »Ja« oder »Nein« beantwortet werden kann, etwa: »Ist Sandra verliebt?«, »Bekomme ich in der Klassenarbeit eine gute Note?«, »Werde ich später einmal ein berühmter Popstar?«
Ein Spieler beginnt und stellt seine Frage. Der Spielleiter nimmt schweigend einen Zettel und hält ihn dicht an die Glühlampe, so dass sich der Zettel daran erwärmen kann. Nach kurzer Zeit erscheint wie von Geisterhand geschrieben die Antwort auf dem Zettel: ein »Ja« oder ein »Nein«.

Der Gruselsack geht um
Der Raum ist fast dunkel, nur in den Ecken leuchten kleine Nachttischlampen auf den Boden. Der Spielleiter bedeckt seinen Kopf

mit einem dünnen Tuch, damit sein Auftritt wirkungsvoll auf das kommende Spiel einstimmt. Er hält einen mit Gruselsachen gefüllten Plastiksack in der Hand und verkündet mit theatralischer Stimme, dass jetzt ein Spiel für Mutige gespielt wird: das Gruselsack-Spiel.

Erkennt der Spielleiter in den erwartungsvollen Kinderaugen auch ein wenig Angst, dann kann er besänftigend hinzufügen, dass die Sachen nur deshalb gruselig sind, weil man sie nicht sehen kann. Es sind bekannte, ganz normale Dinge. Nichts Ekliges, nichts Gefährliches. Betrachtet man die Sachen bei Tageslicht, dann sind sie lächerlich komisch.

Dann erklärt der Spielleiter die Spielregel: Der Sack wird im Kreis herumgegeben. Wer sich traut, greift in den Sack, nimmt einen Gegenstand und tastet ihn ab. Dabei erzählt er den anderen, was er fühlt und was es sein kann. Er kann dabei tüchtig übertreiben und fantasieren und den anderen etwas von abgehackten Fingern, Glubschaugen oder toten Mäusen erzählen. Wenn es alle richtig schön gruselt, kann er den Gegenstand aus dem Sack hervorholen und den anderen zeigen, was es in Wirklichkeit ist.

Dann wird der Sack weitergegeben. Wer es sich zutraut, greift hinein und beschreibt ebenfalls, was er in seiner Hand spürt. Wer sich nicht traut, gibt den Sack weiter. Das Spiel ist zu Ende, wenn der Sack geleert ist.

Monsteraugen-Trunk zur Geisterstunde

2 L SCHWARZER TRAUBENSAFT
1 L ZITRONENLIMONADE
1 L ORANGENSAFT
20 ROTE TRAUBEN
20 KLEINE FRUCHTGUMMI-WÜRMER.

Alles wird gemischt und in eine große Glasschüssel gegossen. Das Getränk sieht etwas seltsam aus, weil die Trauben auf dem dunklen Saft obenauf schwimmen und wie Monsteraugen aussehen. Die Gummiwürmer tun ihr Übriges dazu.

Im Sack enthalten könnten sein:
➤ Igelball
➤ Lakritze-Schlange
➤ Luftballon, schlaff mit Wasser gefüllt und verknotet
➤ feuchte Wurzelbürste
➤ Gummihandschuh
➤ alte, schrumpelige Möhre
➤ getrocknete Pflaume
➤ Weintrauben (eventuell feucht)
➤ feuchter Champignon
➤ feuchter Schwamm
➤ Plastikspinne
➤ Wurm aus Knete geformt
➤ und am ekligsten ist ein alter Lederhandschuh, feucht, mit Sand gefüllt und am Handgelenk zugenäht.

Wer hat das Amulett?

Und nun ein Spiel für starke Nerven im stockfinsteren Zimmer. Der Spielleiter fädelt einen Ring oder Anhänger auf einen Wollfaden auf und verknotet den Faden zu einer Kette. Zwei Spieler werden ausgezählt, einer ist der Amulett-Träger und bekommt die Kette umgehängt, der andere ist der Geist, der unbedingt dieses Amulett haben möchte.

Die Kinder gehen im Raum umher, kreuz und quer. Dann schaltet der Spielleiter das Licht aus und kündigt lautstark an: »Geisterstunde!« Solange er das Wort ausruft, dürfen sich alle Spieler in der Dunkelheit weiterbewegen. Hört der Rufer auf, müssen alle Spieler stehen bleiben. Nun macht sich der Geist auf den Weg. Er tastet sich vor, und sucht die Mitspieler nach dem Amulett ab. Hat er es erwischt, darf er gespenstisch aufjaulen. Das ist das Zeichen für den Spielleiter, das Licht wieder einzuschalten.

Zwei neue Spieler werden als Gespenst und Amulett-Träger ausgezählt, und das Spiel beginnt von vorn.

Nach drei Runden spielen Sie besser wieder im Schummerlicht, damit die Nerven der Mitspieler nicht allzu sehr strapaziert werden.

8 Quickfinder

»Komm, Mama, lass uns was spielen!« Eifrig springen Ihre Kinder vor Ihnen auf und ab. »Gleich!«, vertrösten Sie. »Ich muss nur schnell noch ein schönes Spiel finden …« Vielleicht haben Ihre Kinder schon Lieblingsspiele in diesem Buch? Dann nichts wie ran ans Eierlaufen, Entenduschen oder Himmel-und-Hölle-Springen. Aber was ist mit den besonderen Anlässen, zu denen Ihnen so schnell kein Spiel einfällt? Vielleicht ist Ihr Sohn krank und langweilt sich? Vielleicht bringt Ihre Tochter plötzlich eine Horde tobender Kinder mit nach Hause? Auf den folgenden Seiten finden Sie zwölf Top-Ten-Listen mit den schönsten Spielen zu besonderen Anlässen.

Quickfinder

Die 10 besten Spiele

... damit sich die Kinder kennen lernen

Mit diesen Spielen bleiben Kinder sich nicht lange fremd. Sie lernen ihre Namen kennen, werden gerne zusammenrücken und auch Außenseiter finden schnell Kontakt zur Gruppe und fühlen sich wohl.

SPIEL		INFO	SEITE	BESONDERHEITEN
Wer ist wer?	1	ab 5, ab 4 Kindern, 5–10 Min., anregend, drinnen	17	Kennenlern-Spaß mit Digitalkamera
Das Kinder-Quiz	2	ab 4, ab 3 Kindern, 5–10 Min., beruhigend, drinnen	17	Ratespiel mit und über die beteiligten Kinder
Prellball	3	ab 6, ab 4 Kindern, 10–15 Min., anregend, draußen	25	Bei dieser Variante werden die Mitspieler beim Namen gerufen.
Blumenballspiel	4	ab 6, ab 4 Kindern, 5–10 Min., anregend, draußen, Spielleiter	26	Kreisspiel mit Blumennamen
Wo ist der Ball?	5	ab 4, ab 5 Kindern, 2 Min., anregend, draußen	44	Kreis- und Ratespiel mit Ball
Plätze tauschen	6	ab 4, ab 5 Kindern, 2 Min., anregend, draußen, Spielleiter	44	Kreisspiel
Mäuschen, piep mal!	7	ab 4, ab 4 Kindern, 5–10 Min., anregend, drinnen, Spielleiter	107	Variante für kleinere Kinder im Stuhlkreis
Der blinde Bauer	8	ab 5, ab 5 Kindern, 3–5 Min., anregend, drinnen, Spielleiter	108	Kreisspiel mit Namensnennung
Hast du einen Platz frei?	9	ab 6, ab 10 Kindern, 5–10 Min., anregend, drinnen	108 f.	im Stuhlkreis für eine größere Gruppe
Kuddel-Muddel-Knoten	10	ab 7, ab 8 Kindern, 3 Min., anregend, drinnen/draußen, Spielleiter	191	Kooperationsspiel

Quickfinder

Die 10 besten Spiele

... wenn Sie Spiele für Wartezeiten suchen

Diese Spiele sind kurz, können abgebrochen werden, und Sie benötigen fast kein Material. Da kann es Ihnen passieren, dass auch andere Kinder mitmachen wollen und es alle bedauern, wenn die Wartezeit vorbei ist.

	SPIEL		INFO	SEITE	BESONDERHEITEN
1	Stadt, Land, Fluss		ab 8, ab 3 Spielern, 5–15 Min., beruhigend, drinnen	103	Block und Stifte
2	Schnick-Schnack-Schnuck		ab 7, 2 Kinder, 3 Min., anregend, drinnen/draußen	127 f.	Knobelspiel mit den Händen
3	Finger-Poker		ab 7, 2 Kinder, 3–5 Min., anregend, drinnen	128	Die beiden Spieler sollten ungefähr gleich gut rechnen können.
4	Knobeln mit Streichhölzern		ab 6, 3–4 Kinder, 5–10 Min., beruhigend, drinnen	128	Sie brauchen nur ein paar Streichhölzer.
5	Buchstabenreihe		ab 8, 1 Kind und mehr, 3–5 Min., beruhigend, drinnen	129	Zettel und Stift
6	Koffer packen		ab 6, ab 3 Kindern, 5–10 Min., anregend, drinnen	131	Denkspiel
7	Teekesselchen		ab 8, ab 3 Kindern, 5–10 Min., beruhigend, drinnen, Spielleiter	132	Ratespiel, wenn das Spiel bekannt ist, auch ohne Spielleiter
8	Wortketten		ab 7, ab 3 Kindern, 3 Min., beruhigend, drinnen	132 f.	Wort- und Denkspiel
9	Tiere raten		ab 7, ab 3 Kindern, 5 Min., beruhigend, drinnen	134	Ratespiel
10	Zipfelkasper		ab 4, 1–2 Kinder, 5 Min., anregend, drinnen, Spielleiter	160 f.	Himpelchen und Pimpelchen, auch als Fingerspiel mit Daumen möglich

Quickfinder

Die 10 besten Spiele

... wenn Sie Spiele für ein Kind suchen

Ist Ihrem Kind langweilig, können Sie mit ihm folgende Spiele machen oder es beschäftigt sich damit allein. Was Sie dazu brauchen, haben Sie schnell zur Hand, egal, ob drinnen oder draußen gespielt wird.

SPIEL		INFO	SEITE	BESONDERHEITEN
Ballschule	1	ab 6, 1 Kind oder mehr, 5 Min., anregend, draußen	25 f.	Bewegung
Wochentage	2	ab 5, ab 2 Kindern, 3–5 Min., anregend, draußen	45 f.	Hinkekästchen
Turm bauen	3	ab 4, 1 Kind oder mehr, 5–10 Min., beruhigend, draußen	62 f.	Waldspiel
Waldgesichter	4	ab 3, 1 Kind oder mehr, 5–10 Min., beruhigend, draußen	63	Waldspiel
Drei Münzen	5	ab 8, 1 Kind oder mehr, 3–5 Min., beruhigend, drinnen	144	Denkspiel
Leichte Streichholzspiele	6	ab 8, 1 Kind oder mehr, 3–5 Min., beruhigend, drinnen	145	Denkspiel
Seitenwechsel	7	ab 9, 1 Kind oder mehr, 5–10 Min., beruhigend, drinnen	146	Denkspiel
Kasperle ist wieder da	8	ab 4, 1 Kind oder mehr, 5–10 Min., anregend, drinnen, Spielleiter	160	Spiel anregen und allein weitermachen lassen
Mit Fingerspitzengefühl	9	ab 4, 1 Kind oder mehr, 5–10 Min., beruhigend, drinnen, Spielleiter	187	Bereiten Sie die Säckchen ein andermal vor. Dann kann sich Ihr Kind auf das Fühlen konzentrieren.
Kribbel-Krabbel-Stadt	10	ab 5, 1 Kind oder mehr, 3–5 Min., beruhigend, drinnen, Spielleiter	194 f.	Spielen Sie einmal mit, danach sind Teddy und Puppe dran.

Quickfinder

Die 10 besten Spiele

... wenn Sie Spiele suchen für Drei- bis Vierjährige

Mit den folgenden Spielideen können schon die Allerkleinsten die Welt spielerisch entdecken. Wundern Sie sich nicht, wenn die Kleinen die Spiele oft wiederholen wollen, weil sie so viel Spaß machen.

SPIEL		INFO	SEITE	BESONDERHEITEN
Ball rollen	1	ab 3, 2 Kinder, 2–3 Min., anregend, drinnen/draußen	24	allererstes Ballspiel
Wo ist die Katze?	2	ab 4, ab 2 Kindern, 3–5 Min., anregend, draußen	36	Versteckspiel
Turm bauen	3	ab 4, ab 2 Kindern, 5–10 Min., beruhigend, draußen	62 f.	Waldspiel
Entenflug	4	ab 4, ab 2 Kindern, 10–15 Min., anregend, draußen, Spielleiter	75 f.	Plantschbeckenspaß
Welcher Angler fängt die meisten Fische?	5	ab 3, 2–4 Kinder, 5–10 Min., beruhigend, drinnen	88 f.	Variante für kleine Kinder
Wer rupft, wer zupft, wer war's?	6	ab 3, ab 5 Kindern, 5–10 Min., beruhigend, drinnen, Spielleiter	109	Schoßspiel
Schildkrötenrennen	7	ab 4, ab 2 Kindern, 3 Min., anregend, drinnen, Spielleiter	112	Krabbelspiel mit Kissen
Kullerbällchen	8	ab 4, 1 Kind oder mehr, 5–10 Min., anregend, drinnen, Spielleiter	115	Watte ins Tor pusten
Schau genau hin	9	ab 4, ab 2 Kindern, 3–10 Min., beruhigend, drinnen, Spielleiter	182	Kimspiel mit 10 kleinen Sachen
Klimperkasten	10	ab 4, ab 2 Kindern, 5–10 Min., beruhigend, drinnen, Spielleiter	184 f.	Hörspiel

Quickfinder

Die 10 besten Spiele

... wenn die Kinder überdreht sind

Mit diesen Spielen kriegen Sie jede Rasselbande in den Griff. Denn sie sind so interessant und spannend, dass sich die Kinder gerne konzentrieren und ganz nebenbei wieder ruhig werden.

SPIEL		INFO	SEITE	BESONDERHEITEN
Mühle	1	ab 8, ab 2 Kindern, 15 Min., beruhigend, drinnen	87	Brettspiel
Glückskäfer	2	ab 5, ab 2 Kindern, 3–5 Min., beruhigend, drinnen	95	Sie brauchen Würfel, Zettel und Stift.
Gefüllte Wörter	3	ab 8, 2–4 Kinder, 3 Min., beruhigend, drinnen	104	Sie brauchen Stifte und Papier.
ABC-Würfelspiel	4	ab 6, 2–4 Kinder, 15 Min., beruhigend, drinnen	130 f.	Hier wird der Spielplan selbst gemacht.
Wortketten	5	ab 7, ab 3 Kindern, 3 Min., beruhigend, drinnen	132 f.	Wort- und Denkspiel
Tiere raten	6	ab 7, ab 3 Kindern, 5 Min., beruhigend, drinnen	134	Ratespiel
Schleichkatzen	7	ab 4, ab 3 Kindern, 5 Min., beruhigend, drinnen, Spielleiter	185 f.	Im »Futternapf« warten Süßigkeiten.
Kleines Schlaraffenland	8	ab 5, ab 3 Kindern, 3 Min., beruhigend, drinnen, Spielleiter	192	Sie brauchen Süßigkeiten.
Stille Bilder-Post	9	ab 6, ab 5 Kindern, 3 Min., beruhigend, drinnen, Spielleiter	192 f.	Körperwahrnehmung mit lustigem Ergebnis
Bierdeckeldecke	10	ab 5, 2 Kinder, 3 Min., beruhigend, drinnen	193	Sie brauchen viele Bierdeckel.

Quickfinder

Die 10 besten Spiele

... wenn Sie die Fähigkeiten Ihrer Kinder fördern möchten

Mit den folgenden Spielen helfen Sie Ihren Kindern dabei, ihre Talente und Begabungen zu entdecken.

SPIEL		INFO	SEITE	BESONDERHEITEN
Schweinchen in der Mitte	1	ab 6, 3 Kinder, 5–10 Min., anregend, draußen	24 f.	Bewegung, Kondition
Münzen werfen	2	ab 5, ab 2 Kindern, 2–3 Min., anregend, draußen	32	Feinmotorik, räumliche Vorstellung
Zahlen springen	3	ab 6, ab 2 Kindern, 3–5 Min., anregend, draußen	46 f.	Grobmotorik, Gleichgewichtssinn, Zahlen
Eierlaufen	4	ab 4, ab 2 Kindern, 2 Min., anregend, draußen, Spielleiter	74	Balance, Bewegung, Konzentration, Geschicklichkeit
Alle Vögel fliegen hoch	5	ab 5, ab 4 Kindern, 5–10 Min., anregend, drinnen, Spielleiter	113	Konzentration, Reaktion
Finger-Poker	6	ab 7, ab 2 Kindern, 3–5 Min., anregend, drinnen	128	Rechnen
Knobeln mit Streichhölzern	7	ab 6, 3–4 Kinder, 5–10 Min., beruhigend, drinnen	128	Rechnen
Wortbaukasten	8	ab 8, ab 2 Kindern, 3–5 Min., beruhigend, drinnen	129 f.	Schreiben, Sprache
Kettengeschichte	9	ab 6, ab 3 Kindern, 3–5 Min., beruhigend, drinnen	135	Sprache, Sprechen, Fantasie
Kimspiel	10	ab 4, ab 2 Kindern, 3–10 Min., beruhigend, drinnen, Spielleiter	183	Konzentration, Gedächtnis, genaues Hinsehen

Quickfinder

Die 10 besten Spiele

... wenn die Kinder einen großen Altersunterschied haben

Ein Kind ist zehn, das kleine Geschwisterchen vier – die folgenden Spiele gefallen beiden Kindern und ihren Freunden. Die Kleinen sind begeistert, wenn sie mit den Großen mithalten, und die Großen, wenn sie den Kleineren etwas beibringen können.

SPIEL		INFO	SEITE	BESONDERHEITEN
Hocke-Fangen	1	ab 5, ab 4 Kindern, 5–10 Min., anregend, draußen	39 f.	Fangspiel für alle Altersgruppen
Wo ist der Ball?	2	ab 4, ab 5 Kindern, 2 Min., anregend, draußen	44	Ältere zeigen den Jüngeren das Tarnen und Täuschen
Hin und Her	3	ab 5, ab 4 Kindern, 3 Min., anregend, draußen, Spielleiter	48	Wettrennen, bei dem auch »Laufmuffel« Chancen haben
Apfelbaum	4	ab 5, 2–3 Kinder, 5–10 Min., beruhigend, drinnen	95	Ältere zeichnen vor und helfen beim Suchen der Zahlen
Jakob, wo bist du?	5	ab 5, ab 2 Kindern, 3–5 Min., anregend, drinnen, Spielleiter	107	Ältere übernehmen die Spielleiterrolle
Der blinde Bauer	6	ab 5, ab 5 Kindern, 3–5 Min., anregend, drinnen, Spielleiter	108	Ältere übernehmen die Spielleiterrolle
Pustewind	7	ab 5, ab 2 Kindern, 3–5 Min., anregend, drinnen, Spielleiter	116	Ältere übernehmen die Spielleiterrolle
Münzen rollen	8	ab 5, 2 Kinder, 5 Min., anregend, drinnen	178	Bei Geschicklichkeitsspielen zeigen die Älteren den Jüngeren, wie's geht.
100 Sachen suchen	9	ab 5, ab 2 Kindern, 5 Min., beruhigend, drinnen, Spielleiter	184	Ältere können für oder mit Jüngere(n) verstecken bzw. suchen
Schnupperdosen	10	ab 5, 1 Kind oder mehr, 5 Min., beruhigend, drinnen, Spielleiter	188 f.	Ältere können das Spiel vorbereiten und anleiten

Quickfinder

Die 10 besten Spiele

... wenn Oma und Opa zu Besuch kommen

Was für eine Freude: Die Großeltern sind vorbeigekommen und haben Lust, mit ihren Enkeln zu spielen. Da sind die folgenden Spiele genau richtig: Bekannte Klassiker, für die man nicht in Hektik ausbrechen oder lange knien muss.

SPIEL		INFO	SEITE	BESONDERHEITEN
Mau-Mau	1	ab 6, 3–6 Kinder, 5–10 Min., anregend, drinnen	92	Kartenspiel
Schwarzer Peter	2	ab 5, 2–6 Kinder, 5–10 Min., anregend, drinnen	92	Kartenspiel
Groß-Kamerun	3	ab 7, ab 2 Kindern, 5–15 Min., beruhigend, drinnen, Spielleiter	98	Würfelspiel mit Taktik
Tic-Tac-Toe	4	ab 6, 2 Kinder, 2 Min., beruhigend, drinnen	102	schnelles Schreibspiel
Scherzfragen	5	ab 9, 1 Kind oder mehr, 3 Min., anregend, drinnen	125	Knifflige Fragen, die allen Spaß machen
Schnick-Schnack-Schnuck	6	ab 7, ab 2 Kindern, 3 Min., anregend, drinnen/draußen	127 f.	Knobelspiel
Knobeln mit Streichhölzern	7	ab 6, 3–4 Kinder, 5–10 Min., beruhigend, drinnen	128	Rechenspiel
Teekesselchen	8	ab 8, ab 5 Kindern, 5–10 Min., beruhigend, drinnen, Spielleiter	132	Ratespiel
Zipfelkasper	9	ab 4, 1–2 Kinder, 5 Min., anregend, drinnen, Spielleiter	160 f.	Himpelchen und Pimpelchen, auch als Fingerspiel mit Daumen möglich
Knopfmuster	10	ab 6, ab 2 Kindern, 3 Min., beruhigend, drinnen, Spielleiter	183 f.	Kimspiel (Gedächtnis, Konzentration)

Quickfinder

Die 10 besten Spiele

... wenn es ganz schnell gehen muss

Keine Angst vor überraschendem Kinderbesuch: Mit den folgenden Spielen geht der Spaß gleich richtig los, denn sie benötigen keine lange Vorbereitung und nur Material, das Sie sowieso im Haus haben.

SPIEL		INFO	SEITE	BESONDERHEITEN
Blinde Kuh	1	ab 7, ab 5 Kindern, 5–10 Min., anregend, draußen, Spielleiter	38 f.	Material: Augenbinde
Fangzauber	2	ab 7, ab 5 Kindern, 5–10 Min., anregend, draußen	39	kein Material
Komm mit, lauf weg	3	ab 4, ab 5 Kindern, 2–10 Min., anregend, draußen	43	kein Material
Würfel-Wettlauf	4	ab 4, ab 4 Kindern, 3–5 Min., anregend, draußen	51	Material: großer Schaumstoffwürfel
Die doofe Sechs	5	ab 7, ab 2 Kindern, 5–10 Min., beruhigend, drinnen, Spielleiter	94	Material: Würfel, Papier und Stifte
Kullerbällchen	6	ab 4, 1 Kind oder mehr, 5–10 Min., anregend, drinnen, Spielleiter	115	Material: Watte, Bauklötze und kleines Spielzeug
Schnick-Schnack-Schnuck	7	ab 7, ab 2 Kindern, 3 Min., anregend, drinnen/draußen	127 f.	kein Material
Silbengeplapper	8	ab 9, ab 5 Kindern, 3 Min., anregend, drinnen, Spielleiter	131 f.	kein Material
Teekesselchen	9	ab 8, ab 5 Kindern, 5–10 Min., beruhigend, drinnen, Spielleiter	132	kein Material
Gelogen oder nicht gelogen?	10	ab 9, ab 4 Kindern, 5–10 Min., beruhigend, drinnen, Spielleiter	138	kein Material

Quickfinder

Die 10 besten Spiele

... wenn das **Wetter** plötzlich schlecht wird

Keine langen Gesichter bei Dauerregen: Diese wilden Spiele bieten reichlich Action im Haus. Die Kinder vergessen, dass sie eigentlich draußen spielen wollten, weil es drinnen nun so schön spannend geworden ist.

SPIEL		INFO	SEITE	BESONDERHEITEN
Regentropfen-Malerei	1	ab 4, ab 2 Kindern, 10 Min., anregend, draußen, Spielleiter	77	Was gemalt wurde, verwischt der Regen.
Schlafmütze	2	ab 7, ab 4 Kindern, 5–10 Min., anregend, drinnen	93	Kartenspiel
Bärenspiel	3	ab 4, ab 4 Kindern, 3 Min., anregend, drinnen	111 f.	Fangspiel für Kleine
Regenmacher	4	ab 4, ab 2 Kindern, 3 Min., anregend, drinnen, Spielleiter	113 f.	Regengeräusche auf dem Tisch
Kullerbällchen	5	ab 4, 1 Kind oder mehr, 5–10 Min., anregend, drinnen, Spielleiter	115	Watte ins Tor pusten
Zielwerfen	6	ab 6, ab 2 Kindern, 5–10 Min., anregend, drinnen	116 f.	Die Kinder basteln sich Zielfelder aus Eierkartons.
Piratenfest	7	ab 7, 6–8 Kinder, 20–30 Min., anregend, drinnen	118 ff.	Nehmen Sie die Spiele, die kein oder nicht viel Material/Vorbereitung benötigen.
Rate, wer ich bin	8	ab 7, ab 3 Kindern, 3 Min., anregend, drinnen, Spielleiter	155	Stegreiftheater
Schlangentanz	9	ab 5, ab 5 Kindern, 3 Min., anregend, drinnen	165	Tanzspiel
Regenwetter auf dem Rücken	10	ab 5, ab 6 Kindern, 3–5 Min., beruhigend, drinnen, Spielleiter	195	Körperwahrnehmung

Quickfinder

Die 10 besten Spiele

... wenn Sie eine große Anzahl Kinder beschäftigen wollen

Überraschender Besuch der Freunde: Mit diesen Spielen können Sie auch große Kindergruppen lange beschäftigen.

SPIEL		INFO	SEITE	BESONDERHEITEN
Der Ball des Königs	1	ab 6, ab 8 Kindern, 5 Min., anregend, draußen, Spielleiter	27	Ballspiel mit Teamgeist
Hasenjagd	2	ab 7, ab 5 Kindern, 10–15 Min., anregend, draußen	27	Ballspiel
Der Plumpsack geht um	3	ab 4, ab 8 Kindern, 2–10 Min., anregend, draußen	42 f.	Kreisspiel
Räuber und Gendarm	4	ab 7, ab 8 Kindern, 20–60 Min., anregend, draußen	71	Geländespiel
Malsport	5	ab 7, ab 6 Kindern, 10–15 Min., anregend, drinnen, Spielleiter	100	Mal- und Ratespiel
Hast du einen Platz frei?	6	ab 6, ab 10 Kindern, 5–10 Min., anregend, drinnen	108 f.	Spiel zum Kennenlernen
Die Reise nach Jerusalem	7	ab 6, ab 8 Kindern, 5 Min., anregend, drinnen, Spielleiter	111	Klassiker unter den Bewegungsspielen
Familientreffen	8	ab 7, ab 12 Kindern, 5 Min., anregend, drinnen, Spielleiter	114 f.	Wandeln Sie das Spiel für weniger als 12 Kinder einfach ab.
Zielwerfen	9	ab 6, ab 2 Kindern, 5–10 Min., anregend, drinnen	116 f.	Bereiten Sie das Spielfeld ein andermal vor.
Hut-Tanz	10	ab 4, ab 4 Kindern, 5 Min., beruhigend, drinnen, Spielleiter	166	lustige Abwechslung für drinnen

Quickfinder

Die 10 besten Spiele

... wenn Sie Ihr krankes Kind aufheitern möchten

Die folgenden Spiele ohne oder mit nur wenig Zubehör bieten Abwechslung an der Bettkante. Und wenn die Freunde Ihres kleinen Patienten zu Besuch kommen, wird aus dem Krankenbesuch eine lustige Spielstunde.

SPIEL		INFO	SEITE	BESONDERHEITEN
Rätsel raten	1	ab 6, 1 Kind oder mehr, 3 Min., beruhigend, drinnen, Spielleiter	124 f.	macht Spaß, wenn man gesund wird
Verrückte Verse erfinden	2	ab 8, 1 Kind oder mehr, 3 Min., beruhigend, drinnen	126	für muntere Patienten
Zungenbrecher	3	ab 7, ab 2 Kindern, 3 Min., anregend, drinnen	126 f.	macht Spaß, wenn man gesund wird
Schnick-Schnack-Schnuck	4	ab 7, ab 2 Kindern, 3 Min., anregend, drinnen/draußen	127 f.	Die Bewegungslust muss schon wieder da sein.
Finger-Poker	5	ab 7, ab 2 Kindern, 3–5 Min., anregend, drinnen	128	flottes Rechenspiel
Buchstabenreihe	6	ab 8, 1 Kind oder mehr, 3–5 Min., beruhigend, drinnen	129	Wortspiel mit Zettel und Stift
Koffer packen	7	ab 6, ab 3 Kindern, 5–10 Min., anregend, drinnen	131	Hierfür muss man schon ziemlich fit sein.
Kasperle ist wieder da	8	ab 4, 1 Kind oder mehr, 5–10 Min., anregend, drinnen, Spielleiter	160	Zeigen Sie Zuwendung, indem Sie etwas vorspielen!
Zipfelkasper	9	ab 4, 1–2 Kinder, 5 Min., anregend, drinnen, Spielleiter	160 f.	Kindervers für matte Zeiten
Mit Fingerspitzengefühl	10	ab 4, 1 Kind oder mehr, 5–10 Min., beruhigend, drinnen, Spielleiter	187	Taschentuchsäckchen zum Fühlen für müde Kranke

Lösungen und Antworten zu Kapitel 5

zu: Rätsel raten auf Seite 124

Das Bett, eine Kette, die Kirschen, die Hose, die Nase, der Schatten, der Schnee, der Hase, der Kuckuck, die Brennnessel, die Schnecke.

zu: Scherzfragen auf Seite 125

Mit t; mit a; beide sind gleich schwer; 2 Euro 97; in leere Gläser; der Purzelbaum; der Wasserhahn; die Autoschlange; der Löwenzahn; in die Fahrschule; das Kasperle; mit der Triangel; in einen Anzug; der Wilhelm; zwei Löwen; die Löwin; sie kann es auswendig; so lange bis sie aufwacht; die Uhr; das Bett; jedes Tier, denn der Kirchturm kann nicht springen; der Zaunkönig; der Handschuh; das Wort »falsch«; der Hahn; der Kuckuck; durch die Tür; zwei Eis; sie nimmt das »A« weg und fliegt.

zu: Schwierige Flussüberfahrt auf Seite 140

Die Lösung: Zuerst wird die Ziege über den Fluss gefahren, Wolf und Kohl bleiben zurück. Dann holt der Bauer den Kohl, nimmt aber die Ziege wieder mit zurück, damit sie den Kohl nicht auffrisst. Dann lässt er die Ziege am Ufer allein stehen, weil er nun den Wolf mitnimmt und am anderen Ufer bei dem Kohl zurücklässt. Zum Schluss rudert der Bauer noch einmal zurück und holt die Ziege ab.

zu: Drei Münzen auf Seite 144

Man legt eine der außen liegenden Münzen auf die andere Seite, und schon ist die mittlere Münze auf der Seite.

zu: Neun Sterne und vier Linien auf Seite 145

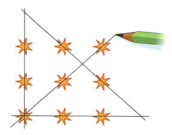

zu: Streichholzspiele auf Seite 145

1a. Mehrere Formen sind möglich, aber diese führt zur Lösung von 1b.

1b. Die beiden Quadrate dürfen verschieden groß sein, und eines liegt im anderen.

2. Zwei der drei Quadrate haben eine Seite gemeinsam, das dritte liegt daneben.

3a. Die vier Quadrate müssen so aneinanderliegen, dass sie zusammen ein großes Quadrat ergeben.

3b. Nimmt man die mittleren vier Hölzchen heraus und baut aus ihnen ein Extraquadrat daneben, so hat man ein kleines und ein großes Quadrat als Ergebnis.

4. Alle Quadrate müssen miteinander verkettet sein. Diese Figur kann verschiedene Formen haben.

zu: Die Münze auf der Schaufel auf Seite 146

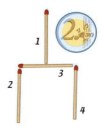

Die Münze, Holz 1 und Holz 4 bleiben liegen. Holz 3 wird umgelegt und verschoben und Holz 2 wird verlegt.

zu: Seitenwechsel auf Seite 146

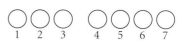

3 nach 4, 5 nach 3, 6 nach 5, 4 nach 6, 2 nach 4, 1 nach 2, 3 nach 1, 5 nach 3, 7 nach 5, 6 nach 7, 4 nach 6, 2 nach 4, 3 nach 2, 5 nach 3, 4 nach 5.

zu: Mathematisches Rätsel auf Seite 147

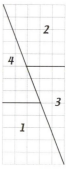

Dies ist ein Rätsel ohne Lösung oder eher eine rätselhafte Tatsache. Die Ausgangsfigur, also das Quadrat, hat 64 Kästchen = 8 mal 8; die Lösungsfigur, ein Rechteck, hat 65 Kästchen = 13 mal 5.

zu: Magische Zahlenquadrate auf Seite 147

Diese beiden Aufgaben können unterschiedlich gelöst werden. Hier wird jeweils eine Lösungsmöglichkeit als Beispiel gezeigt.

Mit den Zahlen 1 bis 9:

4	9	2
3	5	7
8	1	6

Lösungshilfen für ungeduldige Rechner: Die Summe ist 15. In der Mitte ist die Zahl 5.

Mit den Zahlen 1 bis 16:

1	12	8	13
15	6	10	3
14	7	11	2
4	9	5	16

Lösungshilfe: Die Summe ist 34.

Adressen, die weiterhelfen

Kontaktadresse der Autorin
info@gisela-walter.de
www.gisela-walter.de

Weitere Adressen

www.geolino.de
Die Kinderseite des Magazins »GEO«.

www.jako-o.de
Der bekannte Kinderausstatter bietet neben Kinderkleidung, Bastelbedarf & Co. auch »Verleihkisten« für Kindergeburtstage zu verschiedenen Themen an (Piraten, Mittelalter, Detektiv, …).

www.kidweb.de
Website für Kinder und Jugendliche mit vielen Texten.

www.tivi.de
Link zum Kinderprogramm des ZDF mit zahlreichen Basteleien.

www.trampeltier.de
Eine Kindersuchmaschine – die eingesandten Links werden redaktionell betreut. Daher gibt es momentan erst 1000 Links, aber darunter finden sich interessante Seiten.

www.zzzebra.de
Schön gemachte Website mit vielen Bastel-Anleitungen für Kinder. Der Labbé-Verlag (Betreiber der Seite) bietet in seinem Online-Shop auch interessante Mal- und Bastelbücher gerade für jüngere Kinder an.

www.blinde-kuh.de
Internet-Kundensuchmaschine mit einfachen Erklärungen zu speziell ausgesuchten Themen und Bildmaterial.

Bücher, die weiterhelfen

Bücher der Autorin

➤ *Das Buch von der Zeit*, Ökotopia, Münster
Kinder erleben und lernen spielerisch alles über die Zeit.

➤ *Sprache, der Schlüssel zur Welt*, Herder, Freiburg

➤ *Die Welt der Sprache entdecken*, Herder, Freiburg

➤ *Wasser, Luft, Erde, Feuer* – Alle 4 Bände sind erschienen in der Reihe »Die Elemente im Kindergartenalltag« im Herder Verlag, Freiburg.
Diese Bücher zur Naturerziehung sind geeignet für Kinder von 3 bis 8 Jahren.

➤ *Von Kindern selbstgemacht*, Ökotopia, Münster
Ein Bastelbuch für Kinder zwischen 3 und 6 Jahren.

➤ *Die schönsten Kinderlieder*, Ravensburger, Ravensburg
Große Kinderliedersammlung der bekanntesten und beliebtesten Lieder. Für Kinder von 3 bis 12 Jahren.

Weitere Bücher

▶ Bannenberg, Thomas: *Yoga für Kinder*, Gräfe und Unzer, München
Selbstbewusstsein stärken, Ruhe und Entspannung finden, Konzentration und Kreativität fördern. Die besten Übungen für jede Situation.

▶ Cramm, Dagmar von: *Das große GU Kochbuch: Kochen für Kinder*, Gräfe und Unzer, München
Über 250 Lieblingsgerichte von Kindern und alles zum Thema gesunde Ernährung für und mit Kindern.

▶ Dorsch, Walter/Loibl, Marianne: *Hausmittel für Kinder*, Gräfe und Unzer, München
Kinder natürlich, sanft und sicher heilen mit Hausmitteln. Mit Immuntraining.

▶ Ettrich, Christine/Murphy-Witt, Monika: *ADS - So fördern Sie Ihr Kind*, Gräfe und Unzer, München
Mit dem 10-Punkte-Programm stärken Sie Konzentration, Körperwahrnehmung und Sozialverhalten Ihres Kindes.

▶ Kast-Zahn, Annette: *Jedes Kind kann Krisen meistern*, Gräfe und Unzer, München
Zeigt, wie Sie Ihrem Kind helfen, Entwicklungsprobleme sicher zu bewältigen.

▶ Kast-Zahn, Annette: *Jedes Kind kann Regeln lernen*, Gräfe und Unzer, München
Kindern von 0 bis 10 Jahren wirksam Grenzen setzen und positive Verhaltensregeln vermitteln.

▶ Kast-Zahn, Annette / Morgenroth, Hartmut: *Jedes Kind kann richtig essen*, Gräfe und Unzer, München
So sorgen Sie dafür, dass Kinder in jedem Alter richtig essen: nicht zu viel und nicht zu wenig.

▶ Kast-Zahn, Annette / Morgenroth, Hartmut: *Jedes Kind kann schlafen lernen*, Gräfe und Unzer, München
Mit diesem Buch helfen Sie Ihrem Kind dabei, gut ein- und durchzuschlafen.

▶ Kunze, Petra/Salamander, Catharina: *Die schönsten Rituale für Kinder*, Gräfe und Unzer, München
Rituale für den Alltag, die Erziehung und Lebenswenden. So feiern Sie die schönsten Feste zusammen mit Ihren Kindern. Für Kinder von 0 bis 10 Jahren.

▶ Nitsch, Cornelia/Hüther, Gerald: *Kinder gezielt fördern*, Gräfe und Unzer, München
Hilft wichtige Entwicklungsschritte zu verstehen und die Begabung Ihres Kindes zu fördern. Mit mehr als 350 Spielideen.

▶ Nussbaum, Cordula: *Familien-Alltag sicher im Griff*, Gräfe und Unzer, München
So meistern Sie das tägliche Chaos gelassen und souverän.

▶ Pulkkinen, Anne: *PEKiP: Babys spielerisch fördern*, Gräfe und Unzer, München
Fähigkeiten erkennen und optimal unterstützen. Mit den schönsten Spielen für das erste Lebensjahr.

▶ Pulkkinen, Anne: *Spielen und lernen nach der PEKiP-Zeit*, Gräfe und Unzer, München
Die schönsten Spiele fürs zweite und dritte Jahr: fördern Bewegung, Konzentration, Sprache und alle Sinne.

▶ Saan, Anita van: *365 Experimente für jeden Tag*, moses Verlag, Kempen
Ein bunt illustriertes Buch mit Experimenten für Kinder.

▶ Schaenzler, Nicole / Koppenwallner, Christoph: *Quickfinder Kinderkrankheiten*, Gräfe und Unzer, München
Einfache und sichere Selbstdiagnose mit Diagrammtafeln.

▶ Stamer-Brandt, Petra/Murphy-Witt, Monika: *Das Erziehungs-ABC. Von Angst bis Zorn*, Gräfe und Unzer, München
Die besten Losungen für die 50 häufigsten Alltagsprobleme in der Erziehung.

Empfehlenswerte Zeitschriften

▶ *Spielen und Lernen* – erscheint bei der Family Media GmbH; ebenso wie das »Schwester«-Magazin *Familie & Co*. Website für beide Hefte: www.familie.de

▶ *MOBILE. Zeitschrift für junge Eltern* – erscheint im Herder Verlag, Freiburg. Website: www.mobile-familienmagazin.de

▶ *ELTERN* – erscheint im Eltern Verlag, München. Website: www.eltern.de

Biografien

Die Autorin
Gisela Walter, Lehrerin und Diplom-Pädagogin, war beim Kinder- und Jugendbuchverlag Ravensburg tätig, bevor sie sich als Autorin, Fachjournalistin und Referentin selbstständig machte. Von ihr sind zahlreiche Bücher zum Thema »Spielen und Lernen mit Kindern« erschienen (siehe Bücher, die weiterhelfen, Seite 215), vor allem für Erzieherinnen, denen sie auch Fortbildungsseminare gibt. Sie hält Vorträge zu Pädagogik-Themen in Kindergärten und Elterninitiativen und tritt immer wieder als Animateurin an Kinderspieltagen auf – auf denen sie dann bis zu hundert Kinder zum Spielen animiert.

Die Illustratorin
Sonja Heller studierte Objekt-Design an der FH Dortmund und arbeitet seit einigen Jahren als freiberufliche Grafikerin und Künstlerin. Die Gebiete, auf denen sie tätig ist, sind sehr vielfältig: Infografiken, Illustrationen und Objekte gehören genauso dazu wie die Gestaltung von Buchumschlägen. Sonja Heller ist Mitbegründerin der Künstlergruppe »Freudenhaus«. Näheres finden Sie auf ihrer Website www.bufbi.de oder www.freudenhaus-kunst.de.

Sachregister

Abschluss der Feier 20
Abzählreime 21
Aggression → Rauferei
Alter, das richtige
 → Mit anderen spielen
 → Märchen oder Spukgeschichten
Angst 189
Aufgedrehtheit 167
Ausdauer und Konzentration 12
Ball (Welcher Ball für welches Alter?) 28
Beginn der Feier/Auftakt 16
Dekoration 15
Dominanz 167
Draufgänger 189
Ehrgeiz 137
Einladung
 Einladung, Die 14
 Einladung mit Rosenduft 172
 Fähnchen 57
 Flaschenpost 119
 Geheimnisvolle Einladung 81
 Glibber-Einladung 197
 Mustertext 15
 Verschlüsselte Einladung 149
Energiebündel → Draufgänger
Ersatzkleidung → Notfallkoffer
Essen und Trinken 15
Faires Spiel 11
Feuerstelle bauen 82
Gefühlsausbrüche, starke 11
Geschenke, Überraschungs- 19
Gewinne → Siegerpreise
Gewinnen und Verlieren 12, 99, 137
Herumalbern 167
Heulen → Weinen
Hüpf-Ecke 16
Jemand mag nicht 194
Kartenspiele selbst gebastelt 92
Kennenlernen, das 17
Kimspiele 182, 183
Konzentrationsfähigkeit → Ausdauer und Konzentration
Kopfrechnen (Tipp) 95
Kreisform, perfekte 43
Lachen und Weinen 11
Lagerfeuer 82
Lagerfeuer, zünftiges 82
Märchen oder Spukgeschichten 11
Medaillen, Gold- → Siegerpreise

Mit anderen spielen 10
Motivation 70
Musikinstrumente 164
Mut machen → Angst
Nische, stille 16
Notfallkoffer, Der 17
Notfallnummern → Notfallkoffer
Pfand einlösen 19
Preise → Siegerpreise
Rauferei, Raufbolde 69
Reihenfolge der Spiele 13
Rennstrecke, Optimale 49
Rücksichtslosigkeit → Draufgänger
Schattenbühne 159
Scheu → Angst
Schminken → Verkleiden und Schminken
Sicherheit 16, 63
Siegerehrung (Spiele) 20
Siegerpreise 20
Snoezelen 192
Spielauswahl 13
Spieldauer → Ausdauer und Konzentration
Spielen und Lernen 12
Spieler auswählen 17
Spielfiguren basteln 88
Spielgruppen bilden
 Das Orakel 19 (zwei Spielgruppen)
 Spiel mit Memory-Karten 18
 Spiel mit den Wollfäden 18 (Zweiergruppen)
Spielkiste 16
Spielmaterial 13
Spielpläne/Spiele selbst gemacht 91, 92
Spielraum 16
Spielregeln, Verständnis für
 → Faires Spiel
Staffel-Läufe 52
stören, Spielstörer 37, 99, 137
Sturheit 137
Telefonnummern der Eltern
 → Notfallkoffer
Überempfindlichkeit 37
Übersensibilität 37
Verkleiden und Schminken 16
 → Spieleregister »Verkleidung«
Verkleidung des Zauberers → Zauberer
Verlieren → Gewinnen und Verlieren
Vorbereitung, Checkliste 18
Weinen 11, 69
Würfel, Begriffe beim Würfeln 95
Zappeln 99
Zauberer, Auftritt als 170
Zimmerschmuck → Dekoration

Spieleregister

A
Abc-Würfelspiel 130
Abzähl-
 -spiele 18
 -reime 21
Adlerauge 70
Alle Vögel fliegen hoch 113
An der langen Leine 188
An der Wand angeklebt? 181
Apfelbaum 95
Armer schwarzer Kater 106
Auf allen vieren 52
Auf Schatzsuche 105
Aufgepasst! 89
Aufmerksamkeitsspiele
 → Reaktionsspiele
Autorennen 113
Autowaschanlage 193

B
Ball
 des Königs, Der 27
 -orakel 27
 rollen 24
 -schule 25
 -Stafette 52
 über die Schnur 28
Bälle fischen 76
Ballspiele
 Ball rollen 24
 Ball über die Schnur 28
 Ballorakel 27
 Ballschule 25
 Blumenballspiel 26
 Bocksprünge 25
 Der Ball des Königs 27
 Flaschenkegelspiel 31
 Hasenjagd 27
 In der Schule 29
 Klatsch-Ball 28
 Müde, matt und mausetot 28
 Prellball 25
 Schweinchen in der Mitte 24
Bänder fangen 41
Bären
 -geschichten 136
 -spiel 111
Bewegungsspiele
 Alle Vögel fliegen hoch 113

217

Autorennen 113
Bärenspiel 111
Die Reise nach Jerusalem 111
Familientreffen 115
Geisterbahn 109
Hast du einen Platz frei? 108
Mumien wickeln 113
Regenmacher 114
Rutschpartie 108
Schildkrötenrennen 112
Vorwärts, rückwärts, seitwärts, steh'n 68
Weitergeben! 112
Bi-Ba-Butzemann, Es tanzt ein 165
Bierdeckeldecke 193
Bildergalerie im Wald 65
Bingo 90
blind/Blinde/r
   Blinde Bauer, Der 108
   Blinde, Der 180
   Blinde Kuh 38
   Blinde und der Fänger, Der 38
   Blinder Wurf 34
   Blindgänger 68
Blumen
   -ballspiel 26
   fangen 40
Bocksprünge 25
Brettspiele
   Dame 86
   Der Wolf und die Schafe 87
   Leitern rauf und runter 91
   Mühle 87
Büchsenpunkte 117
Büchsen werfen 33
Buchstabenreihe 129

D
Da bocken die Beine 181
Dame 86
Das Bild steht kopf 101
Das Dingsda 139
Das Doppel suchen
   → Frühlingsschätze
Das geht nicht 181
Das kann keiner! 144
Denkspiele
   Drei Münzen 144
   Koffer packen 131
   Kommissar 141
   Lexikon-Spiel 141
   Schwierige Flussüberfahrt 140
   Teekesselchen 132
   Tiere raten 134
   Verbotene Wörter 131

Verrücktes Ratespiel 143
Was mag der Kaiser? 139
Wörterkreisel 133
Zollkontrolle 139
Dirigentenspaß 163
Domino 89
doofe Sechs, Die 94
Dornröschen (Mitmach-Theater-Spiel) 174
Drei
   Holzscheite 36
   Knöpfe fangen 178
   Münzen 144

E
Eierlaufen 74
Ein Hut für Tante Adelheid 155
Einbuddeln 68
Eine Murmel ist das Ziel 29
Enten
   -dusche 76
   -fang 76
   -flug 75
Erwischt 76
Es tanzt ein Bi-Ba-Butzemann 165

F
Familien-Geschichten 115
Familientreffen 114
Fangspiele
   Bänder fangen 41
   Bärenspiel 111
   Blinde Kuh 38
   Blumen fangen 40
   Der Blinde und der Fänger 38
   Der Plumpsack geht um 42
   Fangzauber 39
   Fische fangen 66
   Fuchs und Hase 39
   Hocke-Fangen 39
   Katz und Maus 44
   Räuber und Gendarm 71
   Regeln beim Fangen, Die 39
   Schatten fangen 41
   Schuster, die Milch kocht über! 40
   Stab fangen 43
   Verstecken mit Fangen 35
Fangzauber 39
Figurentheater
   Kasperle ist wieder da 160
   Kleines Stabfigurentheater 161
   Zipfelkasper 160
Finger
   -Poker 128
   -spiele für kleine Kinder 180

Spitzengefühl, Mit 188
strecken sich 180
Fische
   fangen 66
   -r und seine Frau, Der 174
Flaschenkegelspiel 31
Formen-Memory 90
Froschkönig 174
Frühlingsschätze 73
Fuchs und Hase 39
Fühlen, wo die Punkte sind 193
Fühlspiele (auch Tastspiele)
   Formen-Memory 90
   Fühlen, wo die Punkte sind 193
   In der Kribbel-Krabbel-Stadt 194
   Mit Fingerspitzengefühl 188
   Regenwetter auf dem Rücken 195
   Waldboden-Tastspiel 64

G
Gedächtnisspiele
   An der langen Leine 188
   Formen-Memory 90
   Kimspiel 183
   Knopfmuster 183
   Memory 93
   Pflanze vertauschen 73
   Schau genau hin 182
gefesselte Ring, Der 171
Gefüllte Wörter 104
Geheimnis des Ringfingers, Das 181
Geheimnisse weitersagen 121
Geisterbahn 109
Geistergeräusche 198
Gejaule beim Gespenstertanz 198
Gelogen oder nicht gelogen? 138
Geschichten-/Erzählspiele
   Bärengeschichten 136
   Geschichten aus drei Worten 136
   Kettengeschichte 135
   Lügengeschichten 135
Geschicklichkeits-Rennen, Das große 50
Geschicklichkeitsspiele
   An der Wand angeklebt? 181
   Auf allen vieren 52
   Aufgepasst! 88
   Bälle fischen 76
   Da bocken die Beine 181
   Das Geheimnis des Ringfingers 181
   Der Fischer und seine Frau 174
   Der Lehrer schreibt das Abc 48
   Drei Knöpfe fangen 178
   Fingerspiele für kleine Kinder 180
   Münzen rollen 178

Münzensprung vom Ellbogen 179
Schleichkatzen 185
Verflixter Ballon 181
Welcher Angler fängt die meisten Fische? 88
Getränkebar (Ratespiel) 187
Glücks
  -haus 97
  -käfer 95
  -kind auf Schatzsuche 64
  -wurf 66
Grashalm streicheln 74
Großes Zirkusspiel 157
Groß-Kamerun 98
Gruppenbild 103
Grusel
  -fest, Schaurig-schönes 196
  -sack geht um, Der 198
Gruselspiele
  Der Gruselsack geht um 198
  Geistergeräusche 198
  Gejaule beim Gespenstertanz 198
  Orakel aus Geisterhand 198
  Wer hat das Amulett? 199

H
Handbilder 101
Handwaage 179
Hasenjagd 27
Hast du einen Platz frei? 108
Haus des hölzernen Mannes 134
Hausnummern 96
Hellseher 70
Hereingelegt → Der Blinde
Himpelchen und Pimpelchen → Zipfelkasper
Himmel und Hölle 46
Hin und Her 48
Hindernislauf 53
Hinkekästchen (Grundregel) 45, Spiele → Hüpfspiele
Hocke-Fangen 39
Holzscheite, Drei 36
Huckepack reiten 59
Hüpfspiele und Hinkekästchen 45 (Grundregel)
  Himmel und Hölle 46
  Namenskästchen 46
  Pilz 45
  Schnecke 47
  Seilspringen 59
  Teddybär, dreh dich um 47
  Wochentage 45
  Zahlen springen 46
Hut-Tanz 166

I/J
Ich sehe einen Baum 71
Ich sehe was, was du nicht siehst 183
Im Duett 164
In den Kreis ziehen 120
In der Kribbel-Krabbel-Stadt 194
In der Schule 29
Jakob, wo bist du? 107

K
Kartenspiele
  Mau-Mau 92
  Schlafmütze 93
  Schwarzer Peter 92
Kasperle ist wieder da 160
Katz und Maus 44
Kennenlern-Spiele
  Das Kinder-Quiz 17
  Wer ist wer? 17
  Hast du einen Platz frei? 108
Kerzentrick, Der 171
Ketten
  -geschichte 135
  -lauf 53
Kimspiel 183
Klammertanz 164
Klapperschachtel 170
Klatsch-Ball 28
Kleiderstaffel 51
Kleines Schlaraffenland 192
Kleines Stabfigurentheater 161
Klimperkasten 184
Knobelspiele
  Das kann keiner! 144
  Die Münze auf der Schaufel 146
  Drei Münzen 144
  Finger-Poker 128
  Knobeln mit Streichhölzern 128
  Leichte Streichholzspiele 145
  Magische Zahlenquadrate 147
  Mathematisches Rätsel 147
  Neun Sterne und vier Linien 145
  Schnick-Schnack-Schnuck 127
  Seitenwechsel 146
Knopfmuster 183
Knoten, Der 169
Koffer packen 131
Komm mit, lauf weg 43
Kommissar 141
Kooperationsspiele
  Der Blinde 180
  Kuddel-Muddel-Knoten 191
Kreativität
  Bildergalerie im Wald 65
  Regentropfenmalerei 77
  Schneebilder spritzen 78
  Waldgesichter 63
Kreisspiele
  Armer schwarzer Kater 106
  Der blinde Bauer 108
  Der Plumpsack geht um 42
  Geisterbahn 109
  Hast du einen Platz frei? 108
  Jakob, wo bist du? 107
  Katz und Maus 44
  Komm mit, lauf weg 43
  Laurentia 106
  Mäuschen, piep mal! 107
  Plätze tauschen 44
  Ringlein, du musst wandern 110
  Rutschpartie 108
  Stab fangen 43
  Wer rupft, wer zupft, wer war's? 109
  Wo ist der Ball? 44
  Zublinzeln 110
Krimi oder Liebesfilm? 156
Kuddel-Muddel-Knoten 191
Kullerbällchen 115
Kunstausstellung, Die 157

L
Laufspiele
  Ball-Stafette 52
  Der Lehrer schreibt das Abc 48
  Der Plumpsack geht um 42
  Fuchs und Hase 39
  Geschicklichkeits-Rennen, Das große 50
  Hin und Her 48
  Huckepack reiten 59
  Kettenlauf 53
  Kleiderstaffel 51
  Komm mit, lauf weg 43
  Luftballon-Raketen 49
  Schubkarrenrennen 58
  Wasserballon-Staffel 54
  Wassertransport 54
  Wettrennen 49
  Würfel-Wettlauf 51
Laurentia 106
Lehrer schreibt das Abc, Der 48
Leitern rauf und runter 91
Lexikon-Spiel, Das 141
Lieder raten 104
Luftballon-Raketen 49
Lügengeschichten 135

M
Magische Zahlenquadrate 147
Malspiele
  Das Bild steht kopf 101

Handbilder 101
Malsport 100
Mit beiden Händen malen 102
Regentropfenmalerei 77
Schneebilder spritzen 78
Strichbilder 102
Malsport 100
Märchenratespiel 159
Märchenspiele
    Froschkönig 174
    Der Fischer und seine Frau 174
    Dornröschen 174
    Sechse kommen durch die Welt 174
Mathematisches Rätsel 147
Mau-Mau 92
Mäuschen, piep mal! 107
Memory 93
Mengen schätzen 62
Mengen und Zahlen
    Bingo 90
    Glückshaus 97
    Hausnummern 96
    Mengen schätzen 62
    Muschelsuche 151
    Rechenspiel mit dem Zahlenfeld 33
    Schätz mal! 143
    Siebzehn und vier 97
    Wie viele Minuten sind es noch? 70
    Wurfkreise 32
    Zahlenfelder 33
    Zahlenzauber 150
    Zeitgefühl 150
Mit beiden Händen malen 102
Mit Fingerspitzengefühl 188
Müde, matt und mausetot 28
Mühle 87
Mumien wickeln 114
Münze
    auf der Schaufel, Die 146
    -n rollen 178
    -n werfen 32
    -nsprung vom Ellbogen 179
Murmelspiele
    Eine Murmel ist das Ziel 29
    Murmelmulde, Die 31
    Murmelschlösschen 30
    Schatzkammern 30
    Tore schießen 31
    Wer zielt ins Murmel-Loch? 29
Muschelsuche 151
Musikspiele
    Dirigentenspaß 163
    Im Duett 164
    Solokonzert 162
    Vogelhochzeit, Die 162

N
Namenskästchen 46
Naschkatzen-Fütterung 186
Neun Sterne und vier Linien 145

O
Olympische Kinderspiele 56
Orakel aus Geisterhand 198

P
Pantomimen
    Die Kunstausstellung 157
    Großes Zirkusspiel 158
    Krimi oder Liebesfilm? 156
    Wer andern eine Grube gräbt 156
Pflanzen vertauschen → Frühlings-
    schätze
Pilz 45
Piratenfest 118
Plätze tauschen 44
Plumpsack geht um, Der 42
Postkartentrick, Der 169
Prellball 25
Presse-Spiel 149
Punkte-Schatzinseln 117
Pustespiele
    Kullerbällchen 115
    Pustewind 116
    Sechse kommen durch die Welt 174
    Tisch-Pust-Ball 116

R
Rallye 72, Zwergen- 80
Ratespiele
    Das Dingsda 139
    Gejaule beim Gespenstertanz 198
    Gelogen oder nicht gelogen? 138
    Getränkebar 187
    Handwaage 179
    Ich sehe einen Baum 71
    Ich sehe was, was du nicht siehst 183
    Klimperkasten 184
    Kommissar 141
    Krimi oder Liebesfilm? 156
    Lexikon-Spiel 141
    Lieder raten 104
    Märchenratespiel 159
    Rate, wer ich bin 155
    Rätsel raten 124
    Reporter im Irrenhaus 142
    Sandabdrücke 66
    Sandmalerei 66
    Schatten raten 158
    Schätz mal! 143
    Scherzfragen 125ff.
    Schwierige Flussüberfahrt 140
    Silbengeplapper 131
    Teekesselchen 132
    Tiere raten 134
    Verbotene Wörter 131
    Verrücktes Ratespiel 143
    Waldboden-Ratespiel 63
    Was ist klebrig? 133
    Was mag der Kaiser? 139
    Wer andern eine Grube gräbt 156
    Wer ist wer? 17
    Wo ist der Ball? 44
    Wortsalat 186
    Zeitgefühl 150
    Zollkontrolle 139
Rätsel raten 124
Räuber und Gendarm 71
Reaktionsspiele (Aufmerksamkeits-
    spiele)
    Aufgepasst! 87
    Schlafmütze 93
Rechenspiel mit dem Zahlenfeld 33
Rechenspiele → Mengen und Zahlen
Regenmacher 114
Regentropfenmalerei 77
Regenwetter auf dem Rücken 195
Reise nach Jerusalem, Die 111
Reporter im Irrenhaus 142
Riechspiele
    Schnupperdosen 188
    Socken schnüffeln 190
Ring werfen 58
Ringlein, du musst wandern 110
Robotertanz 166
Rollenspiele
    Dornröschen (Mitmach-Theater-
        Spiel) 174
    Ein Hut für Tante Adelheid 155
    Rate, wer ich bin 155
    Vater, Mutter, Kind 154
    Wer andern eine Grube gräbt 156
Rückwärts gehen 68
Rutschpartie 108

S
100 Sachen suchen 184
Sackhüpfen 55
Sand
    -abdrücke 66
    -malerei 67
Schatten fangen 41
Schatten raten 158
Schätz mal! 143
Schatzkammern 30
Schau genau hin 182
Scherzfragen 125, → Scherzspiele

Scherzkekse mit Spaßvogel 168
Scherzspiele und Zaubertricks
    Der gefesselte Ring 171
    Der Kerzentrick 171
    Der Knoten 169
    Der Postkartentrick 169
    Klapperschachtel 170
    Scherzfragen 125
    Scherzkekse mit Spaßvogel 168
    Stühle schnüffeln 168
    Verrückte Verse erfinden 126
Schiffchen in der Pfütze 77
Schildkrötenrennen 112
Schlafmütze 93
Schlangentanz 165
Schleichkatzen 185
Schnecke 47
Schnee-
    -ballschlacht 79
    -bilder spritzen 78
    -engel 79
    -Hindernisrennen 79
Schnick-Schnack-Schnuck 127
Schnitzeljagd → Rallye
Schnupperdosen 188
Schnupper-Memory → Schnupperdosen
Schreibspiele
    Auf Schatzsuche 105
    Gefüllte Wörter 104
    Stadt, Land, Fluss 103
    Tic-Tac-Toe 102
    Wortbaukasten 129
Schubkarrenrennen 58
Schuster, die Milch kocht über! 40
Schwarzer Peter 92
Schweinchen in der Mitte 24
Schwierige Flussüberfahrt 140
Sechse kommen durch die Welt 174
Seilspringen 59
Seitenwechsel 146
Siebzehn und vier 97
Silbengeplapper 131
Singspiele
    Die Vogelhochzeit 162
    Laurentia 106
Socken schnüffeln 190
Solokonzert 162
Speer werfen 58
Speerwerfen auf das Seeungeheuer 121
Sprachspiele
    Abc-Würfelspiel 130
    Bärengeschichten 136
    Buchstabenreihe 129

Haus des hölzernen Mannes, Das 134
Kettengeschichte 135
Lügengeschichten 135
Presse-Spiel 149
Reporter im Irrenhaus 142
Silbengeplapper 131
Teekesselchen 132
Verbotene Wörter 131
Verrückte Verse erfinden 126
Wortbaukasten 129
Wortketten 132
Wörterkreisel 104
Zeitungswörter 135
Zungenbrecher 126
→ auch Wortspiele
Stab fangen 43
Stabfigurentheater, Kleines 161
Stadt, Land, Fluss 103
Staffeln
    Auf allen vieren 52
    Ball-Stafette 52
    Eierlaufen 74
    Hindernislauf 53
    Kettenlauf 53
    Kleiderstaffel 51
    Sackhüpfen 55
    Tunnel-Stafette 55
    Wasserballon-Staffel 54
    Wassertransport 54
Starke Muskeln 120
Stein stoßen 58
Stille Bilder-Post 192
Stille Post → Geheimnisse weitersagen 121
Streichholzspiele, leichte 145
Strichbilder 102
Stühle schnüffeln 168
Suchspiele
    100 Sachen suchen 184
    Adlerauge 70
    Das Doppel suchen 73
    Glückskind auf Schatzsuche 64
    Hellseher 70
    Taps- und Tastweg 188
    Wald-Memory 65
    Wer hat das Amulett? 199
    Wo ist die Katze? 36
    Zwergenrallye 80
    → auch Verstecken

T
Tannenzapfen werfen 64
Tanzender Luftballon 165
Tanzspiele
    Es tanzt ein Bi-Ba-Butzemann 165
    Hut-Tanz 166
    Klammertanz 164
    Robotertanz 166
    Schlangentanz 165
    Tanzender Luftballon 165
Taps- und Tastweg 188
Tastspiele → Fühlspiele
Teddybär, dreh dich um 47
Teekesselchen 16
Teller-Dusche 75
Tic-Tac-Toe 102
Tiere raten 134
Tisch-Pust-Ball 116
Tischspiele
    Aufgepasst! 87
    Domino 89
    Formen-Memory 90
    → Brettspiele
    → Kartenspiele
Tore schießen 31
Trommel-Spiel 180
Tunnel-Stafette 55
Turm bauen 62

V
Vater, Mutter, Kind 154
Verbotene Wörter 131
Verflixter Ballon 181
Verkleidungsspiele
    Die Kunstausstellung 157
    Ein Hut für Tante Adelheid 155
    Großes Zirkusspiel 157
    Märchenratespiel (Schatten) 159
    Schatten raten 158
    Verkleidungskiste (Tipp) 156
Verrückte Verse erfinden 126
Verrücktes Ratespiel 143
Verstecken
    Das einfache Versteckspiel 35
    Der Blinde und der Fänger 38
    Drei Holzscheite 36
    Trillerpfeife (Tipp) 36
    Verstecken mit Fangen 35
Verstecken mit Fangen 35
Versteckspiel, Das einfache 35
Vogelhochzeit, Die 162
Vorwärts, rückwärts, seitwärts, steh'n 68

W
Wahrnehmungsspiele
    An der langen Leine 188
    Autowaschanlage 193
    Bierdeckeldecke 193

Blindgänger 68
Fühlen, wo die Punkte sind 193
Getränke-Bar 187
Grashalm streicheln 74
Handwaage 179
In der Kribbel-Krabbel-Stadt 194
Kimspiel 183
Kleines Schlaraffenland 192
Klimperkasten 184
Mit Fingerspitzengefühl 188
Naschkatzen-Fütterung 186
Regenwetter auf dem Rücken 195
Schau genau hin 182
Schleichkatzen 185
Schnupperdosen 188
Socken schnüffeln 190
Taps- und Tastweg 188
Wiesenmusik 75
Wortsalat 186
Zischen und Schnalzen 185
→ Fühlspiele
→ Riechspiele
→ Tastspiele
Wald
   -boden-Ratespiel 63
   -boden-Tastspiel 64
   -fest im Reich der Zwerge 80
   -gesichter 63
   -Memory 65
Walnuss-Schiffchen 121
Was ist klebrig? 133
Was liegt wo? → Schau genau hin
Was mag der Kaiser? 139
Wasserballon
   -Staffel, Die 54
   -werfen 34
Wasserspiele
   Bälle fischen 76
   Entendusche 76
   Entenfang 76
   Entenflug 75
   Erwischt 76
   Schiffchen in der Pfütze 77
   Tellerdusche 75
   Wasserballon-Staffel 54
   Wasserballonwerfen 34
   Wassertransport 54
Weitergeben! 112
Weitsprung 58
Weitwurf 58
Welche Blume, welches Tier? 104
Welcher Angler fängt die meisten Fische? 88
Wer andern eine Grube gräbt 156
Wer hat das Amulett? 199

Wer ist wer? 17
Wer rupft, wer zupft, wer war's? 109
Wer zielt ins Murmel-Loch? 29
Wettkämpfe
   Auf allen vieren 52
   Bälle fischen 76
   Ballorakel 27
   Ball-Stafette 52
   Der Ball des Königs 27
   Eierlaufen 74
   Geschicklichkeits-Rennen, Das große 50
   Hin und Her 48
   Hindernislauf 53
   Huckepack reiten 59
   Kettenlauf 53
   Kleiderstaffel 51
   Luftballon-Raketen 49
   Olympische Kinderspiele 56
   Sackhüpfen 55
   Schildkrötenrennen 112
   Schneeballschlacht 79
   Schnee-Hindernisrennen 79
   Schubkarrenrennen 58
   Speer werfen 58
   Stein stoßen 58
   Teller-Dusche 75
   Tunnel-Stafette 55
   Wasserballon-Staffel 54
   Wassertransport 54
   Weitsprung 58
   Wettrennen 49
   Würfel-Wettlauf 51
   → Staffeln
Wettrennen 49
Wiesenmusik 75
Wo ist der Ball? 44
Wo ist die Katze? 36
Wochentage 45
Wolf und die Schafe, Der 87
Wortbaukasten 129
Wörterkreisel 133
Wortketten 132
Wortsalat 186
Wortspiele
   Abc-Würfelspiel 130
   Buchstabenreihe 129
   Silbengeplapper 131
   Teekesselchen 132
   Verbotene Wörter 131
   Was ist klebrig? 133
   Wortbaukasten 129
   Wortketten 132
   Zeitungswörter 135
   → auch Sprachspiele

Würfelspiele
   Abc-Würfelspiel 130
   Apfelbaum 95
   Die doofe Sechs 94
   Glückshaus 97
   Glückskäfer 95
   Groß-Kamerun 98
   Hausnummern 96
   Siebzehn und vier 97
   Würfelwettlauf 51
   Würfelwiese 95
   Zahlenbrücke 98
Wurfkreise 32
Wurfspiele
   Ball über die Schnur 28
   Ballschule 25
   Blinder Wurf 34
   Büchsenpunkte 117
   Büchsen werfen 33
   Der Ball des Königs 27
   Entenfang 75
   Entenflug 75
   Froschkönig 174
   Glückswurf 66
   Hasenjagd 27
   Müde, matt und mausetot 28
   Münzen werfen 32
   Murmelschlösschen 30
   Punkte-Schatzinseln 117
   Rechenspiel mit dem Zahlenfeld 33
   Ring werfen 58
   Schweinchen in der Mitte 24
   Speer werfen 58
   Tannenzapfen werfen 64
   Wasserballonwerfen 34
   Wer zielt ins Murmel-Loch? 29
   Wurfkreise 32
   Zielwerfen 116

Z

Zielwerfen 116
Zahlen springen 46
Zahlenbrücke 98
Zahlenfelder 33
Zahlenspiele → Mengen und Zahlen
Zahlenzauber 150
Zeitgefühl 150
Zeitungswörter 135
Zielwerfen 117
Zipfelkasper 160
Zirkusspiel, großes 158
Zischen und Schnalzen 185
Zollkontrolle 139
Zublinzeln 110
Zungenbrecher 126

Mehr Glück & Erfolg

GU Ratgeber – Hilfe in allen Lebenslagen

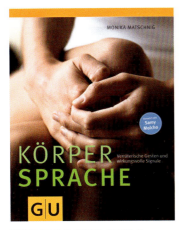

ISBN 978-3-8338-0789-3
192 Seiten

ISBN 978-3-8338-1133-3
192 Seiten

ISBN 978-3-8338-1913-1
160 Seiten

ISBN 978-3-7742-6676-6
128 Seiten

ISBN 978-3-8338-0510-3
128 Seiten

ISBN 978-3-8338-0908-8
64 Seiten

Clevere Bücher für clevere Leser:

Bestens informiert – erfahrene Autoren geben Rat
Verlässlich – aktuelle Themen auf den Punkt gebracht
Üben und lernen – hilfreiche Tests und Tipps

Willkommen im Leben.

Impressum

Fotonachweis
Getty Images: U1, 153 (Pierini)
Mauritius: 6 (West Studios), 9/U4 (age fotostock/Pearce), 10 (Weinhäuptl), 14 (Powerstock), 23/U4 (Gilsdorf), 61 (Pohlmann), 85/U4 (Schlief), 123 (age fotostock), 177 (Velten), 201 (Hillebrand)
Pixland: 13 (Jim Boorman)

Umwelthinweis
Dieses Buch wurde auf chlorfrei gebleichtem Papier gedruckt. Um Rohstoffe zu sparen, haben wir auf Folienverpackung verzichtet.

ISBN 978-3-8338-0134-1

3. Auflage 2010

Wichtiger Hinweis
Die Gedanken, Anregungen und Spiele in diesem Buch stellen die Meinung beziehungsweise Erfahrung der Autorin dar. Sie wurden von ihr nach bestem Wissen erstellt und mit größter Sorgfalt geprüft. Dennoch können nur Sie selbst entscheiden, ob die hier geäußerten Vorschläge und Ansichten auf Ihre eigene Lebenssituation übertragbar und für Sie beziehungsweise Ihr Kind passend und hilfreich sind. Weder Autorin noch Verlag können für eventuelle Nachteile oder Schäden, die aus den im Buch gegebenen praktischen Hinweisen resultieren, eine Haftung übernehmen.

© 2006 GRÄFE UND UNZER VERLAG GmbH, München.
Alle Rechte vorbehalten. Nachdruck, auch auszugsweise, sowie Verbreitung durch Bild, Funk, Fernsehen und Internet, durch fotomechanische Wiedergabe, Tonträger und Datenverarbeitungssysteme jeder Art nur mit schriftlicher Genehmigung des Verlages.

Projektleitung:
Nina Weber, Esther Szolnoki
Lektorat:
Sabine vom Bruch, Berlin
Bildredaktion:
Esther Szolnoki (Fotos, Cover), Nina Weber (Illustrationen)
Titelfoto:
Getty Images
Illustrationen:
Sonja Heller, www.bufbi.de
Umschlag:
independent Medien-Design, Horst Moser, München
Innenlayout:
Henning Bornemann, München
Herstellung:
Bettina Häfele
Satz:
Bernd Walser Buchproduktion, München
Repro:
Longo AG, Bozen
Druck:
Firmengruppe APPL, aprinta druck, Wemding
Bindung:
Firmengruppe APPL, m.appl GmbH, Wemding

Syndication:
www.jalag-syndication.de

Ein Unternehmen der
GANSKE VERLAGSGRUPPE

Unsere Garantie

Alle Informationen in diesem Ratgeber sind sorgfältig und gewissenhaft geprüft. Sollte dennoch einmal ein Fehler enthalten sein, schicken Sie uns das Buch mit dem entsprechenden Hinweis an unseren Leserservice zurück. Wir tauschen Ihnen den GU-Ratgeber gegen einen anderen zum gleichen oder ähnlichen Thema um.

Liebe Leserin und lieber Leser,

wir freuen uns, dass Sie sich für ein GU-Buch entschieden haben. Mit Ihrem Kauf setzen Sie auf die Qualität, Kompetenz und Aktualität unserer Ratgeber. Dafür sagen wir Danke! Wir wollen als führender Ratgeberverlag noch besser werden. Daher ist uns Ihre Meinung wichtig. Bitte senden Sie uns Ihre Anregungen, Ihre Kritik oder Ihr Lob zu unseren Büchern. Haben Sie Fragen oder benötigen Sie weiteren Rat zum Thema? Wir freuen uns auf Ihre Nachricht!

Wir sind für Sie da!
Montag–Donnerstag:
8.00–18.00 Uhr;
Freitag: 8.00–16.00 Uhr
Tel.: 0180-5 00 50 54* *(0,14 €/Min. aus dem dt. Festnetz/
Fax: 0180-5 01 20 54* Mobilfunkpreise maximal 0,42 €/Min.)
E-Mail:
leserservice@graefe-und-unzer.de

P.S.: Wollen Sie noch mehr Aktuelles von GU wissen, dann abonnieren Sie doch unseren kostenlosen GU-Online-Newsletter und/oder unsere kostenlosen Kundenmagazine.

GRÄFE UND UNZER VERLAG
Leserservice
Postfach 86 03 13
81630 München